市町村教育委員会制度
に関する研究

制度改革と学力政策の現状と課題

河野和清 [著]
Kohno Kazukiyo

福村出版

JCOPY 〈出版者著作権管理機構　委託出版物〉

本書の無断複写は著作権法上での例外を除き禁じられています。複写され
る場合は、そのつど事前に、出版者著作権管理機構（電話 03-3513-6969、
FAX 03-3513-6979、e-mail: info@jcopy.or.jp）の許諾を得てください。

目　　次

序　章　研究の目的と方法

1．教育委員会の歩み　8

2．先行研究の検討　13

3．本書の構成　20

第1章　市町村教育長と教育委員会制度改革
　　　　　―その現状と課題―

Ⅰ．はじめに ──────────────────────── 28

Ⅱ．調査方法 ──────────────────────── 30

Ⅲ．結果及び考察 ───────────────────── 31

1．1990年代後半以降の教育行財政改革と教育委員会の変容　31

2．教育委員会の変革を規定する諸要因　44

3．教育委員会制度の問題点と今後の制度改革　46

Ⅳ．総　　括 ──────────────────────── 52

第2章　地方自治体の長と教育委員会制度改革（1）
　　　　　―その変容と実態―

Ⅰ．はじめに ──────────────────────── 60

Ⅱ．調査方法 ──────────────────────── 60

Ⅲ．結果及び考察 ───────────────────── 62

1．1990年代後半以降の教育行財政改革と教育委員会の変容　62

2．教育委員・教育長の選任方法　67

3．教育委員会と首長との関係　72

4．教育委員会と保護者・地域住民等との関係　79

Ⅳ．総　　括 ──────────────────────── 83

第3章　地方自治体の長と教育委員会制度改革 (2)
―首長による評価と展望―

Ⅰ．はじめに ——————————————————————————— 86

Ⅱ．調査方法 ——————————————————————————— 87

Ⅲ．結果及び考察 ————————————————————————— 88

　1．教育委員会制度の抱える諸問題　88

　2．今後の教育委員会制度の展望　94

Ⅳ．総　　括 ——————————————————————————— 99

第4章　市町村教育委員会の学力政策 (1)
―その実態と課題―

Ⅰ．はじめに ——————————————————————————— 104

Ⅱ．調査方法 ——————————————————————————— 105

Ⅲ．結果及び考察 ————————————————————————— 107

　1．市町村教育委員会の子どもの学力の状況　107

　2．市町村教育委員会の学力政策の実施状況　108

Ⅳ．総　　括 ——————————————————————————— 123

第5章　市町村教育委員会の学力政策 (2)
―子どもの学力を規定する要因の分析を中心にして―

Ⅰ．はじめに ——————————————————————————— 130

Ⅱ．調査方法 ——————————————————————————— 132

Ⅲ．結果及び考察 ————————————————————————— 135

　1．子どもの学力とそれを規定する要因　135

　2．子どもの学力や市町村教委の学力政策の効果性や
　　市町村教委の学力向上策（施策合計）を規定する要因の分析　159

　3．自治体の人口規模との関連の若干の検討　164

Ⅳ．総　　括 ——————————————————————————————— 167

第6章　市町村教育委員長からみた学力政策と教育委員会制度改革
—その現状と課題—

Ⅰ．はじめに ——————————————————————————————— 174

Ⅱ．調査方法 ——————————————————————————————— 174

Ⅲ．結果及び考察 ————————————————————————————— 176

（一）市町村教育委員会の学力政策の展開状況と子どもの学力・
　　　学力政策の効果性を規定する要因の検討　176

　1．市町村教育委員会の学力政策の展開にかかわる状況　177

　2．市町村教育委員会の組織一般状況と自治体の社会的・財政的状況　187

　3．子どもの学力と市町村教育委員会の学力政策の効果性を規定する
　　　要因の検討　208

（二）教育委員長からみた教育委員会制度の実態と制度改革の方向性　211

（三）市町村教育委員会の人口規模の影響に関する若干の検討　224

Ⅳ．総　　括 ——————————————————————————————— 226

第7章　市町村教育長のリーダーシップ行動の研究
—教育委員会の組織特性（組織健康）や組織・運営活動に及ぼす影響の検討—

Ⅰ．はじめに ——————————————————————————————— 236

Ⅱ．調査方法 ——————————————————————————————— 238

Ⅲ．結果及び考察 ————————————————————————————— 239

Ⅳ．総　　括 ——————————————————————————————— 252

終　章　市町村教育委員会の制度改革と学力政策
—得られた知見と今後の課題—

　1．市町村教育委員会の実態と制度改革
　　　—第1章、第2章、第3章、第6章Ⅲ-（二）を中心に—　258

2．市町村教育委員会の学力政策
  —第4章、第5章、第6章Ⅲ-（一）、第7章を中心に— 263
3．教育委員会制度の今後の研究課題と本研究の限界 268

あとがき —————————————————————————— 273
索　引 —————————————————————————————— 275

資　料　全国調査用紙 —————————————————————— 279

序章

研究の目的と方法

1. 教育委員会の歩み

　本研究の目的は、第一に1990年代後半以降の一連の教育行財政改革で、市町村教育委員会がどのように変容（変革）してきたのか、その変容の実態とその変容に及ぼした影響要因等を、全国の市町村教育長及び地方自治体の長への質問紙調査の分析により明らかにすること、第二に市町村教育委員会の学力政策がどのように展開され、学校などにどのような影響を及ぼし、政策として効果をあげているのか、政策の実態や課題のほか、子どもの学力や学力政策の効果性を規定する要因等について全国の市町村教育長及び教育委員長への質問紙調査により明らかにすることである。これらの検討を通して、近年の市町村教育委員会制度がその役割をどのように果たそうとしていたのかを制度と政策の両面から探ろうとするものである。

　最初に、教育委員会制度のこれまでの歩みについて触れておきたい。

　戦前は、文部省を中心に中央集権的・国家主義的教育行政が展開されてきた。しかし、戦後は、戦前の教育行政の反省の上に立って、敗戦に伴う、戦後の重要な教育改革の一環として、1948（昭和23）年に教育委員会制度が創設され、民主的で、分権的な教育行政が展開されることになった[1]。この教育委員会制度は、その制度的理念として、①教育（行政）の民主化（教育委員の公選制など）、②地方分権化、そして③一般行政からの独立（教育予算の原案提出権など）を掲げていた。ただ、この教育委員会制度も、発足当初から①教育委員会の委員の選任方法（任命制か公選制か）、②教育委員会の権限（教育予算の原案送付権など）、③教育委員会の設置単位などをめぐって意見の対立がみられ[2]、これらの対立・論争はその後の教育委員会制度の改革論議の中でも幾度か浮上することになる。

　戦後占領下しばらくは、教育をはじめ、わが国の社会経済の様々な領域で民主化政策がとられるものの、朝鮮動乱等のアジア情勢の緊迫化や冷戦構造の顕在化を背景に、占領下で制定された諸法令や諸制度の見直し・再検討が始まることになる。こうした動きの中で、55年体制のもと、自民党（文部省）と社会党（日教組）の対立闘争という政治的混乱の中、1956（昭和31）年の第24回国

会において「地方教育行政の組織及び運営に関する法律案」（以下、地教行法という）が可決、成立した。この新しい法律は、占領下において導入された教育委員会制度をわが国の国情に照らして見直そうとするもので、この改革の主眼点は、①教育の政治的中立と教育行政の安定の確保（教育委員の任命制の採用、教育委員の政党所属に一定の制限を設定、教育委員の毎年一部ずつの交替）、②教育行政と一般行政との連携・調和（教育財政・予算の権限を地方公共団体の長に委議）、そして③教育行政における国、都道府県及び市町村の連携（教育長の任命承認制など）にあった。この教育委員会制度は、その後40年近く大きな改正もなくこの法律のもとで運用されてきた。

　しかし、1980年代後半に入ると、冷戦構造の崩壊等の国際環境の大きな変化と、国内的には社会の成熟化や国家財政の悪化及び経済成長の鈍化傾向を背景に、臨時行政改革推進会議（第一次行革審〈1983年〉、第二次行革審〈1987年〉、第三次行革審〈1990年〉）や、その後設置された行政改革委員会（1994年）及び地方分権推進委員会（1995年）において、地方分権と規制緩和に重点を置く行政改革が提言されるようになった。地方分権改革では、豊かさを実感し、安心して暮らせるよう、地域住民自らが地域の諸課題に主体的かつ総合的に取り組める社会システムの構築（地方分権改革）が、他方、規制緩和では、国際競争社会への対応や、経済の活性化とそれによる国民生活の向上のために、国際的に開かれた、自己責任原則と市場原理に立つ自由で公正な経済社会の構築がめざされた。こうした社会の実現のために、行政の在り方として事前規制型の行政から事後チェック（規制）型行政への転換や、縦割り行政から横割り・分野横断型行政への転換が求められた。これら一連の改革提言は、ある意味で、従来型の「福祉国家」から「小さな政府」への転換を促すものであった。

　このような1980年代以降の一般行政改革の動きを受けて、教育の分野でも1987（昭和62）年8月の臨時教育審議会最終答申を皮切りに、とりわけ1990年代以降の諸答申などを受けて一連の教育行財政改革が進むことになる[3]。この臨時教育審議会の第2次答申（1986〈昭和61〉年）及び第4次答申（1987〈昭和62〉年）では、地方教育行政の改革に関して「教育委員会は、最近の一連の教育荒廃問題への対応等に見られるように、制度として形骸化していたり、活力を失ってしまっているところも少なくなく、制度本来の機能を十分に果た

しているとは言い難い」と指摘し、教育委員会の使命の遂行と活性化を図ることを求め、①教育委員の人選、研修、②適格性を欠く教員への対応、③小規模市町村の事務処理体制の広域化、④知事部局等との連携などの諸方策を提言した。

その後、1995（平成7）年に発足した地方分権推進委員会[4]の勧告により1998（平成10）年5月、地方分権推進計画が閣議決定された。この閣議決定をうけて、同年6月の「中央省庁等改革基本法」をはじめとする一連の中央省庁再編の法律（文部科学省の設置）と、地方自治法をはじめとする関係法の一括改正を目的とした1999（平成11）年の「地方分権の推進を図るための関係法律の整備等に関する法律」（以下、地方分権一括法という）が制定された。この地方分権一括法は、国の行政組織・運営の簡素化・効率化、地方に対する国の関与の縮減、地方の自主性の拡大をめざすもので、同法や1998（平成10）年9月の中央教育審議会答申「今後の地方教育行政の在り方について」をうけて「地方教育行政の組織及び運営に関する法律」（以下、地教行法という）の一部が改正され、①教育長の任命承認制度の廃止、②文部大臣の措置要求等の廃止、③都道府県の基準設定権の廃止、④公民館運営審議会の任意設置及び公立図書館長の司書資格要件の廃止等が行われた。ただし、措置要求の廃止については、改正教育基本法（2006〈平成18〉年）が制定されたのを機に、2007（平成19）年に再び地教行政法の改正が行われ、国の是正措置（地教行法第49条）が設けられた。

なお、1998（平成10）年9月の中央教育審議会答申では、上述の教育長の任命承認制の廃止等のほか、地域コミュニティの育成と地域振興における教育委員会の役割の検討及び教育委員会と首長部局との関係の検討についても提言している。また、これより少し遡ること1996（平成8）年7月に中央教育審議会は第1次答申「21世紀を展望した我が国の教育の在り方について」において、子どもの「生きる力」の育成に向けて学校・家庭・地域社会の連携が重要であることや教育委員会の活性化（教育長への適材の確保、小規模市町村教委の体制充実）の必要性が提言されたほか、1997（平成9）年1月には政府による規制緩和改革の動きをうけて、「通学区域制度の弾力的運用について」（通知）により、学校選択制の導入が行われた。

さらに、2007（平成19）年6月には、前年の改正教育基本法の制定をうけて、

序 章　研究の目的と方法

学校教育法及び教職員免許法とともに、地教行法が改正された。その主な改正点は、①教育委員会の責任の明確化（同法〈旧〉第 26 条第 2 項）、②教育委員会の活動状況の自己点検評価の実施（〈旧〉第 27 条）、③教育委員の人数の弾力化（〈旧〉第 3 条）、④保護者の教育委員への選任義務化（〈旧〉第 4 条第 4 項）、⑤文部科学大臣の教育委員会に対する「是正の要求」及び「指示」の規定（第 49 条、第 50 条）、そして⑥首長がスポーツ・文化に関する事務を所管できるようになったこと（〈旧〉第 24 条 2）、等である。

　ところで、地方分権一括法による改革では、自治体の裁量権限の拡大が図られたものの、国（文部科学省）―都道府県―市区町村を通じた義務教育の行財政制度改革につながる義務教育費国庫負担制度や県費負担教職員制度をどうするかという問題は残されたままであった。このため、2004（平成 16）年〜2006（平成 18）年にかけて、小泉内閣において、国庫補助負担金の廃止・縮減、税財源の移譲、地方交付税の縮減によって地方財政の自立と健全化を図るという「三位一体」の税財政改革が論議される中で、義務教育費国庫負担金制度は、最終的には、都道府県が支給した教職員給与費の実支出額の 3 分の 1 を国が負担し、負担金総額の範囲内で、都道府県が自ら教職員の給与額や教職員の配置数を決めることで決着が図られた。これによって、地方の自由度を大幅に拡大しつつ、国庫負担制度の根幹は維持されることとなった。

　地方分権一括法による改革で残されたもう一つの問題である県費負担教職員制度は、地方自治の観点からみるとき、義務教育学校の設置・管理の第一義的責任をもつ市区町村（教育委員会）が義務教育学校の管理・経営に関する基本的権限（給与・人事権）を有していないという問題があったため [5]、近年の地方分権化の動きの中で、この制度の見直しの検討が何度か行われた。2005（平成 17）年 10 月の中央教育審議会答申「新しい時代の義務教育を創造する」では、「教職員の人事権については、市区町村に移譲する方向で見直すことが適当である」と指摘されたほか、2007（平成 19）年 3 月の中央教育審議会答申「教育基本法の改正を受けて緊急に必要とされる教育制度の改正について」では、県費負担教職員の人事権に関しては、「同一市町村内における転任については、市町村教育委員会の意向に基づいて都道府県教育委員会が行う」よう提言し、人事権全体の市町村への移譲に関しては、引き続き検討していくとした

のである[(6)]。

　一方、一連の改革を学校レベルでみると、学校の自主性・自律性の確保に向けた取り組みが、1987（昭和62）年8月の臨時教育審議会最終答申、とりわけ1998（平成10）年9月の中央教育審議会答申「今後の地方教育行政の在り方について」以降、強力に推進されるようになった。つまり、これまで教育委員会が有していた権限の一部を学校に移譲し、学校はその権限を活用して自らの責任のもとに経営を行うという自律的学校経営の構築へ向けた改革が始まった。2000（平成12）年1月の学校教育法施行規則一部改正等による、学校の自主性・自律性の確立に向けた職員会議の見直し（第48条）や学校評議員制度の導入（第49条）、2002（平成14）年3月の小・中学校の設置基準の制定による、学校の自己点検・自己評価とその公開の努力義務の明示、2004（平成16）年3月の中央教育審議会答申「今後の学校の管理運営の在り方について」による、学校運営協議会の設置の提言及びこれに伴う地教行法の一部改正（第47条の5）（同年6月）、などがそれである。さらに2005（平成17）年1月には、中央教育審議会教育制度分科会（地方教育行政部会）は、「地方分権時代における教育委員会の在り方」を答申し、地方教育行政システムの改革の方向性や学校の裁量権のさらなる拡大の必要性を示したほか、同年10月の中央教育審議会答申「新しい時代の義務教育を創造する」でも、人事、教育課程、学校予算にかかわる学校の裁量権限の拡大や管理職の補佐機能の充実、自己評価の実施とその公表の義務化を提言した。この提言内容の一部は、2006（平成18）年12月の教育基本法改正を機に、2007（平成19）年に学校教育法（第27条2項、第42条、第43条）及び同法施行規則（第66条）の改正により法制化された[(7)]。

　以上みてきたように、これら一連の改革は、教育委員会制度それ自体のみならず、それが置かれてきた教育行財政制度、そして所管の学校にも及ぶ広範なものである。これらの改革は、教育現場（学校）に権限を付与し、学校自らが責任をもってその運営にあたらせるとともに、その活動の結果の評価に基づいて、保護者には学校選択を、教育行政機関には資源配分や支援を行わせるという仕組み（競争的環境）を整える一方、地域と学校が連携・協働して、住民が主体となって地域（社会）全体で子どもの成長を支えるとともに、地域コミュニティの育成や地域振興（再生）に学校と教育委員会が大きな役割を果たすよう

求めているといえる[8]。

このように、近年の一連の改革（コミュニティ・スクール、自律的学校経営、学校評価、教育委員会の活性化など）は、地域と学校が、あるいは首長部局と教育委員会が連携・協力して、子どもの育成にかかわるとともに、学校がコミュニティの拠点となり、地域コミュニティの育成や地域再生に教育（学校）が寄与することが期待されている。かかる意味で、今日、市町村教育委員会に寄せられる期待は、極めて大きいものがあるといえよう。

しかし、すでに臨時教育審議会第2次答申（1986〈昭和61〉年）において「教育委員会は、最近の一連の教育荒廃問題への対応等に見られるように、制度として形骸化していたり、活力を失ってしまっているところも少なくなく、制度本来の機能を十分に果たしているとは言い難い」と指摘され、また近年の教育委員会のいじめや体罰問題への不適切な対応をめぐり、厳しい批判を浴び、教育委員会制度の存在理由が問われてきたのも事実である。

このような状況をみるとき、近年の一連の教育行財政改革の進展によって、教育委員会が地域の教育課題に応えるために、自らどのように変容（変革）してきたのか、あるいはその変容を妨げている要因とは何か、またどこに制度的な問題があるのかを、今一度検討（検証）してみることは必要であると思われる。これによって教育委員会制度が本当に機能しているのかどうか、あるいはどこに問題があるのかを理解する手がかりを得ることができると考えられる。

2. 先行研究の検討

ところで、教育委員会制度にかかわる研究は、これまで数多くある。ここでは、紙幅の制約上、いくつかの書物に限定して先行研究の検討を行う。

まず、(1) 笹森健『任命制下の市町村教育委員会に関する研究』（酒井書店、1987年）は、任命制下の市町村教育委員会の現状と課題を、1市3町の教育委員会の事例調査と、全国の市町村教育委員会を対象とした2回のアンケート調査をもとに明らかにしている。笹森は、①教育委員の人材不足とその高齢化が進んでいることから、教育ビジョンをもった人材の登用や年齢別の任命の必要

性、②教育長については、教育行政に精通し、一定程度の政治的手腕があり、強靭な身体の持ち主であること、③教育委員会会議は「教育長にまかせっきりで、たまに議題を修正する程度」となっていることから、教育委員の意識改革を図り、教育委員会を活性化する方策の検討の必要性、④市町村教育委員会が、主体的に一般行政から距離を保ち、かつ良好な関係を維持するためには、首長が教育理念をもち、かつ政治的な手腕をもつ教育専門家を教育長に任命できるかどうかにかかっていること、などを指摘している（252-264頁）。

　(2)　加治佐哲也『教育委員会の政策過程に関する実証的研究』（多賀出版、1998年）は、大規模な全国調査をもとに、わが国の教育委員会の政策過程を実証的に分析することにより、教育委員会制度の運用実態を明らかにし、その課題と改善方策を探ることことを目的としたものである。具体的には、①教育委員会の政策決定・実施過程とその動態及び規定要因や、②教育委員会の政策決定―政策実施―政策結果の関連性を探っている（269頁）。本研究は、教育政治学の理論枠組を使い、わが国の教育委員会の政策過程の実態やその規定要因及び政策過程間の関連性を包括的に検討しようとした本格的な実証研究として注目される。

　(3)　本多正人編著『教育委員会制度再編の政治と行政』（多賀出版、2003年）は、地方教育行政の組織及び運営に関する法律（以下、地教行法という）の成立過程を、議会資料やインタビュー資料を使って、主に教育委員会の財政権限（原案送付権など）（第1章）や文部大臣の措置要求権（第2章）、教育委員の任命制（第4章）に焦点を当てて詳細に分析している（211頁）。本書は、従来の研究のように、日教組と文部省の二項対立の枠組の中で捉え、公選制教委―任命制教委の「断絶」説と垂直的行政統制モデルをとるのではなく、地教行法が中央（大蔵省、自治庁、政党、日教組等）と地方自治体（地方六団体、教育委員会関係団体、県教組等）のより多くの関係諸アクターの対立・葛藤（パワーゲーム）の中で生まれたと捉え、公選制教委から任命制教委への改編は、「断絶」ではなく「連続」であって、本法が教育行政の中央集権化や日教組管理対策と目される反動的な政策であったとする旧来の通説モデルの見直しを迫っている。本書は、公選制教委の改編と日教組管理という文部省の思惑のみで任命制教委への改編が行われたのではなく、他の多くのアクターとの政治力学の拮抗のうえで

生まれたことを明らかにし（212頁）、従来の反動政策という偏った評価を排し、地教行法成立の意義の再評価（見直し）を行うものとして注目される。

（4）青木栄一『教育行政の政府間関係』（多賀出版、2004年）は、これまでの研究ではわが国の教育行政は文部科学省を頂点とする集権的構造をもっているというのが一般的評価であったが、この通説が本当に正しいのかどうかを（2000年〈平成12〉4月の地方分権推進一括法の施行以前のデータを使って）、これまで教育行政学が分析対象としてこなかったルーティン的行政活動（公立学校施設整備事業）を分析することによって検証しようとしたものである。具体的には、公立学校施設整備事業を対象にし、この事業の展開において地方政府の自律的行動が可能であったかどうかを、制度分析（第一部）や実施過程分析（第二部）を通して検証を試みるとともに、この地方政府の自律的活動を可能にする要因の分析もしており、その結果、著者は、①市町村の能動的行動の余地が担保されていること（市町村に財源調達の自律性があること、市町村の水平関係の情報収集行動など）や、②文部省と県教委の指導が強権的ではないこと、等の理由から、地方政府は中央政府の立案した補助事業を唯々諾々と実施する実施機関ではなく、そこには地方政府の自律的行動が認められることを指摘している（320-324頁）。わが国の教育行政が文部省を頂点とする集権的構造をもっているとする通説に対し、一つの事例（公立学校施設整備事業）を通して反証しようとしたことは興味深い。

（5）佐々木幸寿『市町村教育長の専門性に関する研究』（風間書房、2006年）は、地方分権や教育改革が進展している現代の社会文脈において、教育長の職務権限や職務実態及びそのリーダーシップの実態や在り方を分析することを通して、地方教育行政の要的存在である教育長の専門的指導性の特質を解明することを目的としたものである。市町村教育長職の研究が一書としてまとめられたのはこれが最初であろう。著者は、この分析を通して、①地方教育行政の組織運営に関する法律の（旧）第26条に基づく教育長への事務委任規程等の分析から、教育長に対して相当程度の財政権限を付与している市町村が少なくないこと、②教育長の職務遂行行動と人口規模との関連からみると、一般教職員人事のように、一定以上の人口規模になると教育長の関与自体が低下する職務領域があり、その領域を指導主事などの教育委員会事務局のスタッフによって

補佐されている実態があること（222 頁）、そして③教育長に求められる資質には実務的スキル、コンセプチュアルなスキル、組織経営スキル、能動的対人スキル、そして受動的対人スキルがあり、その中で最も重視されているのがコンセプチュアルなスキルであること（149 頁）、などを明らかにしている。

　(6)　小川正人『市町村の教育改革が学校を変える―教育委員会制度の可能性―』（岩波書店、2006 年）は、1990 年代以降の分権改革論議で、教育委員会不要論・廃止論、縮小論が声高に叫ばれ、「教育委員会制度はその歴史的使命を終えた」（6 頁）という声さえ出始める中で、地方分権時代における自治体の教育行政はどうあるべきかを探ろうとしたものである。著者は、まず、現在の教育委員会制度に対する批判は、従来のそれが教育委員会制度の存在を前提にその活性化を求める議論であったのに対し、教育委員会制度の廃止や任意設置を求める点で大きく異なること、そして最近の教委批判の背景には、①自治体行政の総合化が求められる中で、住民の直接選挙で選ばれた自治体の首長が自ら地域の教育改革に取り組む方が住民の意向に沿った教育政策や学校改革ができるという機運が高まったことや、②学校の自律性の確保を求める学校改革論議が進行していることがあることを指摘する（第 1 章）。そのうえで、著者は、教育委員会の改廃論議を詳細に検討し、教育委員会制度の形骸化やその他の問題は、教育委員会制度の仕組みや組織それ自体に内在するというより、この制度が置かれてきた教育行財政システムや政治環境に起因するところが大きいことを指摘している（33-34 頁）。このような観点から、著者は、市町村教育委員会の仕組みや組織を改革する前提として、義務教育に対して市町村教育委員会が当事者能力をもち、自己決定と自己責任を可能にするシステムへの改革、すなわち義務教育の行財政システムの改革（県費負担教職員制度の改革や市町村への教職員人事権や学級編制基準決定権等の移譲）や教育委員会主導の閉鎖的な教育政策過程の改革などを提言している（第 2 章、第 5 章）。教育委員会の現場主義と専門性を貫くことの重要性と、教育行政（教育政策決定過程）の「政治化」を肯定的に受け止め、教委と首長部局の新しい関係の構築を説いていることは興味深い。

　(7)　徳久恭子『日本型教育システムの誕生』（木鐸社、2008 年）は、戦後の教育政策を「日教組・革新政党」対「文部省・保守政党」という二項対立の図式

で捉えるのではなく（29頁）、政治学の知見に基づき、「教権」という日本特有の理念（アイデア）を使って占領期の教育改革を、教育基本法や教育委員会法、教育公務員特例法、義務教育費国庫負担法の政治過程に焦点を当てて再検討することを目的としている（33頁）。その結果、著者によれば、日本の政策担当者は、軍国主義から民主主義へという体制転換を伴う戦後改革期において、「文化国家」という国家像を提示し、その実現のために、様々な施策を通して「教権の確立」――そしてその保障のために「教育の中立性の確保（一般行政からの独立）」や「教育財政権の確立」など――の実現を求めたのであり、その過程は、「均衡財政」を求める大蔵省や「総合行政」を志向する内務省に阻まれて容易ではなかったと指摘する（32頁）。要するに、教育のもつ特殊性のゆえに、教育行政活動は、党派的な政治からの中立性、サービス供給の平等性、教育そのものの専門性、そして活動の安定性が求められ、これらは「教権」の保障に集約される（300頁）、戦後の教育改革の中で、教育公務員特例法や地教行法等が「中立性」を、国庫補助負担制度が「平等性」を、そして教育委員会制度が「専門性」と「安定性」を保障することで、総体として教権を保障しようとしたと結論づけている（301頁）。本書は、保革対立の図式を排して、教権の確立という独自の観点から、戦後の教育改革の展開を再検討し、日本の教育システムないし教育行政の特質を抽出しようとしている点で注目される。

（8）堀和郎・柳林信彦『教育委員会制度再生の条件―運用実態の実証的分析に基づいて―』（筑波大学出版会、2009年）は、市町村教育委員会の全国調査をもとに、教育委員会の制度運用の実態を明らかにし、そこから制度改善の諸条件について示唆を得ることを目的として行われたもので（7頁）、分析結果から（その知見の一つとして）、例えば、①教育委員会の教育改革の進展を規定する要因として、「機構体制の整備度」、「教育長の関係者との交流度」、「事務局の内部役割遂行度」、「地域住民の教育関心度」、「首長の教育関心度」があること（73頁）、②教育委員会の改革進展度は、人口規模が大きくなるほど高くなる傾向があり、特に5万人という人口がその一つの境界となること（87頁）、などを指摘している。

（9）村上祐介『教育行政の政治学―教育委員会制度の改革と実態に関する実証的研究―』（木鐸社、2011年）は、実証的な分析を通して、戦後日本の教育行

政の特質に関して従来の通説的な理解とは異なる新たな見方を提示している。すなわち、従来の見解では、教育行政の中央地方関係は、制度・実態とも縦割り的であるとする「縦割り集権モデル」を想定しているが、著者は、中央省庁から都道府県教育長への出向人事の分析（第4章）や全国知事・市町村長への質問紙調査に基づく教育委員会—首長・議会の分析を通して（第5章）、教育委員会の集権性・縦割り性は、通説に反して、他の行政領域と比べて弱く、地方教育行政の実態は、縦割り集権モデルというよりも総合行政モデルに近いことを論じている。このほか著者は、①首長サーベイ・データの分析結果（第6章）から、2004（平成16）年の調査時点では、教育委員会制度を存続すべきと考える首長が大半であり、廃止を支持する首長は1割強にとどまることや、②教育委員会の設置の是非を首長に委ねた場合に、どのような要因が首長の選択を規定するかを検討したところ、教育委員会が機能しているかどうかという機能主義的な観点や首長の政策選考といった要因よりも、むしろ首長の政治的安定性や首長—議会関係といった地方政府内部の政治的要因が教育員会の存廃に大きな影響を与えること、などを明らかにしている。

　(10)　青木栄一『地方分権と教育行政—少人数学級編制の政策過程—』（勁草書房、2013年）は、1990年代以降の地方分権改革が教育行政にどのような影響を与えたかを、少人数学級編制を主たる事例としながら検討したもので、①従来実施が不可能であった「独自施策」が分権改革によって可能になったことが地方教育行政に変化をもたらし、これによって首長の教育行政におけるプレゼンスが高まり、予算編成と人事を通じて影響力を発揮するようになったこと（132頁）、②首長が独自施策を実現させるためには、上位政府との交渉能力が必要であることや、その交渉能力を支援する力量ある事務局職員も不可欠であること（149-150頁）、などを明らかにしている。

　(11)　高橋寛人『危機に立つ教育委員会—教育の本質と公安委員会との比較から教育委員会を考える—』（クロスカルチャー出版、2013年）は、2008（平成20）年2月の大阪府知事就任時の橋下徹知事による教育委員会批判、2013（平成25）年1月、第二次安倍内閣の閣議決定により発足した「教育再生実行会議」の提言「教育委員会制度等の在り方について」及びこの提言をうけて同年4月に下村文部科学大臣から「今後の地方教育行政の在り方について」を諮問さ

れ、10月に中央教育審議会教育制度分科会が教育委員会制度の改革案として
A・Bの2案を提示した経緯から、教育委員会制度が存亡の危機に直面してい
るとして、教育委員会制度の意義と必要性をわかりやすく概説（主張）してい
る。本書は、①教育の特質（真理は多数決で決められないことなど）に基づいて、
教育の中立性・安定性・専門性、及び民主制を保障する仕組みとして必要で
あることや（30-32頁）、②教育委員会と公安委員会を比較検討することによっ
て、行政委員会としての教育委員会の意義と必要性を説くとともに、国家レベ
ルでも教育委員会が必要なこと、教育委員と教育長の兼務制度の廃止などを提
言している（78-81頁）。

　（12）大畠菜穂子『戦後日本の教育委員会─指揮監督権はどこにあったのか─』
（勁草書房、2015年）は、教育委員会制度の根本問題は、地方教育行政の最終的
な責任を誰が負うのかが不分明であること──すなわち、教育委員会（狭義）
と教育長の権限と責任の不明確さにあるとの問題意識から、教育委員会と教育
長の関係を、主に教育委員会の指揮監督権に焦点を当てつつ、また他の合議制
執行機関（行政委員会や企業の取締役会等）との比較考察を踏まえながら法学的
に検討している。その結果、教育委員会の教育長に対する指揮監督関係は、法
文上は明確でありながら（地教行法第17条）、運用（教育長に委任した事務は教育
委員会の権限に属する事務でなくなる）によって、また首長により実質的に教育長
の任命が行われることによって教育委員会の指揮監督権の内容と実効性が軽減
（制限）され、教育委員会と教育長の影響力の逆転現象が生じることになった
と結論づけている（227-229頁）。

　以上、著作に限っての、限られた先行研究のリビューであるが[9]、これま
での教育委員会制度にかかわる研究は、截然とは分類はできないものの、概し
て、①制度（史）研究（（4）、（6）、（11））、②法制史・行政法研究（（7）、（12））、
③政治・政策過程の研究（（2）、（3）、（9）、（10））、そして、④組織論的研究
（（5）、（8））など、多様な研究手法を使って行われてきている。これらの研究
は、教育委員会制度への多様なアプローチを試みており、例えば、これまでの
地方教育行政の言説（通説）に挑戦したり、日本特有のアイデア（理念）を使っ
て日本型教育システムの解明に努めるなど、教育行政研究に貴重な知見を提供
している。ただ、教育委員会制度の形骸化、機能不全等が指摘される今日、本

格的な研究が求められる領域の一つは教育委員会の組織論的研究であろう。また、政策の実施を阻害する要因の分析も求められる（政治・政策過程研究）。教育委員会の行政目的を効果的に達成するための組織条件（教育長のリーダーシップ、職員のモラール、組織特性〈組織文化、組織健康など〉、あるいは組織の変容〈変革〉）はどうあるべきか。また、教育委員会の教育政策を効果的に樹立し、実施し、評価し、定着していくのを妨げる要因は何であろうか。これらの研究は、教育委員会を取り巻く今日的状況をみるとき、もっと推進されてもよい領域であると思われる。

3. 本書の構成

本研究は、以上のような、教育委員会のこれまでの歩みと近年の改革状況及び研究動向を念頭に置きながら、1948（昭和23）年に創設された教育委員会制度が70年近く経つ中で、その機能低下と存在理由が問われてきたことに鑑み、①1990年代以降の地方分権・規制緩和を基本原理とする教育行財政改革によって教育委員会制度がどのように変容（変革）してきたのか、その変容の実態とその変容（変化）に及ぼす影響要因並びに教委の制度・運用上の問題等を、全国の市町村教育長及び地方自治体の長への質問紙調査をもとに探るとともに、②政策面からも、市町村教育委員会の学力政策がどのように展開されてきたか、その実態と課題、及び子どもの学力や学力政策の効果性を規定する要因等を、全国の市町村教育長及び教育委員長への質問紙調査により検討する。これによって制度と政策の両面から、市町村教育委員会制度の実態と今後の課題等を探る。なお、本書の後半では、学力政策の効果性を規定する要因等の検討を行う際、組織論的観点から、教育長のリーダーシップや教育委員会の組織特性（組織健康）などの諸要因をも分析対象として取り上げる。本研究の主な検討課題は、以下のとおりである。

①1990年代後半以降の一連の教育行財政改革で、市町村教育委員会がどのように変容（変革）してきたのか、その変容の実態とその変容に及ぼす影

響要因等を、全国の市町村教育長及び自治体の長への全国調査（質問紙調査）により明らかにする。

②市町村教育長及び首長が市町村教育委員会制度をどのように捉え（評価し）ていたのか、そして今後の制度改革の方向性をどう理解していたのか。

③市町村教育委員会は学力政策をどのように実施していたのか、その実態（内容）とその影響及び今後の課題とは何か。

④市町村の子どもの学力やその政策を規定する要因とは何か（教育委員会の組織特性か、家庭特性か、住民特性かなど）。

⑤自治体の人口規模は、市町村教育委員会の学力政策や行政活動にどのような影響を及ぼすか。

⑥教育長のリーダーシップ行動が教育委員会の組織特性や組織・運営活動にどのような影響を及ぼすか。

本書は、冒頭で述べたように、1990年代後半以降の一連の教育行財政改革で、市町村教育委員会がどのように変容（変革）してきたのか、その変容の実態とその変容に及ぼした影響要因や今後の制度改革の方向性及び市町村教育委員会の学力政策の実態や子どもの学力やその政策を規定する要因等を明らかにするため、序章と本論7章及び終章で構成されている。序章では、本研究の研究目的と方法について論じた。

第1章では、1990年代後半以降の一連の教育行財政改革が、市町村教育委員会の行政活動にどのような変容をもたらしたのか、その変容の実態とその変容に及ぼした影響要因等を明らかにするとともに、市町村教育長が教育委員会制度の現状をどう理解し、今後の制度改革をどう展望していたかを、市町村教育長（415人）への質問紙調査をもとに検討した。

第2章では、1990年代後半以降の一連の教育行財政改革で、市町村教育委員会がどのような変容を遂げてきたのか、その変容の実態を、地方自治体行政の責任者である市町村長（400人）への質問紙調査をもとに検討した。

第3章では、市町村長が、教育委員会制度の問題をどう捉え、今後の改革をどのように展望していたかを、同じく市町村長（400人）への質問紙調査をもとに考察した。

第4章では、市町村教育委員会が子どもの学力向上のためにどのような取り組みをしていたのか、その政策の実態や影響（効果）及び今後の政策課題について、市町村教育長（765人）への質問紙調査をもとに検討した。

　第5章では、市町村の子どもの学力を規定する要因（家庭特性要因、住民特性要因、学校組織特性要因、教育委員会組織特性要因など）とは何か、また市町村教育委員会の学力政策の効果性を規定する要因とは何かを、市町村教育長（765人）への質問紙調査をもとに分析した。

　第6章では、市町村教育委員会の教育委員長への質問紙調査（466人）をもとに、市町村の子どもの学力を規定する要因と市町村教育委員会の学力政策の効果性を規定する要因とは何かを検討するとともに、市町村教育委員長が教育委員会制度をどのように捉え、今後の制度改革の方向性をどのように認識していたかを探った。

　第7章では、教育長のリーダーシップ行動がどのような因子で構成されているかを分析し、そのうえで、教育長のリーダーシップ行動が教育委員会の組織特性や組織・運営活動にどのような影響を及ぼしているかを検討した。

　終章では、以上の検討を踏まえ、1990年代後半以降、市町村教育委員会制度がどのように変容してきたのか、その実態とその変容を促進した要因及び制度改革の方向性、さらには子どもの学力及びその政策を規定する要因等について総括した。また、市町村教育委員会制度の今後の研究課題についても若干触れた。

　最後に、本研究で使われた質問紙調査を本書の章構成との関連で示すと、以下のとおりである。

①「教育委員会制度に関する全国調査」（第1章）

　　調査日時：2012（平成24）年11月中旬〜12月上旬

　　調査対象：全国市町村教育長700人（有効回答者数415人、有効回収率59.3%）

②「教育委員会制度に関する全国調査（首長用）」（第2章、第3章）

　　調査日時：2013（平成25）年1月中旬〜2月上旬

　　調査対象：全国市町村長700人（有効回答者数400人、有効回収率57.1%）

③「教育委員会の学力政策に関する全国調査」（第4章、第5章）

調査日時：2015 年（平成 27）1 月中旬〜2 月上旬

調査対象：全国市町村教育長 1630 人（有効回答者数 765 人、有効回収率 46.9%）

④「教育委員会の学力政策に関する教育委員長調査」（第 6 章、第 7 章）

調査日時：2015 年 2 中旬〜3 月上旬

調査対象：全国市町村教育委員長 1000 人（有効回答者数 466 人、有効回収率 46.6%）

また、本書は、すでに公表された論文を加筆修正のうえ掲載している。本書の初出の論文を記すと、以下のとおりである。

① 「教育委員会制度の現状と課題—『教育委員会制度に関する全国調査』を手がかりに—」日本教育学会編『教育学研究』第 80 巻第 2 号、2013 年、222 - 234 頁（第 1 章）。

② 「地方自治体の長からみた教育委員会制度の現状と課題（1）—全国市町村長の意識調査を手がかりに—」『広島大学大学院教育学研究科紀要』（第三部〈教育人間科学関連領域〉）第 62 号、2013 年、1 - 10 頁（第 2 章）。

③ 「地方自治体の長からみた教育委員会制度—全国市町村長の意識調査をてがかりにして—」『季刊教育法』第 180 号、2014 年 3 月、46 - 57 頁（第 3 章）。

④ 「市町村教育委員会の学力政策に関する一考察」『広島大学大学院教育学研究科紀要』（第三部〈教育人間科学関連領域〉）第 64 号、2015 年、1 - 10 頁（第 4 章）。

⑤ 「市町村教育委員会の学力政策（中間報告）—子どもの学力を規定する要因の分析を中心にして—」最終講義資料『私の教育行政学研究—38 年のあゆみ—』2016 年 2 月 19 日、13 - 46 頁（第 5 章）。

なお、序章、第 6 章、第 7 章、そして終章は書き下ろしである。

この研究で使われた質問紙調査は、2012（平成 24）年 11 月〜2015（平成 27）年 2 月にかけて実施したものである。当初は、質問紙調査のみならず事例研究

も行う予定であったが、2015 年 4 月より、新しい教育委員会制度がスタートするなど、教育委員会制度を取り巻く環境が大きく変化したため、急遽、研究の継続を断念し、改正前の教育委員会制度にかかわる質問紙調査の分析結果を公表することにした。前半の論文は、新しい教育委員会制度が発足する前に書かれたものであり、当時の社会的背景や問題意識等を尊重しようとしたため、初出の論文の内容・表現をできるだけとどめる形で収録した。そのため、論文の表現等に重複や不整合なところがあると思う。

　本書は、2015 年 4 月 1 日に新しい教育委員会制度がスタートしたため、改正前の教育委員会制度下における研究成果を報告することになる。本書が、①1990 年代後半以降の一連の教育行財政改革によって市町村教育委員会がどのように変容（変革）したのか、改正前の変容の実態とその変容の規定要因とは何か、②教育長や自治体の長や教育委員長が当時の教育委員会制度の課題や制度改革の方向性をどのように認識していたのか、さらに、③改正前の教育委員会制度のもとで、子どもの学力や学力政策を規定する要因や教育長のリーダーシップ行動の組織・運営活動に与える影響並びに自治体の人口規模が教育委員会の行政活動に与える影響要因とは何か、などに関してデータと知見を少しでも提供できればと思う。

　なお、本書は、日本学術振興会の 2016（平成 28）年度科学研究費助成事業の科学研究費補助金（研究成果公開促進費）の交付を受けて公刊された。

注

(1) 旧教育委員会法第 1 条では、教育委員会の創設の目的を「教育が不当な支配に服することなく、国民全体に対し直接に責任を負って行われるべきであるという自覚のもとに公正な民意により、地方の実情に即した教育行政を行うため」と定めている。

(2) 樋口修資『教育委員会制度変容過程の政治力学—戦後初期教育委員会制度史の研究—』（明星大学出版部、2011 年）36 - 41 頁。

(3) 拙（編）著『現代教育の制度と行政』（福村出版、2008 年）204 - 205 頁。

(4) 地方分権推進委員会は、この第一次勧告（1996〈平成 8〉年 12 月）で、教育長の任命承認制を廃止すること、教育行政に地域住民の意向を反映する方策や教育委員会活性化の方策を検討すること、文部省と都道府県・市町村教育委員会との関係を見直すこと（措置要

求や指導・助言・援助）などを勧告している。

(5) 小川正人『市町村の教育改革が学校を変える―教育委員会制度の可能性―』（岩波書店、2006 年）35・47 頁。

(6) その後、2013（平成 25）年 12 月の中央教育審議会答申「今後の地方教育行政の在り方について」では、「県費負担教職員の人事権については、様々な意見があることを踏まえ、引き続き、小規模市町村を含む一定規模の区域や都道府県において人事交流の調整を行うようにする仕組みを構築することを前提とした上で、小規模市町村等の理解を得て、中核市をはじめとする市町村に移譲することを検討する」よう提言し、政府（文部科学省）も、人事権の移譲を希望する中核市等への情報提供の協力・支援を行うことを決めた（事務連絡「県費負担教職員の人事権の中核市等への移譲について」2015〈平成 27〉年 2 月 5 日付）。現在、大阪府の豊能地区（豊中市、池田市、箕面市、豊能町、能勢町）では、地教行法第 55 条の事務処理特例制度を活用して、大阪府から人事権を移譲され、運用を開始したところである。

(7) その後、2015（平成 27）年 12 月 21 日の中央教育審議会は「新しい時代の教育や地方創生の実現に向けた学校と地域の連携・協働の在り方と今後の推進方策について」、「チームとしての学校の在り方と今後の改善方策について」、「これからの学校教育を担う教員の資質能力の向上について」の 3 つの答申を出し、①地域住民が学校と連携・協働して子どもの成長を支え、学校を核として地域を創生していくために、コミュニティ・スクールと地域学校協働本部を積極的に推進すること、②教職員に加え、多様な専門性をもった人材が学校運営に参加するため、学校の組織運営改革の一環として「チームとしての学校」を推進すること、そして、③学び合い、高め合う教員コミュニティの構築をめざして、教員の養成・採用・研修にかかわる改革を行うこと、などを提言している。

(8) 拙（編）著、前掲書、207-208 頁。

(9) その他、白石裕編著『地方政府における教育政策形成・実施過程の総合的研究』（多賀出版、1995 年）、日本教育行政学会研究推進委員会編『首長主導改革と教育委員会制度―現代日本における教育と政治―』（福村出版、2014 年）、木田宏著・教育行政研究会編集『逐条解説　地方教育行政の組織及び運営に関する法律　第四次新訂』（第一法規、2015 年）、坪井由実・渡部昭男編集『地方教育行政法の改定と教育ガバナンス―教育委員会制度のあり方と「共同統治」―』（三学出版、2015 年）など、貴重な文献がある（なお、本研究のデータ処理には、SPSS Statistics Version 17.0 と IBM SPSS Statistics Version 23.0 を使用した）。

第1章

市町村教育長と教育委員会制度改革

―その現状と課題―

I. はじめに

　1980 年代後半に入ると、社会の成熟化や国際化や国家財政の悪化及び経済成長の鈍化傾向を背景に、従来型の福祉国家観の見直しが求められ、いわば「小さな政府」の思想のもと、地方分権化と規制緩和・民営化を基本原理とする行政改革が始まり、これを受けて、教育の分野でも 1987（昭和 62）年 8 月の臨時教育審議会最終答申以降、とりわけ 1998（平成 10）年 9 月の中央教育審議会答申「今後の地方教育行政の在り方について」以降一連の教育行財政改革が進むことになった。

　1998（平成 10）年 5 月、地方分権推進委員会の勧告に従って、地方分権推進計画が閣議決定された。この閣議決定をうけて、1998（平成 10）年 6 月の「中央省庁等改革基本法」をはじめとする一連の中央省庁再編の法律（文部科学省の設置）と、地方自治法をはじめとする関係法の一括改正を目的とした 1999（平成 11）年の「地方分権の推進を図るための関係法律の整備等に関する法律」（以下、地方分権一括法という）が制定された。この地方分権一括法は、国の行政組織・運営の簡素化・効率化、地方に対する国の関与の縮減、地方の自主性の拡大をめざすもので、同法や中央教育審議会答申「今後の地方教育行政の在り方について」（1998〈平成 10〉年 9 月）をうけて「地方教育行政の組織及び運営に関する法律」（以下、地教行法）の一部が改正され、①教育長の任命承認制度の廃止、②文部大臣の措置要求等の廃止、③都道府県の基準設定権の廃止等が行われた。

　この地方分権一括法による改革のほか、国（文部科学省）―都道府県―市区町村を通じた義務教育の行財政制度改革につながる義務教育費国庫負担制度（2005〈平成 17〉年）や県費負担教職員制度の改革・検討も行われた。

　さらに、2007（平成 19）年 6 月には、2005（平成 17）年 1 月の中央教育審議会（地方教育行政部会）答申「地方分権時代における教育委員会の在り方について」や 2006（平成 18）年の改正教育基本法をうけて、地教行法が改正され、①教育委員会の責任の明確化、②教育委員会の活動状況の自己点検評価の実施、

③教育委員の人数の弾力化、④保護者の教育委員への選任義務化、⑤文部科学大臣の教育委員会に対する「是正の要求」及び「指示」の規定、そして⑥首長によるスポーツ・文化事務の任意所管が定められた。

こうした1990年代後半以降の一連の教育行財政改革の動きは、①地方分権化（教育長の任命承認制の廃止、義務教育費国庫負担制度の改革、自律的学校経営に向けた改革など）、②規制緩和・民営化（学校選択制度、構造改革特区制度、指定管理者制度など）、そして③評価制度の導入（学校評価、教員評価制度、教育委員会の事業の自己点検評価、全国学力・学習状況調査など）の観点から捉えることができる[1]。そこには、国家主導で標準的な教育サービスを提供するよりも、地方分権化と規制緩和を促進し、学校等の教育機関の自主性・自律性を生かしながら、ある種の「競争と評価」の市場的メカニズムを働かせることにより、多様で個性的な教育サービスをより効率的に提供することが、子どもや保護者の利益にかなうという考え方がある。また、教育行政は、その在りようとして教育活動の結果とその評価による事後規制にも注目するようになった。

これら一連の教育行財政改革は、教育委員会レベルでみると、これまで教育委員会が有していた権限の一部を学校に委譲し、学校はその権限を活用して、地域の保護者や住民の協力を得ながら、自らの責任のもとに運営を行うことを求めており、教育委員会はそのような自律的運営（経営）ができる仕組みを整えるとともに、自らは地域の教育課題に即した施策を樹立し、実施することを要請されている。また、教育委員会は、学校等教育機関がコミュニティの拠点として活用されるよう努めるとともに、教育（人づくり）の面から地域コミュニティの育成や地域振興（まちづくり）に大きな役割を果たすことも期待されている[2]。つまり、教育委員会は、首長部局や地域住民や各種団体と連携・協力をしながら、地域社会全体で子どもを育てる仕組みを構築する一方、教育（人づくり）の面から地域づくり（地域再生）に深くかかわるとともに、そのために必要な体制づくり（教育委員会の組織・運用上の改善）を行うよう求められた。しかし、近年、いじめや体罰問題に対する教育委員会の不適切な対応をめぐり、教育委員会はその形骸化や機能不全が指摘され、批判を招いているのも事実である。いったい教育委員会はこれまでどのように自ら変容（変革）を遂げてきたのだろうか。

本章は、このような問題意識から、1990 年代後半以降の一連の教育行財政改革で、市町村教育委員会がその行政活動にどのような変容（変革）をもたらしたのか [3]、その変容の実態とその変容に影響を及ぼした要因及び課題について、市町村教育長への質問紙調査をもとに検討するとともに、今後の教育委員会制度の在り方についても触れることとする [4]。ただ、今回の調査は、教育長という特定の立場からの、しかも質問紙調査（主に主観尺度）で得たデータであることから、変容の実態に迫るには限界がある。しかし、1990 年代後半以降の一連の改革によって教育委員会がどのように変わってきたのかを、教育行政の衝にあたっている教育長の認識を通して、個別事象としてではなく全国的な動向として検証（把握）することは、今後の教育委員会制度の在り方を探るうえで重要であると思われる。

Ⅱ. 調査方法

① 調査対象

調査対象は、全国市区町村教育委員会の教育長 700 人であり、有効回答者数は 415 人で、有効回収率は 59.3% である。回答者の性別は男性 96.1%（399 人）、女性 3.6%（15 人）、無回答者 1 人（0.3%）で、年齢別の割合は、49−59 歳 14.5%（60 人）、60−64 歳 44.1%（183 人）、65−69 歳 30.4%（126 人）、70−79 歳 9.9%（41 人）、無回答者 1.2%（5 人）である。出身別の割合は、教職出身者 67.7%（281 人）、一般行政職出身者 29.2%（121 人）、企業出身者 0.7%（3 人）、その他 1.9%（8 人）、無回答者 0.5%（2 人）である。また勤務年数別の割合は、2 年未満 30.1%（125 人）、2 年以上−4 年未満 29.9%（124 人）、4 年以上−8 年未満 31.8%（132 人）、8 年以上 8.0%（33 人）、無回答者 1 人（0.2%）である。なお、教育委員会の人口規模別の割合は、8000 人未満 23.4%（97 人）、8000 人以上−1 万 5000 人未満 14.0%（58 人）、1 万 5000 人以上−3 万人未満 18.1%（75 人）、3 万人以上−5 万人未満 14.0%（58 人）、5 万人以上−10 万人未満 15.2%（63 人）、

第1章　市町村教育長と教育委員会制度改革

10 万人以上－20 万人未満 8.0%（33 人）、20 万人以上－30 万人未満 2.9%（12 人）、30 万人以上－50 万人未満 2.7%（11 人）、50 万人以上 1.9%（8 人）である。

② 調査期間

2012（平成 24）年 11 月中旬～12 月上旬。

③ 調査手続

市区町村教育長が、1990 年代以降の一連の教育行財政改革で、教育委員会がどのように変容したと捉えているかを探るため、①教育委員会の組織・運営上の改善（教育委員の選任方法、会議の運営方法、目標設定・自己点検評価など）、②首長と教育委員会との連携、③学校と教育委員会の関係、④教育委員会と地域住民との関係、そして⑤教育委員会制度の原理や在り方等にかかわる 49 項目からなる「教育委員会制度に関する全国調査」を作成し、郵送法で調査を実施した。調査対象 700 人の教育長の選定には、文部科学省『全国教育委員会一覧』（文教協会、2012 年）を活用し、約 1700 人の市区町村教育長の中から無作為で抽出した（学校組合等を除く）[5]。

III. 結果及び考察

1. 1990 年代後半以降の教育行財政改革と教育委員会の変容

① 1990 年代後半以降の教育委員会の変容の全体像

1990 年代後半以降、地方分権化と規制緩和を基本原理とする教育行財政改革が強力に推進されてきたが、これらの改革によって教育委員会がどのように変容してきたのか、その変容の実態を検討する。

31

まず、近年の一連の教育行財政改革によって教育委員会がどのように変わったのか、その変容の全体像を把握するため、「(Q37) 1998（平成10）年9月21日の中央教育審議会答申『今後の地方教育行政の在り方について』以降の一連の教育行財政改革によって、貴教育委員会の教育行政はどのように変化したと思われますか」の質問に5段階評価で回答を求めた。その結果は、**図1-1**に示されるとおりである。教育長415人は、1990年代後半以降の一連の改革によって、ある一定の変化があったことを認識していることがうかがえる。とりわけ「(3) 地域住民との連携・協力が進んだ」(53.7%)、「(6) 首長部局との連携・協力が進んだ」(49.9%)、「(1) 地域の教育課題に即した独自の教育施策を策定し、実施できるようになった」(48.7%)、「(4) 自治体のまちづくり、地域づくりに積極的にかかわるようになった」(44.8%)、「(7) 教育委員会の会議が活性化し、実質的な審議ができるようになった」(43.2%)、そして「(10) 学校の自律的経営に向けた改革が進んだ」(42.1%)[6] など、近年の重要な行政活動領域で一定の進展のあったことが看取できる。しかし、教育委員会の変容に関して10項目中2項目まで挙げた教育委員会が33.2%（129自治体）を占め、近年の一連の改革によってもその影響をあまり受けていない教育委員会も存在することがうかがえる[7]。

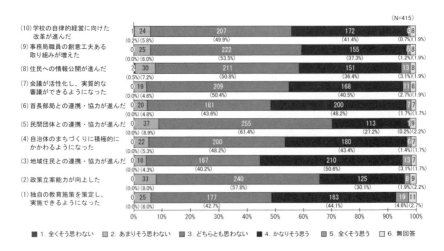

図1-1　1990年代後半以降の教育委員会の変化

② 教育振興基本計画と自己点検評価報告書作成の影響

改正教育基本法第17条第2項で地方公共団体の教育振興基本計画策定の努力義務が課されたが、現在、教育振興基本計画を策定しているのは415自治体のうち175自治体（42.2%）であった。その175の自治体の教育長に「(Q10) 教育委員会が教育振興基本計画を策定したことでどのような影響があった」（10項目）かを問うたところ、図1-2に示されるように、特に「(4) 教育行政の目標・ビジョンの明確化」(93.7%) や「(2) 教育施策の構造化・体系化」(83.5%) などの面で顕著な影響が認められ、全体としてどの項目に関しても相当程度の影響のあったことがうかがえる。なお、人口規模の大きい自治体ほど教育振興基本計画を策定する傾向がある（分割表省略、$x^2=23.679$, df=3, p<.001）。

また、2007（平成19）年6月の地教行法改正により、その第27条で教育委員会の自己点検評価報告書の作成が義務付けられたが、その影響を探るため、教育長415人に「(Q12) 自己点検報告書の作成によって、どのような影響があった」（12項目）かを問うたところ、図1-3に示されるように「(2) 行政活動・施策の見直しや反省の活発化」(71.6%)、「(5) 施策の効果の意識化」(72.3%)、「(6) 議会や住民に対する説明責任の履行」(66.5%)、「(8) 施策の焦

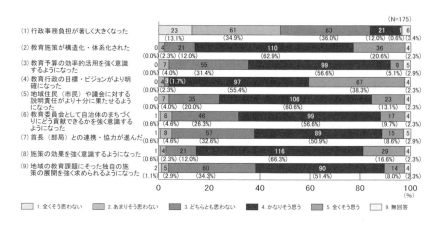

図1-2　教育振興基本計画の影響

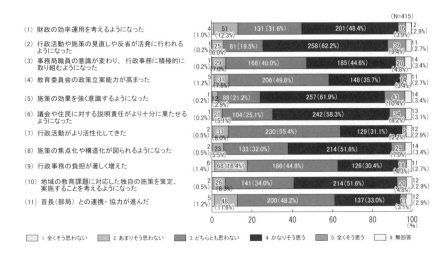

図1-3 教育委員会の自己点検評価報告書の影響

点化や構造化」(58.6%) などの面を中心に、教育委員会の行政活動に影響を与えていることがうかがえる。このように、教育振興基本計画の策定も教育委員会の自己点検評価報告書の作成も教育委員会の行政活動に一定程度の影響（効果）を及ぼしていることが認められる[8]。

3 教育委員の選任方法と教育委員会の会議の運営方法

2005（平成17）年の中央教育審議会答申「地方分権時代における教育委員会の在り方について」においても、教育委員の選任方法や会議の進め方・持ち方等の運営方法について改善の必要性が指摘されたが、ここでは、1990年後半以降、教育委員会会議の運営方法にどのような改善がみられたかを検討する。

本調査によると、教育長415人の約6割強（264人）は、現行の教育委員の選任方式について、「(Q1) 教育委員に有能かつ意欲のある人材を登用する上で十分に機能」していると回答し（図1-4）、教育委員会の会議に関してもその7割強（309人）が「(Q4) 会議での議論は活発に行われ、実質的な審議と意思決定が行われている」と評価し（図1-5）、「(Q8) 教育委員会の合議制は、

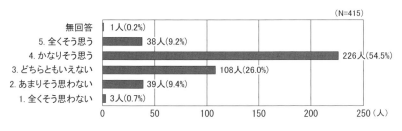

図1-4　現行の教育委員の選任方式の有効性

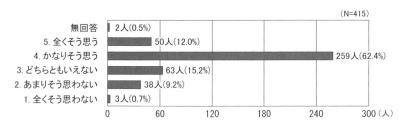

図1-5　教育委員会会議の活発度

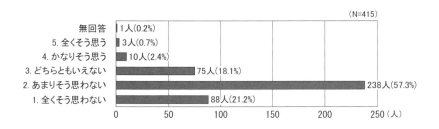

図1-6　合議制の教育委員会は無責任体制であるか

無責任体制になりやすく、迅速な意思決定ができない」との批判に対しても8割近く（326人）がこれを否定している（**図1-6**）ほか、「(Q3)教育委員の公選制復活」の主張（意見）に対してもその半数（214人）が反対している（**図1-7**）。これらのデータを総合的に判断すると、教育長の多くは教育委員会の会議では実質的な審議と意思決定が行われており、委員の選任方式（任命制）も概ね有

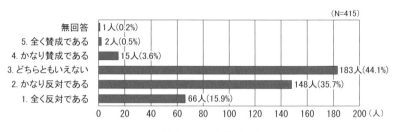

図1-7 教育委員の公選制の復活

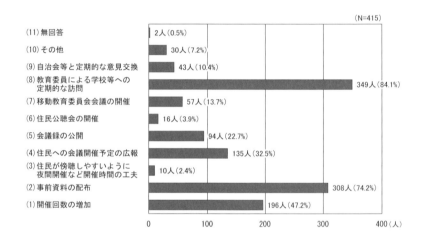

図1-8 教育委員会会議の運営方法等の工夫

能な人材を登用するうえで機能していると評価しているといえよう。

また、教育長に「(Q5) 教育委員会の活性化策として、会議の持ち方や運営方法についてどのような工夫をされている」(複数回答)かを問うたところ、**図1-8**に示されるように、「教育委員の教育機関等への定期的訪問」(84.1%)や「資料の事前配布」(74.2%)など、活性化のため種々の工夫が行われているほか、教育委員の研修についても、教育長の44.3%(184人)が「(Q7)教育委員の資質能力を高めるための研修が十分に効果をあげている」と回答しており(**図1-9**)、教育委員会の活性化に向けた取り組みも行われつつある。

しかし、詳細に検討すると課題もある。教育委員会の会議の運営方法に関し

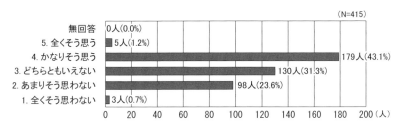

図1-9　教育委員の研修の効果性

てもっと多くの教育委員会において新しい取り組みが行われることが望まれるし、2～3割の教育委員会では依然として会議の有効性（実質的審議）や教育委員の研修の効果を実感できていない。これらの教育委員会では会議が十分に機能していない可能性もある。教育委員会の会議は公正かつ民主的に教育の意思形成を図ることによって、その後の行政活動に正統性を与える重要な機関であり、会議の活性化のための新しい取り組みが強く求められる。

4 首長と教育委員会との連携・協力

　今日、文化・スポーツ、生涯学習、就学前教育・保育をはじめ、義務教育や非行防止・就職対策等については、教育委員会のみならず、自治体全体として取り組むべき、分野横断的な行政課題が多くなってきている。こうした中、教育委員会は、首長（部局）と連携・協力してこれらの課題に対処することが求められている。そこで、ここでは教育委員会が首長（部局）とどのように連携・協力を図っているのか、その実態の一端を探る。

　本調査からは、教育委員会と首長（部局）との連携・協力がかなり進展していることがうかがえる。今日、教育問題が他の行政領域と利害を共有することから、約8割の教育長（332人）が「(Q23)首長と教育委員会が連携・協力していくことがますます重要となっている」と認識しており（**図1-10**）、実際にも、**図1-11**に示されるように、9割以上の自治体において教育長は四役会議等に参加しており、その他多様な手段を講じながら、首長との連携・協力を図ろうとしている（Q26）。そして8割以上の教育長（348人）は「(Q24)自治体

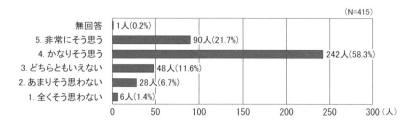

図1-10　教育委員会と首長との連携・協力の重要性

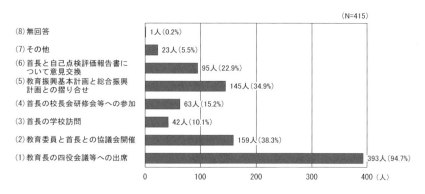

図1-11　首長との連携・協力の方策

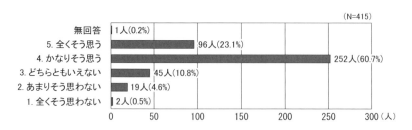

図1-12　首長との連携・協力はとれているか

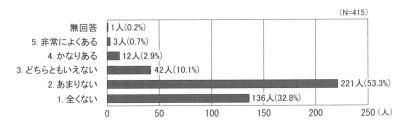

図1-13　教育委員会と首長との教育行政の方針をめぐる対立

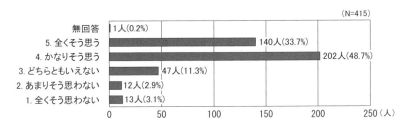

図1-14　首長は教育の自律性や政治的中立性に配慮しているか

の長との連携・協力はとれている」と回答する（図1-12）とともに、8割以上の教育長（357人）が「(Q25)教育行政や教育施策をめぐって首長と鋭く対立する」ことはないと認識している（図1-13）。しかも8割強の教育長（342人）が「(Q28)自治体の長は、教育の自律性や政治的中立性に配慮しながら、教育委員会に対応」していると回答している（図1-14）。これらのデータをみるかぎり、教育委員会は、教育の自律性ないし政治的中立性を一定程度保ちながら首長との連携・協力を図っているものと考えられる。

5 教育委員会と地域社会との関係

(1) 教育委員会と地域住民・民間団体との連携・協力

　教育に対する保護者や地域住民の多様な要望に応えていくためには、学校運営や教育行政への保護者や地域住民の積極的な参画が求められる。また、地域

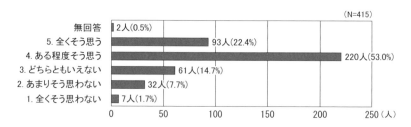

図1-15 市民や民間団体が新たな公共の担い手になるという自覚の必要性

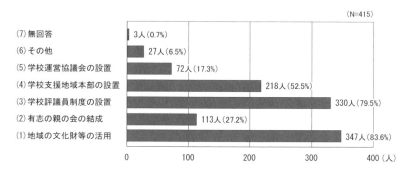

図1-16 地域ぐるみでの学校づくりの方策

社会が学校づくりに参画すると同時に、学校等の教育機関が地域づくりにかかわるという双方向の関係も必要である。このため、教育委員会が首長部局やその他関係機関と連携・協力して、教育振興や地域づくりのために総合的な施策を展開していくことが期待される。そこで、教育委員会が地域住民や民間団体とどのように連携・協力を進めているのかを探る。

本調査からは、まず地域住民との連携・協力が進展していることを指摘できよう。教育長の7割以上（313人）は、「(Q14)地域の教育問題を解決していくためには、行政と住民（市民）や民間団体との連携・協力が不可欠」であると認識しており（図1-15）、また、実際に教育委員会は、図1-16に示されるとおり（複数回答）、「学校評議員制度」や「学校支援地域本部」の設置など、様々な方法を通して、学校活動や運営に保護者や地域住民の参画を促し、地域ぐる

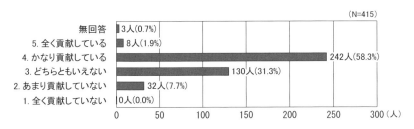

図1-17　教育委員会の自治体のまちづくりへの貢献

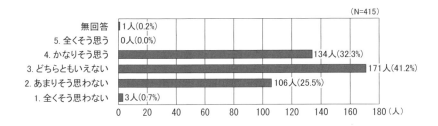

図1-18　教育委員会の活動・政策意図に対する住民（市民）の理解

みで学校づくりを展開している（Q35）。加えて、約6割の教育長（250人）は、「(Q36) 教育委員会として教育（人づくり）の面から『自治体のまちづくり』」にも貢献していると回答しており（**図1-17**）、教育委員会と地域社会の双方向の関係が築かれつつあるといえよう。

しかし、地域住民との連携・協力にあたっては、学校運営協議会の設置率の低さにもみられるように地域住民の運営面への参加がまだ十分でないことや、教育長の約3割（134人）のみが「(Q6) 教育委員会の活動や施策意図が地域住民（市民）に十分に理解されている」と回答しているにとどまり（**図1-18**）、地域住民との連携・協力にとって不可欠な教育委員会の地域住民への情報発信力の弱さが見て取れる。

一方、近年、地域住民とともに、民間団体も新たな公共の担い手として注目され、行政は、地域住民とともに、民間団体との連携・協力を図ることが期待されている。そこで、教育の分野で教育委員会が民間団体とどのように連携協

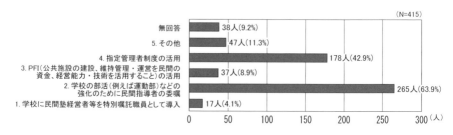

図1-19 民間活力の導入方法

力を図っているのかを探るため、教育長415人に「(Q46) 貴教育委員会では、民間活力の導入はどのように行われているでしょうか」(複数選択)と問うたところ、**図1-19**に示されるように、17人（4.1%）が「1. 学校に民間塾経営者等を特別嘱託職員として導入」、265人（63.9%）が「2. 学校の部活（例えば運動部）などの強化のために民間指導者の委嘱」、37人（8.9%）が「3. PFI（公共施設の建設、維持管理・運営を民間の資金、経営能力・技術を活用すること）の活用」、178人（42.9%）が「4. 指定管理者制度の活用」、そして47人（11.3%）が「5. その他」[9]と回答した（無回答者38人〈9.2%〉）。教育委員会は、このように「学校の部活への民間指導者の委嘱」や「指定管理者制度の導入」など、多様な方法を通じて、少しずつ民間資源の活用を図ろうとしている。

(2) 地域住民の絆（社会関係資本）とその尺度構成

　地域住民の絆や社会的ネットワークで表される、いわゆる社会関係資本がコミュニティの再生や住民生活等に影響を与えるといわれる。社会関係資本は様々に理解され、統一した定義づけは難しいといわれるが、一般的には、1990年代以降に社会関係資本の研究で大きな影響を与えたロバート・パットナムの定義「個人間のつながり、すなわち社会的ネットワーク、及びそこから生じる互酬性と信頼性の規範」が有名である[10]。社会関係資本は通常の資本と同じように社会の生産性を向上させる働きがあり、社会関係資本が豊かなほど、児童福祉、教育、治安、健康といった住民の生活の質や地域づくりに影響を与えるとされる。そこで、ここでは、地域住民の絆で表される自治体の社会関係資

第1章　市町村教育長と教育委員会制度改革

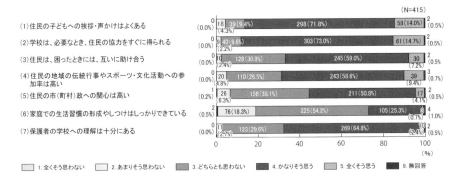

図1-20　住民・保護者特性

本が1990年代後半以降の教育委員会の変容（変化）にどう影響を及ぼしているかを検討するため、その尺度構成を行う。

まず、地域住民の絆の観点から地域住民の特性を測るため、新潟市の研究[11]等を参考にしながら、7つの質問項目を作成し、教育長415人に「(Q34)貴自治体の住民（市民）や保護者の様子についてお尋ねします。貴自治体では、次のそれぞれの項目について、どの程度当てはまりますか」（5段階評価）の質問を行った。その結果、図1-20に示されるように、教育長356人（85.8％）が「(1)住民の子どもへの挨拶・声かけはよくある」、364人（87.7％）が「(2)学校は、必要なとき、住民の協力をすぐに得られる」、275人（66.2％）が「(3)住民は、困ったときには、互いに助け合う」、282人（68.0％）が「(4)住民の地域の伝統行事やスポーツ・文化活動への参加率は高い」、228人（54.9％）が「(5)住民の市（町村）政への関心は高い」、108人（26.0％）が「(6)家庭での生活習慣の形成やしつけはしっかりできている」、279人（67.2％）が「(7)保護者の学校への理解は十分にある」と回答した。

これら7つの質問項目（変数）をもとに、地域住民の絆の度合を示す合成変数（社会関係資本）を作成するため、これらの変数に主成分分析を施したところ、固有値1.0以上の主成分として第1主成分のみが検出されたので[12]、この第1主成分をもって各自治体の地域住民の絆、ネットワーク度を表す「地域社会の絆」（社会関係資本）の合成変数とした。

43

2. 教育委員会の変革を規定する諸要因

　冒頭（Ⅲ-1-①）で検討した「1990 年代後半以降の教育委員会の変容」（10 項目）を説明（規定）する要因は何であろうか。ここでは、教育委員会の行政活動の変容（変化）を表す 10 項目の合成変数を「教育委員会の変革度」として尺度構成し、これにどのような要因がどの程度影響を与えている（効いている）かを検討する。

　まず、教育委員会の行政活動の変容を表す 10 の変数の合成変数を作成するため、これらの変数に主成分分析を施したところ、**表 1-1** に示されるように、第 1 主成分（固有値 4.596、寄与率 45.961％）と第 2 主成分（固有値 1.025、寄与率 10.248％）の 2 つを検出したが、成分行列をみると、各変数のもつ第 1 主成分への負荷量（.559〜.774）は高く、他方、各変数の第 2 主成分への負荷量（.040〜.492）がいずれも小さく、解釈も困難なことから、第 1 主成分をもって教育委員会の行政活動の変容を表す「教育委員会の変革度」の合成変数とした。

　この「教育委員会の変革度」を従属変数とし、これまで取り上げてきた「教育委員会による学校支援効果」、「教育委員の研修効果」などの諸要因を独立変数[13]とし、重回帰分析を行ったところ、その結果は、**表 1-2** のとおりである。これによると、教育委員会の変革度の変動をどの程度説明するかを示す（調整済み）決定係数（R^2）は .318 であり、全体としての説明力（規定力）はそれほど高くないものの、取り上げた変数の中では、「地域社会の絆（社会関係資本）」（β =.309, p<.001）が 1990 年代後半以降の教委の変革度に最も大きな影響を与えており、次いで「教育委員会による学校支援の効果」（β =.187, p<.001）や「教育委員の研修効果」（β =.162, p<.01）などであり、「学校評価の教育施策への活用」（β =.133, p<.01）や「自治体の人口規模」（β =.117, p<.05）や「首長部局との連携・協力」（β =.120, p<.05）も影響を与えていることがわかる。1990 年代後半以降の教育委員会の行政活動の変容を自治体の「地域社会の絆（社会関係資本）」が最もよく説明していること、教育委員会の変革における「教育委員会による学校支援の効果」や「教育委員の研修効果」や「首長部局との連携・協力」の重要性、そして自治体の人口規模なども教委の変革に影響を与え

ていることを確認できたことは、今後の教育委員会制度の機能充実や在り方を考えるうえで示唆的である。

表1-1　教育委員会の変容についての主成分分析

変　数	第1主成分	第2主成分
①地域の教育課題に即した独自の教育施策を策定し、実施できるようになった	.708	.040
②教育委員会の政策立案能力が向上した	.774	-.165
③地域住民との連携・協力が進んだ	.746	.188
④自治体のまちづくり、地域づくりに積極的にかかわるようになった	.653	.492
⑤民間団体との連携・協力が進んだ	.559	.463
⑥首長部局との連携・協力が進んだ	.701	.245
⑦教育委員会の会議が活性化し、実質的な審議ができるようになった	.677	-.281
⑧住民への情報公開が著しく進んだ	.566	-.469
⑨事務局職員の創意工夫ある取り組みが増えた	.708	-.361
⑩学校の自律的経営に向けた改革が進んだ	.657	-.122
固有値	4.596	1.025
寄与率	45.961	10.248
累積寄与率	45.961	56.209

注）値は主成分負荷量。絶対値0.5以上のものを太字にした。

表1-2　「教育委員会の変革度」を規定する諸要因

説明変数	β	r
地域社会の絆（Q34、合成変数）	.309***	.405***
教育委員会による学校支援（Q32）	.187***	.328***
教育委員の研修効果（Q7）	.162**	.296***
学校評価の教育施策への活用度（Q30）	.133**	.311***
首長部局との連携・協力（Q24）	.120*	.282***
自治体の人口規模（F1）	.117*	.162**
R^2	.331***	
Adj. R^2	.318***	
N	320	

β：標準偏回帰係数　　r：相関係数
***p<.001　**p<.01　*p<.05

3. 教育委員会制度の問題点と今後の制度改革

① 教育委員会制度の問題点

以上みてきたように、1990年代後半の教育行財政改革によって、教育委員会は、特に「(3) 地域住民との連携・協力」、「(6) 首長部局との連携・協力」などの面で、その行政活動に一定の変容のあったことがうかがえた。では、教育長は、当時の教育委員会制度のどこに問題があると認識していたのだろうか。

まず、教育委員会制度の全体的な問題状況を把握するため、「(Q42) 貴殿は、現行の教育委員会制度についてどこに問題があるとお考えでしょうか」(16項目) と5段階評価で回答を求めたところ、**図1-21** に示されるように、教育長

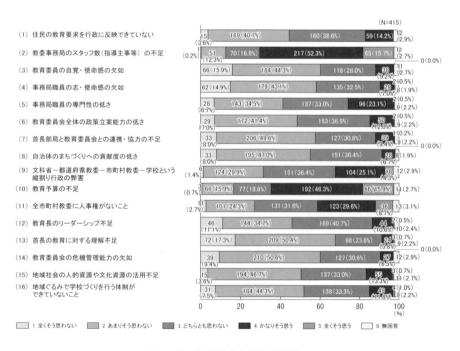

図1-21 教育委員会制度の問題点

第1章　市町村教育長と教育委員会制度改革

415人のうち、59人（14.2％）が「(1) 住民の教育要求を行政に反映できていない」、282人（68.0％）が「(2) 教委事務局スタッフ数の不足」、38人（9.2％）が「(3) 教育委員の自覚・使命感の欠如」、31人（7.5％）が「(4) 事務局職員の志・使命感の欠如」、98人（23.6％）が「(5) 事務局職員の専門性の低さ」、52人（12.5％）が「(6) 教育委員会全体の政策立案能力の低さ」、40人（9.6％）が「(7) 首長部局と教育委員会との連携・協力の不足」、28人（6.7％）が「(8) 自治体のまちづくりへの貢献度の低さ」、122人（29.4％）が「(9) 縦割り行政の弊害」、258人（62.2％）が「(10) 教育予算の不足」、159人（38.3％）が「(11) 全市町村教委に人事権がないこと」、46人（11.1％）が「(12) 教育長のリーダーシップ不足」、27人（6.5％）が「(13) 首長の教育に対する理解不足」、27人（6.5％）「(14) 教育委員会の危機管理能力の欠如」、58人（14.0％）が「(15) 地域社会の人的資源や文化資源の活用不足」、53人（12.8％）「(16) 地域ぐるみで学校づくりを行う体制ができていないこと」、そして6人（1.4％）「(17) その他」と回答した。

　教育長は、このように当時の教育委員会制度の大きな問題点として、まずは「(2) 教委事務局スタッフの不足」（68.0％）と「(10) 教育予算の不足」（62.2％）を、続いて「(11) 全市町村教委に人事権がないこと」（38.3％）や「(9) 縦割り行政の弊害」（29.4％）を挙げており、財政や人事行政にかかわる問題を指摘している。教育長は、教育委員会内部に起因する問題というよりも、自らの統制の及ばない、こうした外因的な問題（財政・人事問題）で苦慮していることがうかがえる[14]。

　ここで、教育委員会制度の問題点の一つとして挙げられる「全市町村教委に人事権がないこと」の問題をさらに検討するため、教育長（415人）に「(Q44) 市町村教委に『人事権を付与する』場合、どのような人口規模の単位の市町村に付与したらよいと思うか」を問うたところ、145人（34.9％）が「人口50万人以上の自治体」を最も多く挙げ、次に93人（22.4％）が「人口30万人以上の自治体」を、そして40人（9.6％）が「人口20万人以上の自治体」を挙げている。50万人以上の自治体への人事権付与を認める教育長が全体の3割を占める。一方、全市町村に人事権を付与することに賛成した教育長は54人（13.0％）にとどまる。この問題は、給与負担や適正な人事行政をどう行うかと

47

いう問題とも絡むため、有効な解決策を見出すのがなかなか困難なようである。

また、教育委員会制度のもう一つの問題点として挙げられる「縦割り行政の弊害」について検討するため、「『(Q38) 1990年代後半以降の一連の教育行政改革後も、文部科学省―都道府県教育委員会―市町村教育委員会という縦割り行政の弊害があるため、地方自治体として独自に教育施策を展開できない』という意見があります。貴殿は、この意見について、どのように思われますか」の質問に回答を求めたところ、**図1-22**に示されるように、教育長415人のうち、約2割の教育長（91人）がこの意見に同意する一方、約3割強の教育長（151人）がこれを否定した（「3. どちらともいえない」166人〈40.0%〉）。

さらに、この問題に関連して、「(Q49) 近年、とりわけ1990年代後半以降、地方分権や規制緩和を基本原理とする各種の教育行財政改革が進められてきましたが、貴殿は、『現在の教育委員会制度の下でも、その気になれば、地方自

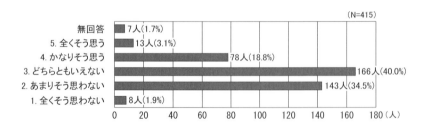

図1-22　縦割り行政の弊害のため独自の教育施策の展開は困難

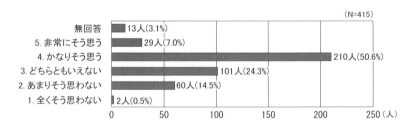

図1-23　独自の教育行政・教育施策の展開の可能性

治体として、地域の実態に即した独自の教育行政や教育施策を十分に展開できる』と思われますか」と質問したところ、**図1-23**に示されるように、教育長415人のうち、239人（57.6％）が「独自の教育行政や教育施策を展開できる」と回答し、これを否定した教育長62人（15.0％）を大きくうわまわっている。これは、改正前の教委制度下でも教育委員会が主体的に取り組めば、地域の実態に即した独自の教育行政や施策を十分に展開できる可能性があることを示唆している。「縦割り行政の弊害」は、確かに、教育長が直面する問題の一つではあるが、自治体独自の教育行政や施策の展開を阻むほど大きな要因としては認識されていないのではないかと思われる。

② 今後の教育委員会制度の在り方

　近年、教育委員会の形骸化や機能低下が指摘され、教委廃止論さえも提起されるほど、教育委員会制度の在り方が大きく問われている。このような中、教育長が教育委員会の制度的原理（理念）や今後の制度の在り方をどのように考えているのかを検討する。

(1) 教育委員会の制度的原理の重要性

　教育委員会制度改革で大きな議論となるのが、一般行政との関係、すなわち教育の独立性ないし政治的中立性の問題である。そこで、まず教育（行政）の政治的中立性の確保について、教育長がどのように考えているかを探るため、「(Q40)『教育（行政）の政治的中立性は守られるべきである』という主張について、貴殿はどのように思われますか」と5段階評価で回答を求めたところ、**図1-24**に示されるように、教職出身の教育長のほうが行政職出身の教育長よりも教育の政治的中立性の確保を支持する傾向があるものの（t=3.196, df=398, p<.01）、圧倒的多数（370人、89.1％）の教育長が教育（行政）の政治的中立性は守られるべきであると回答した。

　次に、教育事務が首長部局に移された場合、教育の政治的中立性をはじめとする教育委員会の制度的原理がどうなるかを探るため、「(Q39) もし、教育委員会制度を廃止して、地方教育事務を首長部局に移した場合、教育委員会制

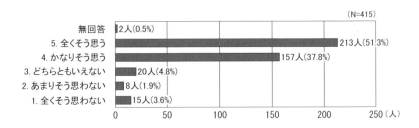

図1-24 教育（行政）の政治的中立性は守られるべきか

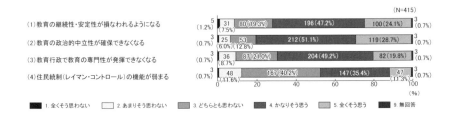

図1-25 教育事務が首長部局に移管した場合の教育行政の原理

度の下記の諸原理がどのようになるか」（5段階評価）と質問したところ、**図1-25**に示されるように、教育長415人のうち、296人（71.3％）が「(1) 教育の継続性・安定性が損なわれるようになる」、331人（79.8％）が「(2) 教育の政治的中立性が確保できなくなる」、286人（69.0％）が「(3) 教育行政で教育の専門性が発揮できなくなる」、194人（46.7％）が「(4) 住民統制（レイマン・コントロール）の機能が弱まる」と回答した。このように教育長は、教育事務を首長部局に移した場合、制度的原理の確保が困難になるとの見方を示した。なお、「(1) 教育の継続性・安定性」（t=4.909, df=397, p<.001）、「(2) 教育の政治的中立性」（t=3.965, df=397, p<.001）、「(3) 教育の専門性の発揮」（t=5.893, df=397, p<.001）、「(4) 住民統制（レイマン・コントロール）」（t=2.541, df=397, p<.05）のいずれの項目に関しても教職出身の教育長のほうが行政職出身の教育長よりもこれら制度的原理の確保が難しくなると認識する傾向がある。

(2) 教育委員会制度改革の方向性

今後の教育委員会制度改革がどうあるべきかを探るため、「(Q41) 貴殿は、今後の教育委員会制度の在り方を考えたとき、どのような方向で改革を進めるべきである」かを問うたところ、**図1-26**に示されるように、教育長415人のうち、293人（70.6%）が「1. 基本的には現行の教育委員会制度を維持し、運用上の改善や機能上の充実を図っていく」、97人（23.4%）が「2. 生涯学習や文化・スポーツに係わる事務は、首長（部局）に移し、教育委員会は学校教育の事務だけに限定する」、5人（1.2%）が「3. 市町村教育委員会が持っている権限を、できるだけ学校に移し、市町村教育委員会を廃止（もしくは縮小）する」、そして4人（1.0%）が「4. 教育委員会制度を廃止し、教育事務の権限をすべて首長（部局）に移す」[15]、そして7人（1.7%）が「5. どちらともいえない・わからない」と回答した（無回答者9人〈2.2%〉）。

このように、7割の教育長が現行制度を維持したうえでの、運用上、機能上の改善を図ることを支持し、約2割（23.4%）の教育長が生涯学習や文化・スポーツの事務を首長部局に移し、教育委員会は学校教育事務だけに限定することに賛成している。教育委員会制度の廃止論者は2%程度とごくわずかである。多くの教育長が、教育事務を首長部局に移す場合、教育の政治的中立性などの制度的諸原理の確保が困難になることなどから、教育事務の首長部局への移管に反対している。教育委員会の廃止論が一部声高に叫ばれる中、大方の教育長は、教育委員会制度の廃止を含む抜本的改革に極めて慎重であることがうかがえる。

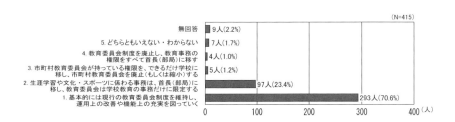

図1-26　教育委員会制度改革の方向性

IV. 総　括

　以上、1990年代後半以降の教育行財政改革で、教育委員会がどのように変化してきたのか、その行政活動の変容の実態を、市町村教育長への質問紙調査をもとに検討してきた。最後に、本調査の結果を総括したうえで、教育委員会制度の在り方や今後の課題について触れ、結びとしたい。

　第一に、教育長調査をみるかぎり、1990年代後半の教育行財政改革によって、教育委員会が、「地域住民との連携・協力」、「首長部局との連携・協力」、「地域の教育課題に即した独自の教育施策の展開」、「教育委員会の会議の活性化」、そして「学校の自律的経営に向けた改革」などの領域を中心に、その行政活動に一定程度の変容（変革）のあったことを指摘できる。すなわち、教育委員会は、教育の政治的中立性の維持に努めながら、首長との連携・協力を図るとともに（Ⅲ-1-④）、地域住民との連携・協力にも努めている（Ⅲ-1-⑤-(1)）。また、総じて地域の教育課題に即した独自の教育施策を展開できるようになっているほか（Ⅲ-3-①）、教育委員会の会議も、会議の持ち方や運営方法に新しい工夫を行い、実質的な審議と意思決定が行われるよう努力もされつつある（Ⅲ-1-③）。さらに、教育委員会の教育振興基本計画の策定や自己点検評価報告書の作成も行政活動によい効果を生みつつある（Ⅲ-1-②）。しかし、その一方で、教育委員会の変容の実態をみると、改革に積極的に取り組んでいる教育委員会と、そうでない教育委員会の存在が浮かび上がってくる。教育委員会の形骸化・機能不全が叫ばれる昨今、この後者の教育委員会の変革をどう促すかが大きな課題となる。

　第二に、1990年代後半以降の教育委員会の行政活動の変容を説明する要因として、「地域住民の絆（社会関係資本）」、「教委による学校支援の効果」、「教育委員の研修効果」、「自治体の人口規模」、そして「首長部局との連携・協力」を確認できたことは、今後の教育委員会の在り方や改革の方向性を考えるうえで示唆的である。例えば、教育委員会の変革における「首長部局との連携・協力」の重要性を確認できるほか、自治体の人口規模も教育委員会の変容に影響

第1章　市町村教育長と教育委員会制度改革

を与えており、教育委員会設置の適正規模との観点からの検討が望まれる。また、地域住民の絆（社会関係資本）も教育委員会の変容に影響を与えていることが示され、改めて、自治体の有する、いわゆる社会関係資本の充実の重要性を指摘することができる。これは、地域住民の絆（社会関係資本）が教育改革にも影響を与えることを示唆するもので、「教育委員会（学校）が地域を育てると同時に、地域が教育委員会（学校）を育てる」という双方向の関係づくりの重要性を示している。教育委員会は、本来、学校教育、社会教育（生涯学習）、文化・スポーツ事業を通して、自治体の住民の絆やネットワーク（社会関係資本）の構築に深くかかわっている。教育は子どもを介して、あるいは文化・スポーツ活動を通して地域住民の絆やネットワークを形成するという大きなソフトパワーを有している。教育委員会は、人づくりや絆づくりの面から地域づくり（まちづくり）に積極的にかかわっていくことを求められている。多くの自治体の長が教育に大きな関心と期待を寄せるのはこのためである(16)。

　第三に、教育長は、現行の教育委員会制度の大きな問題として、まず「教委事務局スタッフの不足」や「教育予算の不足」を、次に「全市町村教委に人事権がないこと」や「縦割り行政の弊害」を挙げていることを指摘しておきたい。これらは、財政、人事にかかわる問題で、教育委員会独自では対応できない問題であり、国として、あるいは首長（部局）の協力のもとに早急に解決を図られなければならない。しかし、教育長は、これら教委への人事権の付与や縦割り行政などの問題を抱えながらも、大半の（6割）の教育長が、当時の教育委員会制度のもとでも、その気になれば、地方自治体として地域の実態に即した独自の教育行政や施策を展開できると考えている。これは、近年の一連の教育行財政改革により、地域の実態に即した、独自の施策を展開できる環境（道具立て）が一定程度整ってきたことを示していると思われる。

　第四に、今後の教育委員会制度の在り方に関して、ほとんどの教育長は、教育委員会の廃止ではなく、現行の教育委員会制度を維持しつつ、その運用上・機能上の改善を図ることを望んでいることを指摘しておきたい。Ⅲ-3-②-（1）で検討したように、教育長の大多数（約9割）は教育（行政）の政治的中立性の確保が重要であると認識しており、もし、教育委員会が廃止され、教育事務が首長部局に移された場合、「教育の政治的中立性」のほか、「教育の継続

53

性・安定性」や「教育行政における専門性」や「住民統制の機能」の確保が難しくなると懸念を示している。このため、今後の教育委員会制度改革にあたっては、教育長の大多数（7割）が、現行制度を維持したうえで運用上・機能上の改善を図ることを支持しており、教育委員会の廃止を支持する者はほんのわずかであった。教育委員会は、すでに、一般行政との相対的独立性（ないし政治的中立性）を保持しつつも、首長部局との連携・協力を相当程度に進めており、少なくとも首長部局との関係では、教育委員会の閉鎖性の問題はかなり改善されてきているように思われる[17]。

　確かに、近年いじめ事件に対する教育委員会の対応の仕方をめぐって、教育委員会の形骸化、機能不全が指摘され、あるいは総合行政の一環として教育行政を推進すべきという立場から、教育委員会の廃止やその抜本改革が議論される。しかし、本調査をみるかぎり、教育長の認識としては教育委員会制度を積極的に廃止するという意見はみられない。行政委員会としての教育委員会の制度的装置を失うならば、教育の独立性（政治的中立性）の確保が困難になるからであり、1990年代後半以降の一連の教育行財政改革で教育委員会は一定程度の運用上・機能上の改善を図ってきたという認識があるからであろう。今後もさらなる検討を要するが[18]、本調査をみるかぎり、戦前の教育行政の反省の上に立って、教育の独立性ないし政治的中立性を担保する制度的仕組みとして創設された教育委員会制度は、大きな課題を抱えながらも、少しずつではあるが改革への歩みを続けているようにも思われる。新しい時代にふさわしい地方教育行政制度をどうするのか。合議制の執行機関としての教育委員会を廃止し、教育の独立性（政治的中立性）よりも教育行政の効率性・迅速性・総合性を優先させるのか、あるいは両者を包含できる新たな制度設計が可能なのか、慎重な見極めが必要である。

　最後に、首長（部局）との連携・協力に関連して、地方教育行政における首長の役割と責任の大きさについて指摘しておきたい。当時の制度下においても、教育委員のみならず教育長の人事権を実質的に握っているのは、地方自治体の長であり、彼らを選任する首長の責任（任命責任）は極めて重いものがあった。自治体の長は、人事権のみならず、予算権も有しており、教委事務局のスタッフの充実や教育予算の獲得の面でも教育行政への影響力は大きいものが

あった。それゆえ首長（部局）との連携・協力なくしては効果的な教育行政の展開は望めないのが実情であった[19]。今後とも、自治体のまちづくりと教育振興のためには、双方が教育ビジョンを共有し、相互の信頼に基づいて連携・協力関係を築いていく必要がある[20]。政治が変革を後押しする力をもつ以上、変化の時代にあって教育委員会は、今まで以上に主体性をもって政治（首長、地方議員）との対話を続けていくことが強く求められる。

注

(1) 拙（編）著『現代教育の制度と行政』（福村出版、2008 年）、204-213 頁。

(2) 中央教育審議会答申「今後の地方教育行政の在り方について」1998（平成 10）年 9 月。

(3) 春日市の教育長山本直俊氏は「当時の教育行政を取り巻く環境は、学校選択制度、コミュニティ・スクール、2 学期制、学校評価等々、次々と教育改革の波が押し寄せており、まさに時代は市町村教育委員会の政策形成力の発揮を求めていた」と当時を振り返っている（春日市教育委員会「教育委員会活性化への挑戦・10 年の軌跡」2012（平成 24）年 1 月、6 頁）。

(4) 最近の教育委員会制度に関する実証的な研究としては、堀和郎・柳林信彦『教育委員会制度再生の条件―運用実態の実証的分析に基づいて―』（筑波大学出版会、2009 年）や村上祐介『教育行政学の政治学―教育委員会制度の改革と実態に関する実証的研究―』（木鐸社、2011 年）などの本格的な研究がある。前者は、学校支援策に取り組む教育委員会の改革の実態とその改革の進展度を規定する要因を分析している。後者は、市町村教育長への質問紙調査の分析から、分権改革以後の地方教育行政は、縦割り集権モデルというよりも、むしろ総合行政モデルに近いことを明らかにしている（第 5 章）。なお、堀氏らの研究は主に学校支援策の改革に焦点を当てているが、本章は 1990 年代後半以降の教育委員会の全般的な改革（変容）動向を分析対象としている。

(5) 本調査は、筆者によって科学研究費補助金基盤研究（C）（課題番号 24531008、研究代表者：河野和清）の一部を使って行われた。なお、ほぼ同時期（2013〈平成 25〉年 1 月上旬）に同様の市町村長を対象とした「教育委員会制度に関する全国調査」（700 人に郵送し、有効回答者数 400 人、以下「市町村長調査」という）を実施している（第 2 章、第 3 章参照）。

(6) 本章では、「複数回答」の質問項目を除いては、原則、すべての質問項目が 5 段階評価で回答されており、この Q37 の場合と同様に、以下では各質問項目の説明に使われる割合（百分率）は、全回答者数（教育長 415 人）に対する「5. 全くそう思う + 4. かなりそう思

う」の回答者数の割合（百分率）を示している。

(7) 教育委員会の行政活動の変容項目 10 のうち、0～2 項目を挙げた教育委員会は 3 割程度ある。また、自治体の人口規模が大きくなるほど、概して教育委員会の変容の項目数を多く挙げる傾向がある（ピアソン相関係数 =.124, p<.05）。

(8) 教育振興基本計画に関しては、10 項目に関しても、6～9 割の教育長が、他方、自己点検評価報告書の作成に関しては、12 項目について、3～7 割の教育長がその影響（効果）を認めている。

(9) 「その他」では「私塾の公開模試の活用」、「NPO 法人との連携」、「ALT 派遣業務委託」、「学校支援ボランティア」、「学童保育の民間委託」、「給食センター調理の民間委託」、「民間人校長の導入」、「民間と連携した講座の開設」などが挙げられる。

(10) ロバート・D・パットナム著、柴内康文訳『孤独なボウリング―米国コミュニティの崩壊と再生―』（柏書房、2006 年）570 頁；ロバート・D・パットナム著、河田潤一訳『哲学する民主主義―伝統と改革の市民的構造―』（NTT 出版、2001 年）210-211 頁。

(11) 新潟市都市政策研究所『新潟市における社会関係資本評価』（報告書）2009 年 3 月；佐藤誠「社会資本とソーシャル・キャピタル」『立命館国際研究』16-1、2003 年、1-30 頁。

(12) 主成分分析の結果、第 1 主成分の固有値は 3.102（分散 44.308%）であり、成分行列にみる各変数の第 1 主成分への負荷量は、それぞれ Q34-1（声かけ）.575、Q34-2（協力獲得）.680、Q34-3（助け合う）.715、Q34-4（参加率）.683、Q34-5（市政関心）.633、Q34-6（しつけ）.672、Q34-7（学校理解）.691 であった。

(13) 「教委の変革度」にどの要因が影響を及ぼしているかを探るため、「教育委員会の変革度」と統計的に有意な関係（相関）にあった 17 の変数――「(Q1) 現行の教育委員の任命方式の有効性」、「(Q4) 教委会議の活性化と実質的審議」、「(Q6) 住民による施策の理解」、「(Q7) 教育委員の研修の効果」、「(Q13) 評価報告書作成における学識経験者の知見の有効性」、「(Q16) 事務局職員の不足による業務の支障」、「(Q22) 伝統文化事業の積極的展開」、「(Q24) 首長部局との連携度」、「(Q25) 教育施策をめぐる教委と首長の対立」、「(Q28) 首長による政治的中立性への配慮」、「(Q30) 学校の内部評価等の施策改善への活用」、「(Q31) 教職員の教委の施策理解度」、「(Q32) 教委による学校支援の効果性」、「(Q36) 教委のまちづくりへの貢献」、「(Q48) 自治体の財政力指数」、「(Q34) 地域社会の絆（合成変数）」、「F1 自治体の人口規模」を独立変数として取り上げ、ステップワイズ法による重回帰分析を施した。なお、本調査では当初の相関分析の段階で「指導主事配置人数」「社会教育主事配置人数」「教育予算割合」は「教委の変革度」との間に統計的に有意な関係は認められなかった。

(14) 教育長の教育委員会制度の問題認識と自治体の人口規模との関係（相関）を検討したところ、「(2) 教委事務局スタッフ数の不足」、「(3) 教育委員の自覚・使命感の欠如」、「(4)

事務局職員の志・使命感の欠如」、「(5) 事務局職員の専門性の低さ」、「(6) 教委の政策立
案能力の低さ」、「(12) 教育長のリーダーシップの不足」、「(14) 教委の危機管理能力の欠
如」に関しては、人口規模の小さい自治体の教育長ほどこれらを問題として取り上げる傾
向があった。

(15) この質問項目のカテゴリー作成にあたっては、伊藤氏の改革（ガバナンス）モデルを
参考にした（伊藤正次「教育再生と教育委員会制度改革」日本教育行政学会研究推進委員
会編『地方政治と教育行財政改革―転換期の変容をどう見るか―』福村出版、2012 年、90
‐104 頁）。

(16) 森民夫ほか『元気な子どもに育てる―23 人の首長の思いと実践―』地域交流出版、
2007 年。なお、春日市教育委員会の山本直俊教育長は、コミュニティ・スクール導入の成
功要因の一つとして、市長と市民との対話（市長トーク）により市民がまちづくりに高い
関心をもつようになったこと（市民としての成熟性）や自治会の協力的態度などを挙げて
いる（2013 年 3 月 12 日付「教育長面接調査」より）。

(17) 本調査とほぼ同時期に筆者の実施した「市町村長調査」では、市町村長 400 人のうち、
186 人（46.5%）が、組織機構上、「(Q15) 教育委員会事務局は、同じ庁舎の中に自治体行
政機構の統合された一部分として編制されている」と回答し、教委と首長部局の連携・協
力が行われやすい態勢が整いつつあることを示している（第 2 章Ⅲ‐3‐⑧参照）。

(18) ちなみに筆者の実施した「市町村長調査」（有効回答者数 400 人）では、首長自身もそ
の 87.5%（350 人）が「(Q23) 教育長との連携・協力はとれている」あるいはその 78.1%
（312 人）が「(Q18) 自分の意見・要望が教育委員会に十分に伝わっている」と回答し、
65%（260 人）が「(Q35) 基本的には、現行の教育委員会制度を維持し、運用上の改善や
機能上の充実を図っていく」ことに賛成しているほか、80%（320 人）が「(Q34) 教育
（行政）の政治的中立性は守られるべきである」と考えており、実際にも 88.8%（355 人）
が「(Q25) 教育の自律性や政治的中立性に配慮しながら、教育委員会に対応している」と
回答している。しかし、教育事務が首長部局に移された場合、54.3%（217 人）の首長が
「(Q17) 教育の中身の問題についても積極的に発言していく」と回答しているほか、教育
事務が首長部局に移された場合、41.5%（166 人）が「(Q32‐2) 教育の政治的中立性が確
保できなくなる」と、反対に 30.0%（120 人）が「そう思わない」と回答している。また、
「(Q16) 教育事務が首長部局に移された場合、今まで以上に効果的に教育施策を樹立し、
実施できるか」を問うたところ、41.6%（166 人）が「そう思わない」、39.3%（157 人）
が「どちらともいえない」、そして 19.1%（76 人）が「そう思う」と回答している。なお、
69.1%（276 人）の首長が「(Q14) 教育委員会が地域住民（市民）から信頼を得ている」
と回答している（第 2 章Ⅲ‐2・3 参照）。

(19) 前犬山市長石田芳弘氏は「教育委員会の政治に左右されない普遍の独自性は必要では

あるが、市長という政治家の後ろ盾があってはじめて教育行政は重みと信頼性を増す」と指摘している（森民夫ほか、前掲書、182頁）。

(20) 筆者は、首長の教育行政に与える影響の大きさや首長との信頼関係の構築の重要性について「首長の影響力は大きく、教育長の職務を円滑に遂行していくためには、良くも悪くも首長との良好な関係を結んでおくことが前提条件となる。首長との信頼関係が失われるとき、大方の場合、職務遂行の不能を意味する」と指摘した（拙著『市町村教育長のリーダーシップに関する研究』多賀出版、2007年、109頁）。

第2章

地方自治体の長と教育委員会制度改革 (1)

―その変容と実態―

I. はじめに

　1980 年代後半に入ると、社会の成熟化や国際化や国家財政の悪化及び経済成長の鈍化傾向を背景に、教育の分野でも、1987（昭和 62）年 8 月の臨時教育審議会最終答申以降、とりわけ 1998（平成 10）年 9 月の中央教育審議会答申「今後の地方教育行政の在り方について」以降、地方分権化と規制緩和・民営化を基本原理とする一連の教育行財政改革が進むことになる。

　本研究は、1990 年代後半以降の一連の教育行財政改革で、市町村教育委員会がその行政活動にどのような変容（変化）をもたらしたのか、その変容と教育委員会の問題点及び今後の制度改革の方向性（在り方）について、市町村長への質問紙調査をもとに考察することを目的としている [1]。ただ、本章では、1990 年代後半以降の市町村教育委員会がどのように変容してきたのか、その変容の実態を明らかにするにとどまる。教育委員会の問題点や今後の制度改革の方向性（在り方）に関しては、第 3 章で検討することとする。近年、教育委員会制度が厳しく批判される中で、自治体行政の最高責任者である首長が、1990 年代後半以降の教育委員会の変容とその制度改革を、どのように認識していたのかを検討することは、今後の教育委員会制度の在り方を考えるうえで有益であると思われる [2]。

II. 調査方法

1 調査対象

　調査対象は、全国市区町村の首長 700 人であり、有効回答者数は 400 人で、有効回収率は 57.1％ である。回答者の性別は男性 99.0％（396 人）、女性 0.5％（2 人）、無回答者 2 人（0.5％）で、年齢別の割合は、37－49 歳 5％（20 人）、50

－54 歳 5.5 %（22 人）、55－59 歳 14.8 %（59 人）、60－64 歳 28.5 %（114 人）、65
－69 歳 28.5 %（114 人）、70 歳以上 14.2 %（57 人）、そして無回答者 3.5 %（14
人）である。また、自治体の人口規模別の割合は、8000 人未満 22.5 %（90 人）、
8000 人以上－1 万 5000 人未満 15.2 %（61 人）、1 万 5000 人以上－3 万人未満
19.0 %（76 人）、3 万人以上－5 万人未満 14.0 %（56 人）、5 万人以上－10 万人未
満 14.8 %（59 人）、10 万人以上－20 万人未満 8.3 %（33 人）、20 万人以上－30 万
人未満 2.3 %（9 人）、30 万人以上－50 万人未満 2.0 %（8 人）、そして 50 万人以
上 2.0 %（8 人）である。

② 調査期間

2013（平成 25）年 1 月中旬〜2 月上旬。

③ 調査手続

　市区町村長が、自治体行政の責任者の立場から、1990 年代以降の一連の地
方教育行財政改革をどのように捉え、どう評価し、今後の改革の方向性につ
いてどう考えていたのかを探るため、①1990 年代後半以降の教育委員会制度
の変容（6 項目）、②教育委員の選任方法や教育長の登用並びに会議の運営方法
（6 項目）、③首長と教育委員会の関係（8 項目）、④教育委員会と保護者・地域
住民の関係（5 項目）、⑤首長と教育委員会の権限の弾力化（2 項目）、⑥教育委
員会と学校の関係（2 項目）、⑦教育委員会制度の今後の課題と展望（13 項目）、
⑧自治体特性（2 項目）にかかわる 44 項目からなる「教育委員会制度に関する
全国調査」を作成し、郵送法で調査を実施した。本章では、まず①〜⑤を中心
に取り上げる。調査対象の 700 人の市区町村長は、市町村要覧編集委員会編
『市町村要覧（平成 24 年版）』（第一法規、2012 年）を活用し、約 1700 人の市区町
村長の中から無作為で抽出された。

III. 結果及び考察

1. 1990 年代後半以降の教育行財政改革と教育委員会の変容

1990 年代後半以降、地方分権化と規制緩和を基本原理とする教育行財政改革が強力に推進されてきたが、これらの改革によって教育委員会がどのように変容してきたのか、その変容の実態を検討する。

① 中央教育審議会答申（1998 年 9 月）以降の教育行財政改革の変化

まず、近年の一連の教育行財政改革による教育委員会の変容の全体像を把握するため、「(Q31) 1998（平成 10）年 9 月 21 日の中央教育審議会答申『今後の地方教育行政の在り方について』以降の一連の教育行財政改革によって、貴教育委員会の教育行政はどのように変化したと思われますか」の質問に 5 段階評価で回答を求めた。その結果、図 2-1 に示されるように、首長 400 人のうち、169 人（42.3％）が「(1) 地域の教育課題に即した独自の教育施策を策定し、実施できるようになった」、113 人（28.3％）が「(2) 教育委員会の政策立案能力が向上した」、216 人（54.0％）が「(3) 地域住民との連携・協力が進んだ」、157 人（39.3％）が「(4) 自治体のまちづくり、地域づくりに積極的にかかわるようになった」、127 人（31.8％）が「(5) 民間団体との連携・協力が進んだ」、175 人（43.8％）が「(6) 首長部局との連携・協力が進んだ」、124 人（31.1％）が「(7) 教育委員会の会議が活性化し、実質的な審議ができるようになった」、128 人（32.0％）が「(8) 住民への情報公開が著しく進んだ」、113 人（28.3％）が「(9) 事務局職員の創意工夫ある取り組みが増えた」、109 人（27.3％）が「(10) 学校の自律的経営に向けた改革が進んだ」と回答した（百分率は「5. 全くそう思う」＋「4. かなりそう思う」の合計の割合）。

このように、上記 10 項目に関して 3 ～ 5 割の首長は教育委員会に変容のあったことを認めている。とりわけ「(3) 地域住民との連携・協力」（54.0％）、「(6)

第2章 地方自治体の長と教育委員会制度改革 (1)

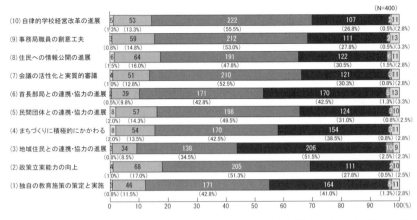

図2-1 1990年代後半以降の教育委員会の変化

首長部局との連携・協力」(43.8%)、「(1) 地域の教育課題に即した独自の教育施策の展開」(42.3%)、そして「(4) 自治体のまちづくり、地域づくりに積極的にかかわるようになった」(39.3%) など、近年の重要な改革領域で一定の変化のあったことがうかがえる。しかし、なおも、ほぼどの項目でも半数以上の教育委員会において、首長が近年の改革による影響を明確に実感できていないことを示している。教育委員会は、1990年代以降の教育行財政改革の影響を受けつつも、変容（改革）の進んでいる教育委員会とそうでない教育委員会の存在が浮き彫りになっている。

2 教育振興基本計画と教育委員会の自己点検評価の影響

(1) 教育振興基本計画

改正教育基本法において、教育基本法の諸理念を確実に実施するために、各自治体は教育振興基本計画を策定することを努力義務として求められたが、本計画はどの程度自治体で策定され、どのような効果を及ぼしているのであろうか。

①教育振興基本計画の策定の有無

まず、各自治体において教育振興基本計画を策定しているかどうかを問うたところ（Q8）、首長400人のうち、155人（38.8％）が「1. はい」、235人（58.8％）が「2. いいえ」と回答した（無回答者10人〈2.5％〉）。約4割の教育委員会が基本計画を策定していたことになる。なお、概して、人口規模の大きい教育委員会ほど教育振興基本計画を策定している（分割表省略、x^2=18.086, df=5, p<.01）。

②教育振興基本計画策定の影響

次に、教育振興基本計画を策定している自治体の首長155人に対して「(Q9)教育委員会が教育振興基本計画を策定したことで、教育委員会が地域の教育課題にそった独自の施策を展開できるようになったと思われますか」と質問したところ、**図2-2**に示されるように、首長155人のうち、1人（0.6％）が「(1) 全くそう思わない」、16人（10.3％）が「(2) あまりそう思わない」、30人（19.4％）が「(3) どちらともいえない」、95人（61.3％）が「(4) かなりそう思う」、そして12人（7.7％）が「(5) 全くそう思う」と回答した（無回答者1人〈0.6％〉）。

このように約7割という比較的多くの首長が教育委員会の教育振興基本計画の策定の影響（効果）を認めている。なお、自治体の人口規模と教育振興基本計画の策定による効果（独自の施策展開）との間には統計的に有意な関係は認められない。

③首長部局との教育振興基本計画のすり合わせ

教育振興基本計画を策定したと回答した首長155人に対して、「(Q10) 教育

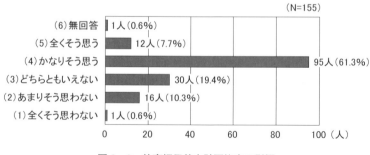

図2-2　教育振興基本計画策定の影響

振興基本計画を策定するに当たっては、首長部局と政策のすり合わせを十分にされましたか」と質問したところ、4人（2.6％）が「(1) 全くしない」、21人（13.5％）が「(2) ほとんどしない」、82人（52.9％）が「(3) ある程度した」、40人（25.8％）が「(4) 十分にした」と回答した（無回答者8人〈5.2％〉）。

このように約8割近くの首長が何らかの形で首長部局との政策のすり合わせを行っている。教育振興基本計画の策定が首長部局との連携・協力の手がかりとなることが示唆される。なお、教育振興基本計画のすり合わせと自治体の人口規模との間には有意な関係は認められない。

(2) 教育委員会の自己点検評価報告書
①教育委員会の自己点検評価報告書の作成の影響

2006（平成18）年に改正教育基本法が制定されたのをうけて、2007（平成19）年6月に学校教育法や教職員免許法とともに、地教行法が改正され、その第27条において教育委員会の活動状況について自己点検評価を行うことが義務付けられたが、まず、その影響を探るため、「(Q11) 貴殿から見て、教育委員会が作成する自己点検評価報告書は教育行政活動や教育施策の改善に十分に活用されていると思われますか」と質問したところ、**図2-3**に示されるように、首長400人のうち、9人（2.3％）が「(1) 全く活用されていない」、56人（14.0％）が「(2) あまり活用されていない」、130人（32.5％）が「(3) どちらともいえない」、181人（45.3％）が「(4) かなり活用されている」、10人（2.5％）が「(5) 全く活用されている」と回答した（無回答者14人〈3.5％〉）。

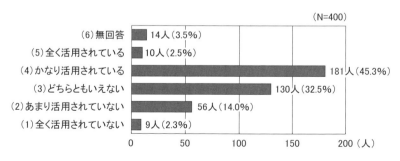

図2-3　教育委員会の自己点検報告書の活用度

約半数近くの首長が教育委員会の自己点検評価報告書がその行政活動等の改善に活用されていると認識しており、報告書作成の効果は一定程度認められる。なお、概して人口規模1万5000人以上の自治体の教育委員会が、人口規模がそれ以下の自治体の教育委員会よりも自己点検評価報告書を行政活動等の改善に活用する傾向がある（分割表省略、x^2=23.956, df=10, p<.001）。

②自己点検報告書についての意見交換

　首長と教育長との情報交換（意思疎通）の程度を探るため、「(Q12) 貴殿は、教育委員会が作成する自己点検報告書の内容を踏まえて、教育長と自治体の教育行政について意見交換（議論）をされていますか」と質問したところ、首長400人のうち、42人（10.5%）が「(1) 全くない」、129人（32.3%）が「(2) あまりない」、74人（18.5%）が「(3) どちらともいえない」、139人（34.8%）が「(4) かなりある」、そして11人（2.8%）が「(5) 非常にある」と回答した（無回答者5人〈1.3%〉）。

　4割近くの首長が教育委員会の自己点検報告書について教育長と意見交換をしているものの、4割強の首長が「意見交換をしていない」と回答しており、首長が教育委員会の自己点検報告書の内容を必ずしも十分に把握していないことがうかがえる。なお、自己点検評価報告書に関しての意見交換と自治体の人口規模との間には統計的に有意な関係は認められない。

　以上のように、首長は、1990年代後半以降の一連の教育行財政改革で教育委員会に一定程度の変容があったことを認めている。とりわけ「(3) 地域住民との連携・協力」（54.0%）、「(6) 首長部局との連携・協力」（43.8%）、「(1) 地域の教育課題に即した独自の教育施策の展開」（42.3%）、そして「(10) 自治体のまちづくり、地域づくりに積極的にかかわるようになった」（39.3%）など、近年の重要な改革領域で十分ではないものの一定程度の変容が看取される（1-①）。また、教育振興基本計画を策定していると回答した自治体の長は、その約7割近くが「教育振興基本計画を策定することで、教育委員会が地域の教育課題にそった独自の施策を展開できるようになった」と肯定的に評価しているほか（1-②-(1)-②）、教育振興基本計画の策定にあたって多くの自治体において首長部局との政策のすり合わせが行われており（1-②-(1)-③）、首長部局との連携・協力の契機となっていることもうかがえる。教育委員会の自己点

検報告書の作成に関しても、基本計画を策定している自治体の約半数の首長が教育委員会の自己点検報告書がその行政活動や施策の改善に生かされていると回答しており（1-②-(2)-①）、必ずしも十分ではないものの、報告書作成が一定の成果をあげつつあることがわかる。しかし、首長の認識からは、なおも、少なくとも半数の教育委員会では近年の一連の教育行政改革による影響を明確に受けていないことを示唆している。1990年代後半以降の教育行財政改革で変容（変革）の進んだ教育委員会がある一方で、そうでない教育委員会も存在していることを示している。

2. 教育委員・教育長の選任方法

2005（平成17）年の中央教育審議会答申「地方分権時代における教育委員会の在り方について」においても、教育委員の選任方法等、教育委員会の在り方について改善が求められたが、ここでは、自治体の長が教育委員の選任方法等、教育委員会の在り方についてどのように認識しているかを検討する。

① 現行の教育委員選任方式の有効性

まず、教育委員会が人事面からどのように評価されているかを探るため、「(Q1) 貴殿は、首長が議会の同意を得て任命する、現行の教育委員の選任方式は教育委員に有能かつ意欲ある人材を登用する上で十分に機能していると思われますか」と問うたところ、**図2-4**に示されるとおり、首長400人のうち、9人（2.3%）が「(1) 全くそう思わない」、44人（11.0%）が「(2) あまりそう思わない」、76人（19.0%）が「(3) どちらともいえない」、219人（54.8%）が「(4) かなりそう思う」、そして51人（12.8%）が「(5) 全くそう思う」と回答した（無回答者1人〈0.3%〉）。

このように、7割近くの首長が当時の教育委員の選任方法を肯定的に評価していることになる。ただその一方で、3割以上の首長がこの選任方式が有能な教育委員を登用するうえで十分に機能しているかに関して態度保留ないし否定

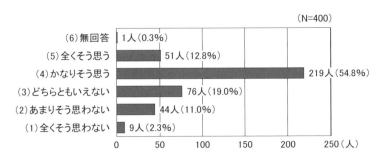

図2-4 現行の教育委員選任方式の有効性

的な評価を示している。なお、教育委員の選任方式の有効性と自治体の人口規模との間には統計的に有意な関係は認められない。

② 教育委員の公選制復活の是非

首長が教育委員の公選制についてどのように考えているかを探るため、「(Q2) 教育行政に民意を直接反映させるために、教育委員の公選制を復活させることについて、どうお考えですか」と尋ねたところ、**図2-5**に示されるように、首長400人のうち、79人（19.8％）が「(1) 全く反対である」、143人（35.8％）が「(2) かなり反対である」、160人（40.0％）が「(3) どちらともいえない」、13人（3.3％）が「(4) かなり賛成である」、そして3人（0.8％）が「(5)

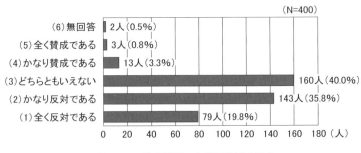

図2-5 教育委員の公選制復活の是非

全く賛成である」と回答した（無回答者2人〈0.5%〉）。

教育委員の公選制復活の賛否について「(3) どちらともいえない」とする者が約4割を占めるものの、賛成者はごくわずか（約4%）であり、首長の半数以上が教委の公選制復活に反対していることがわかる。なお、教育委員の公選制復活と自治体の人口規模との間には統計的に有意な関係は認められない。

③ 教育委員会の合議制の評価

教育委員会の合議制の妥当性を探るため、「(Q7)『教育委員会の合議制は、無責任体制になりやすく、迅速な意思決定ができない』という批判がありますが、貴殿は、貴教育委員会の現状からみて、この意見についてどのように思われますか」の質問に回答を求めたところ、**図 2-6** に示されるように、首長400人のうち、62人（15.5%）が「(1) 全くそう思わない」、208人（52.0%）が「(2) あまりそう思わない」、99人（24.8%）が「(3) どちらともいえない」、25人（6.3%）が「(4) かなりそう思う」、そして5人（1.3%）が「(5) 全くそう思う」と回答した（無回答者1人〈0.3%〉）。

教育委員会の合議制への批判は7割近くの首長によって否定されており、首長の合議制の教育委員会に対する評価は概ね肯定的であるといえる。なお、教育委員会の合議制の妥当性と人口規模との間には統計的に有意な関係は認められない。

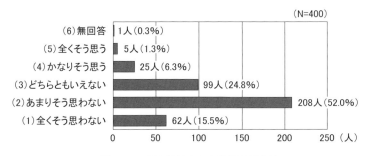

図 2-6　教育委員会の合議制の妥当性

4 教育委員会に対する地域住民の信頼度

自治体の教育委員会がどの程度地域住民から信頼されているかを探るため、「(Q14) 貴殿は、貴自治体の教育委員会が地域住民（市民）から信頼を十分に得ていると思われますか」と尋ねたところ、**図2-7**に示されるように、首長400人のうち、3人（0.8％）が「(1) 全くそう思わない」、22人（5.5％）が「(2) あまりそう思わない」、96人（24.0％）が「(3) どちらともいえない」、251人（62.8％）が「(4) かなりそう思う」、そして25人（6.3％）が「(5) 全くそう思う」と回答した（無回答者3人〈0.8％〉）。

教育委員会が地域住民から信頼を得ていると約7割の首長が認識していることは注目される。ただ、約3割の首長にあっては教育委員会が地域住民から信頼されていると実感できていない。なお、住民の教委に対する信頼度と自治体の人口規模との間には統計的に有意な関係は認められない。

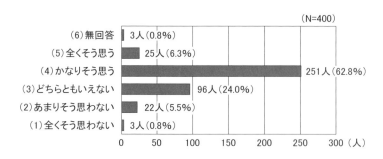

図2-7　教育委員会に対する地域住民（市民）の信頼度

5 教育長登用の評価

首長の立場から教育長登用の評価について探るため、「(Q3) 貴殿は、一般的にいって教委事務局の最高責任者である教育長に適任者を登用できていると思われますか」の質問をしたところ、**図2-8**に示されるように、首長400人のうち、1人（0.3％）が「(1) 全然そう思わない」、19人（4.8％）が「(2) あま

第2章　地方自治体の長と教育委員会制度改革（1）

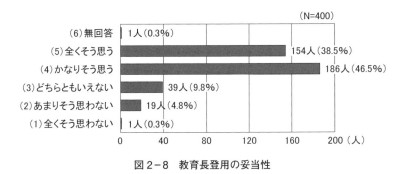

図2-8　教育長登用の妥当性

りそう思わない」、39人（9.8％）が「(3) どちらともいえない」、186人（46.5％）が「(4) かなりそう思う」、そして154人（38.5％）が「(5) 全くそう思う」と回答した（無回答者1人〈0.3％〉）。

このように、ほとんど（85％）の首長が教育長職に適任者を登用できていると評価しており、教育長に対する信頼度は高いといえそうである。なお、概して人口規模の大きい自治体の長ほど、教育長に適任者を登用できていると評価する傾向がある（分割表省略、x^2=18.877, df=10, p<.05）。

6 教育長登用の今後の見通し

教育長登用の今後の見通しを探るため、「(Q4) 貴殿は、今後、もし、教育長の任用を行うとした場合、どのようなキャリア経験のある人をお選びになりますか」と問うたところ、首長400人のうち、216人（54.0％）が「(1) 教職出身者」、71人（17.8％）が「(2) 一般行政職出身者」、19人（4.8％）が「(3) 企業経営者・管理者」、1人（0.3％）が「(4) 地方議員」、12人（3.0％）が「(5) それ以外のキャリアの持ち主」、そして72人（18.0％）が「(6) 今予想がつかない」と回答した（無回答者9人〈2.3％〉）。過半数の首長が「教職出身者」を選び、その理由として「教育現場を熟知している」「教員人事に明るい」「教育行政の基本は学校教育にあると考える」「教育の専門性が必要」を挙げる一方、約2割近くの首長が「一般行政職出身者」を選び、その理由として「首長部局との連携が図られる」「広い視野で教育行政を行える」「多面的な知見を持ち、

71

柔軟な対応ができる」を挙げている。

　以上みてきたように、首長の7割近くが「現行の教育委員の任命方式は教育委員に有能かつ意欲的な人材を登用する上で機能している」と肯定的に評価し（2-①）、教育委員会の合議制が無責任体制と迅速な意思決定を阻むという批判に対しても7割近くの首長がこれを否定している（2-③）。また、教育委員の公選制の復活の是非に関しても、「どちらともいえない」と態度を保留する者が約4割を占めるものの、公選制復活の賛成者は4％に過ぎず、半数以上の首長が明確に公選制に反対している（2-②）。さらに、首長の約7割は当該自治体の教育委員会が地域住民（市民）から信頼を得ていると認識しているほか（2-④）、首長の8割以上が「一般的に教育長に適任者を登用できている」と評価し（2-⑤）、教育長への信頼も厚いようである。これらのデータを総合的に判断すると、自治体の長は、総じて従来の教育委員会制度を肯定的に評価しているといえそうである。

3. 教育委員会と首長との関係

　今日、文化・スポーツ、生涯学習、就学前教育・保育、あるいは非行防止や就職対策等については、教育委員会のみならず、自治体全体として取り組むべき、分野横断的な行政課題が多くなってきている。こうした中、教育委員会は、首長（部局）と連携・協力してこれらの課題に対応することが求められている。ここでは、教育委員会と首長（部局）との関係について検討する。

① 首長と教育委員会の連携・協力の必要性

　まず、首長が教育委員会との連携・協力の必要性をどのように考えているかを探るため、「（Q22）『近年、教育問題を教育委員会だけで対応（解決）しきれないことが多くあり、首長と教育委員会が連携・協力していくことがますます重要となっている』という指摘があります。貴殿は、この指摘についてどう思われますか」と質問したところ、首長400人のうち、8人（2.0％）が「（1）全く

そう思わない」、14 人（3.5%）が「（2）あまりそう思わない」、29 人（9.8%）が「（3）どちらともいえない」、207 人（51.8%）が「（4）かなりそう思う」、そして 129 人（32.3%）が「（5）非常にそう思う」と回答した（無回答者 3 人〈0.8%〉）。

　8 割以上の大多数の首長が教育委員会と連携・協力していくことの重要性を認識している。なお、人口規模の大きい自治体の首長ほど、教育委員会との連携・協力の重要性を認める傾向がある（分割表省略、x^2=19.974, df=10, p<.05）。

② 首長（部局）と教育委員会の連携・協力が必要な理由

　大多数の首長が教育委員会との連携・協力の必要性を認めているが、さらに「（Q24）最近、首長（部局）と教育委員会の連携・協力が求められるようになった理由が何である」か、その主な理由を 2 つまで選択するよう求めたところ、首長 400 人のうち、334 人（83.5%）が「（1）教育問題が福祉や経済など、他の行政領域の問題と深くかかわってきているから」、10 人（2.5%）が「（2）教育問題が選挙の争点になるから」、136 人（34.0%）が「（3）自治体財政が逼迫し、効率的で、均衡ある財政運営が求められているから」、113 人（28.3%）が「（4）現行の教育委員会制度の下では、今日の教育問題の解決は十分に望めず、強い政治的リーダーシップが求められるから」、そして 25 人（6.3%）が「（5）その他」と回答した（無回答者 5 人〈1.3%〉）。

　大多数の首長が教育委員会との連携・協力の必要な理由として、その筆頭に「（1）教育問題が他の行政領域の問題と深くかかわっていること」を挙げており、教育問題が自治体行政全般と利害関係をもつようになっていることを改めて示している。

③ 教育に対する首長の関心度

　首長が教育にどの程度関心をもっているかを探るため、「（Q37）貴殿は、自治体行政の一領域である教育に関してどの程度関心をお持ちでしょうか」と質問したところ、首長 400 人のうち、1 人（0.3%）が「（1）全く関心がない」、1 人（0.3%）が「（2）あまり関心がない」、22 人（5.5%）が「（3）どちらともいえ

ない」、163 人（40.8％）が「(4) かなり関心がある」、そして 208 人（52.0％）が「(5) 非常に関心がある」と回答した（無回答者 5 人〈1.3％〉）。このように 9 割以上の首長が教育に大きな関心を示している。

　なお、人口規模の大きい自治体の首長ほど、教育に対する関心が高い（分割表省略、x^2=27.082, df=10, p<.01）。

④ 教育長の首長への相談内容

　首長と教育長の交流の内容を探るため、「(Q5) 貴殿は、日頃、教育長からどのような仕事内容について相談を受けておられますか」（7 つまで選択）と質問したところ、**図 2-9** に示されるように、首長 400 人のうち、59 人（14.8％）が「(1) 教員人事」、141 人（35.3％）が「(2) 生涯学習の施策」、131 人（32.8％）が「(3) 社会教育の施策」、181 人（45.3％）が「(4) 教育委員の人事」、188 人（47.0％）が「(5) 社会教育施設・生涯学習施設」、1 人（0.3％）が「(6) 君が代・国歌斉唱問題」、135 人（33.8％）が「(7) 危機管理（安全管理）」、141 人（35.3％）が「(8) 教委事務局人事」、330 人（82.5％）が「(9) 教育予算」、24 人（6.0％）が「(10) 教育委員会の自己点検・評価」、208 人（52.0％）が「(11) 議会対応」、89 人（22.3％）が「(12) 学校教育（学習指導）の内容」、127 人（31.8％）が「(13) 生徒指導（いじめ問題を含む）」、31 人（7.8％）が「(14) 就学援助」、160 人（40.0％）が「(15) 地域住民・保護者への対応」、18 人（4.5％）が「(16) 学校評価」、126 人（31.5％）が「(17) 教育委員会の教育ビジョン」、166 人（41.5％）が「(18) 文化・スポーツの振興」、65 人（16.3％）が「(19) 教育振興基本計画」、46 人（11.5％）が「(20) 就学前教育（保育）」、7 人（1.8％）が「(21) 学校選択制度」、そして 19 人（4.8％）が「(22) その他」と回答した（無回答者 7 人〈1.8％〉）。

　このように、首長が教育長からよく相談を受ける仕事として、筆頭に挙げられるのは「(9) 教育予算」（82.5％）であり、次に「(11) 議会対応」（52.0％）や「(5) 社会教育施設・生涯学習施設」（47.0％）や「(4) 教育委員の人事」（45.3％）で、さらに「(18) 文化・スポーツの振興」（41.5％）、「(15) 地域住民・保護者への対応」（40.0％）、「(8) 教委事務局人事」（35.3％）、「(2) 生涯学習の施策」

第2章 地方自治体の長と教育委員会制度改革（1）

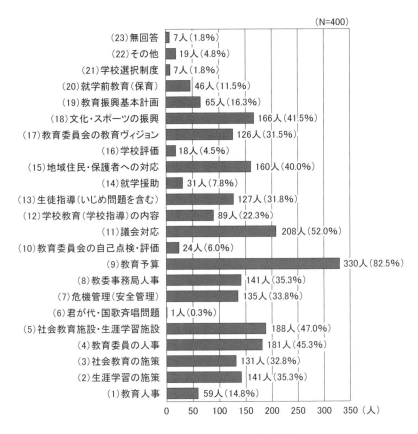

図2-9 教育長から首長への相談内容

(35.3%) と続く。このように相談内容は教育予算や人事及び社会教育・生涯学習施設・施策に関するものが多く、いわゆる教育の外的事項が中心となっている。

5 首長の意見・要望等の教育委員会への伝達状況

首長と教育委員会の連携・協力の状況を別の角度から探るため、「(Q18) 貴殿は、貴自治体の教育に関するご自分の意見・要望等が教育委員会に十分に伝

わっていると思われますか」と問うたところ、首長400人のうち、2人 (0.5%) が「(1) 全く伝わっていない」、32人 (8.0%) が「(2) あまり伝わっていない」、53人 (13.3%) が「(3) どちらともいえない」、253人 (63.3%) が「(4) かなり伝わっている」、そして59人 (14.8%) が「(5) 非常に伝わっている」と回答した（無回答者1人〈0.3%〉）。

このように、8割近くの首長が教育委員会に自分の意見・要望が伝わっていると認識していることがわかる。なお、首長の意見・要望等の教育委員会への伝達度と自治体の人口規模との間には統計的に有意な関係は認められない。

6 首長と教育長との連携・協力の状況

教育長との連携・協力の状況を把握するため、「(Q23) 貴殿は、現在、教育長との連携・協力は十分にとれていると思われますか」の質問に回答を求めたところ、**図2-10** に示されるように、首長400人のうち、4人 (1.0%) が「(1) 全くそう思わない」、9人 (2.3%) が「(2) あまりそう思わない」、33人 (8.3%) が「(3) どちらともいえない」、218人 (54.5%) が「(4) かなりそう思う」、そして132人 (33.0%) が「(5) 全くそう思う」と回答した（無回答者4人〈1.0%〉）。

このように、約9割という圧倒的多数の首長が教育長との連携・協力がとれていると認識している。なお、教育長との連携・協力の程度と人口規模との間には有意な関係は認められない。

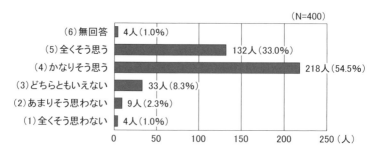

図2-10 首長と教育長の連携・協力度

7 首長の政治的中立性への配慮

　自治体の長が教育委員会に対してどのような姿勢で臨んでいるかを探るため、「(Q25) 貴殿は、教育の自律性や政治的中立性に配慮しながら、教育委員会に対応されていると思われますか」と質問したところ、**図2-11** に示されるように、首長400人のうち、4人（1.0%）が「(1) 全くそう思わない」、12人（3.0%）が「(2) あまりそう思わない」、28人（7.0%）が「(3) どちらともいえない」、229人（57.3%）が「(4) かなりそう思う」、そして126人（31.5%）が「(5) 全くそう思う」と回答した（無回答者1人〈0.3%〉）。大多数（9割近く）の首長が教育の自律性や政治的中立性に配慮しながら教育委員会に対応しているといえそうである。

　これをみるかぎり、自治体の長は教育の自律性や政治的中立性などに配慮しながら、教育委員会との連携・協力を進めていることがうかがえる。このことは、首長の教育長から受ける相談内容が、予算や人事等の教育の外的事項が中心となっていることからも看取できる。なお、政治的中立性への配慮と自治体の人口規模との間には統計的に有意な関係は認められない。

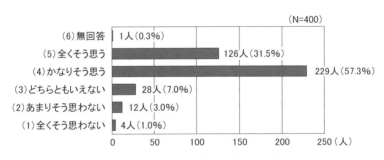

図2-11　政治的中立性への首長の配慮

8 組織機構上における教育委員会事務局の位置づけ

　教育委員会事務局が組織機構上どのように位置づけられているかを探るため、「(Q15) 貴自治体では、組織機構上、教育委員会事務局をどのように位

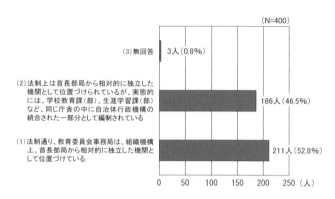

図2-12　組織構造上の教育委員会事務局の位置づけ

づけておられますか。次の中から該当するものを一つ選び、○印をお付け下さい」の質問に回答を求めたところ、**図2-12**に示されるとおり、首長400人のうち、211人（52.8％）が「(1)法制通り、教育委員会事務局は、組織機構上、首長部局から相対的に独立した機関として位置づけている」、186人（46.5％）が「(2)法制上は首長部局から相対的に独立した機関として位置づけられているが、実態的には、学校教育課（部）、生涯学習課（部）など、同じ庁舎の中に自治体行政機構の統合された一部として編制されている」と回答した（無回答者3人〈0.8％〉）。

このように半数近くの教育委員会事務局が自治体行政機構の統合された一部として編制されており、首長部局との連携・協力が進められやすい組織体制になりつつあることがうかがえる。なお、教育委員会の組織機構上の位置づけと自治体の人口規模との間には統計的に有意な関係は認められない。

以上みてきたように、今日、教育問題が他の行政領域とも深くかかわっており、総合行政を求められていることから（Q24）、約8割以上の首長が教育委員会との連携・協力の必要性を認識するとともに（Q22）、9割以上の首長が教育にかなり高い関心を示している（Q37）。では、首長（部局）と教育委員会との連携・協力は実際にどうなのかというと、9割近くの首長が教育長との連携・協力はとれていると認識しているほか（Q23）、8割近くの首長が教育委員会に自分の意見や要望が伝わっていると理解している（Q18）。しかも9割近くの首

長が教育委員会への対応にあたっては教育の自律性や政治的中立性に配慮していることがうかがえる（Q25）。首長が教育長から相談を受ける内容も、教育予算や議会対応や教育委員人事や社会教育施設・生涯学習施設など、予算や人事や施設等にかかわる事項が多く（Q5）、いわゆる教育の外的事項に限定されているようである（学校教育とその内容については相談頻度が少ない）。近年、組織機構からみても、半数近くの自治体の教育委員会事務局が自治体行政機構の統合された一部として編制されており、首長部局との連携・協力が進められやすい状況になりつつある（Q15）。これらのデータをみるかぎり、自治体の長は、総じて教育の政治的中立性に配慮しながら教育委員会との連携・協力を進めているといえるのではないだろうか。

4. 教育委員会と保護者・地域住民等との関係

　教育に対する保護者や地域住民の多様な要望に応えていくためには、学校運営や教育行政への保護者や地域住民の積極的な参画が求められる。また、地域社会が学校を育てると同時に、学校等の教育機関が地域を育てるという双方向の関係も必要である。地域の子どもを、学校と保護者、地域住民の三者で、すなわち地域社会をあげて心豊かに育てるとともに、教育委員会が地域コミュニティの育成や地域振興に大きな役割を果たしていくためには、学校や公民館等がコミュニティの拠点として活用されるとともに、首長部局やその他関係機関等と連携・協力して総合的な施策を推進していくことが重要である。ここでは、保護者や地域住民等との関係について探る。

① 行政と住民（市民）・民間団体との連携・協力の必要性

　まず「（Q13）今後、豊かな住民生活の保障の一環として、地域の教育問題を解決していくためには、行政と住民（市民）や民間団体との連携・協力が不可欠であり、住民（市民）や民間団体が新たな公共の担い手になるという自覚が求められる」という主張に対して、どのように思われるかを問うたところ、

首長400人のうち、8人（2.0％）が「(1)全くそう思わない」、22人（5.5％）が「(2)あまりそう思わない」、59人（14.8％）が「(3)どちらともいえない」、206人（51.5％）が「(4)ある程度そう思う」、そして104人（26.0％）が「(5)全くそう思う」と回答した（無回答者1人〈0.3％〉）。

8割近くの首長が、住民や民間団体との連携・協力の必要性や彼らが新たな公共の担い手になることの意義を認識している。なお、住民や民間団体との連携・協力の必要性と自治体の人口規模との間には統計的に有意な関係は認められない。

2 自治体のまちづくりのための教育振興の必要性

首長が自治体のまちづくりのために、どの程度教育の振興の必要性を感じているかを探るため、「（Q26）一般に『自治体のまちづくり（コミュニティの再生）を推進するためには、教育の振興（人づくり）が必要不可欠である』とか、『人づくりからまちづくりを』と主張されることがあります。貴殿は、この主張についてどう思われますか」と質問したところ、図2-13に示されるように、首長400人のうち、4人（1.0％）が「(1)全くそう思わない」、0人（0.0％）が「(2)あまりそう思わない」、21人（5.3％）が「(3)どちらともいえない」、189人（47.3％）が「(4)かなりそう思う」、そして184人（46.0％）が「(5)全くそう思う」と回答した（無回答者2人〈0.5％〉）。

このように、ほとんどの首長（9割以上）が自治体のまちづくり（コミュニティ

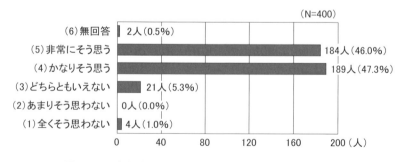

図2-13　自治体のまちづくりのための教育振興の必要性

再生）のために教育の振興が必要不可欠であると認識している。なお、自治体のまちづくりのための教育の振興の必要性と自治体の人口規模との間には統計的に有意な関係は認められない。

③ 教育委員会の自治体のまちづくりへの貢献度

「（Q27）学校など教育機関が地域社会から支援・協力を受けるばかりでなく、教育委員会として教育（人づくり）の面から、『自治体のまちづくり』に十分に貢献していると思われますか」の質問をしたところ、首長 400 人のうち、3 人（0.8％）が「(1) 全く貢献していない」、54 人（13.5％）が「(2) あまり貢献してない」、93 人（23.3％）が「(3) どちらともいえない」、226 人（56.5％）が「(4) かなり貢献している」、そして 22 人（5.5％）が「(5) 全く貢献している」と回答した（無回答者 2 人〈0.5％〉）。

このように、約 6 割の首長が教育委員会として自治体のまちづくりに貢献していると認識しているものの、まだ残り 4 割近くの首長がまちづくりへの貢献を明確に実感できていないことになる。なお、教育委員会の自治体のまちづくりへの貢献度と自治体の人口規模との間には統計的に有意な関係は認められない。

④ 教育委員会の活動・施策意図に対する地域住民（市民）の理解度

教育委員会の行政活動や施策がどの程度理解されているかを探るため、「（Q6）教育委員会の活動や施策意図が地域住民（市民）に十分に理解されている」かを問うたところ、**図 2−14** に示されるように、首長 400 人のうち、11 人（2.8％）が「(1) 全くそう思わない」、108 人（27.0％）が「(2) あまりそう思わない」、140 人（35.0％）が「(3) どちらともいえない」、130 人（32.5％）が「(4) かなりそう思う」、そして 10 人（2.5％）が「(5) 全くそう思う」と回答した（無回答者 1 人〈0.3％〉）。

このように、3 割強の首長のみが教育委員会の活動や施策が住民によって理解されていると認識しているだけで、教育委員会と保護者・地域住民との間に

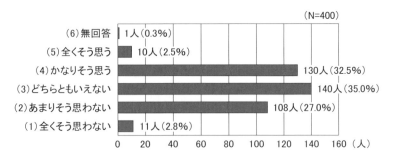

図2-14 教育委員会の施策等に対する地域住民（市民）の理解度

　双方向の関係を築き、教育委員会が地域社会から信頼を得るためには、もっと教育委員会の情報発信力を強化する必要がある。なお、人口規模0.8万人未満の自治体の首長は、人口規模がそれ以外の自治体の長よりも教育委員会の活動等が地域住民に理解されていると認識する傾向がある（分割表省略、x^2=24.229, df=10, p<.01）。

　以上のように、首長の8割近くは、地域の教育問題を解決していくためには、行政と住民（市民）や民間団体との連携・協力が不可欠であり、地域住民や民間団体が新たな公共の担い手になることを求めるとともに（Q13）、9割以上の首長が自治体のまちづくり（コミュニティ再生）のために教育の振興が必要不可欠であると認識している（Q26）。そして約6割の首長が、実際に教育委員会として教育（人づくり）の面から自治体のまちづくりに貢献していると認識している（Q27）。このように首長は、まちづくりの観点から教育に大きな関心を示す一方、教育委員会は地域社会との連携・協力や双方向の関係を築く取り組みを進展させつつあるといえよう。しかし、教育委員会の行政活動や施策意図が地域住民（市民）に十分に浸透しているとはいえず（Q6）、教育委員会と地域住民との双方向の関係を築くためには、教育委員会の情報発信力の強化が今後強く求められよう。

Ⅳ. 総　括

　以上、自治体行政の最高責任者である市区町村長が、1990年代後半以降の一連の教育委員会制度にかかわる改革をどのように捉え、評価しているかを、主に教育委員会の運営方法（教育委員の選任方法など）、教育委員会と首長並びに地域住民との連携・協力関係などに焦点を当てながら検討してきた。最後に、本調査結果を総括して、結びとしたい。

　第一に、1990年代以降の、地方分権や規制緩和等の原理に基づく教育行財政改革によって、教育委員会は一定の変容（変化）を起こしていることは確かなようである。とりわけ、「(3) 地域住民との連携・協力」(54.0%) や「(6) 首長部局との連携・協力」(43.6%) や「(1) 地域の教育課題に即した独自の教育施策の展開」(42.3%) の面で一定の変容（改善）がみられる（Ⅲ-1-①）。多くの首長は、Ⅲ-3・4で検討したように、教育委員会と首長部局ないし地域住民との連携・協力がかなり進展していると認識している。とはいっても、1990年代後半以降の一連の教育行財政改革において、改革に積極的に取り組んでいる教育委員会とそうでない「気になる」教育委員会が存在していることも確かなようである。

　第二に、教育委員会の教育推進基本計画の策定や自己点検評価報告書の作成も教育行政活動等の改善にある一定程度の効果をあげているように思われる（Ⅲ-1-②）。

　第三に、大半の首長が現行の教育委員の選任方式や教育長の登用及び教育委員会の合議制を肯定的に評価するとともに、多くの首長が教育委員会は地域住民（市民）から信頼を得ていると認識している（Ⅲ-2）。

　以上のことを総合的に勘案すると、近年、体罰問題やいじめへの不適切な対応をめぐって教育委員会の機能低下・機能不全が指摘され、教育委員会の抜本的改革ないし廃止論が唱えられるものの、首長自身は、当時の教育委員会制度を概ね肯定的に評価していることがわかる。なお、この点については、稿を改めて、次章で本調査の後半のデータを分析する中で、さらに検討を行う。

注

(1) 最近の教育委員会制度に関する実証的な研究としては、堀和郎・柳林信彦『教育委員会制度再生の条件—運用実態の実証的分析に基づいて—』（筑波大学出版会、2009年）や村上祐介『教育行政学の政治学—教育委員会制度の改革と実態に関する実証的研究—』（木鐸社、2011年）などの研究がある。

(2) 筆者は、本調査とほぼ同時期（2012〈平成24〉年12月中旬）に全国市町村教育長700人を対象とした「教育委員会制度に関する全国調査」（有効回収率59.3％〈415人〉）を実施し、その成果の一部を公表している（拙稿「教育委員会制度の現状と課題」『教育学研究』（第80巻第2号、2013年6月、222-234頁）（第1章参照）。

第3章

地方自治体の長と教育委員会制度改革 (2)

—首長による評価と展望—

I. はじめに

　最近まで、教育委員会は、いじめや体罰への対応をめぐって、その機能低下、機能不全が指摘され、一部の行政学者や首長によって、教委廃止論を含む抜本的な制度改革が唱えられてきた。最終的には、激しい議論の末に、2014（平成26）年6月に地方教育行政の組織及び運営に関する法律の大幅な改正により、新しい教育委員会制度が成立した。

　教育委員会制度は、これまで、主にその機能の充実や運用改善の観点から、改革が行われてきた。本制度は、1987（昭和62）年8月の臨時教育審議会最終答申以降の地方分権化と規制緩和・民営化を基本原理とする教育行財政改革が行われる中、特に1998（平成10）年9月の中央教育審議会答申「今後の地方教育行政の在り方について」や2005（平成17）年1月の中央教育審議会答申「地方分権時代における教育委員会の在り方について」を踏まえつつ、教育長の任命承認制廃止や教育委員の人数の弾力化など、多様な改革が行われてきた。

　本研究は、第2章に続き、1990年代後半以降の一連の教育行財政改革で、市町村教育委員会がどのように変容（変革）を遂げてきたのか、その変容実態の一端と今後の課題及び教育委員会制度の在り方について、市町村長への質問紙調査をもとに明らかにするものである。ただ、市町村長への質問紙調査に基づく変容の実態については、すでに第2章で検討しているので、本章では、自治体行政の最高責任者である首長が、改正前の教育委員会制度のどこに問題があると認識し、今後の教育委員会制度の在り方をどう考えていたのかを中心に考察する[1]。

　教育委員会制度は、その廃止論も含め、一部の首長や行政学者によって厳しく批判されてきたが、本当に教育委員会制度は廃止されるべきほどに、機能低下・機能不全を起こしていたのであろうか。多くの地方自治体の長は、実際のところ改正前の教育委員会制度をどう評価し、どう展望していたのか。これらの疑問に答えていくことは、今後も教育委員会制度の在り方を考えていくうえで有益であると思われる。

第3章　地方自治体の長と教育委員会制度改革（2）

Ⅱ．調査方法

1 調査対象

　調査対象は、全国市区町村の首長 700 人であり、有効回答者数は 400 人で、有効回収率は 57.1％である。回答者の性別は男性 99.0％（396 人）、女性 0.5％（2 人）、無回答者 2 人（0.5％）で、年齢別の割合は、37－49 歳 5％（20 人）、50－54 歳 5.5％（22 人）、55－59 歳 14.8％（59 人）、60－64 歳 28.5％（114 人）、65－69 歳 28.5％（114 人）、70 歳以上 14.2％（57 人）、そして無回答者 3.5％（14 人）である。また、自治体の人口規模別の割合は、8000 人未満 22.5％（90 人）、8000 人以上－1 万 5000 人未満 15.2 ％（61 人）、1 万 5000 人以上－3 万人未満 19.0％（76 人）、3 万人以上－5 万人未満 14.0％（56 人）、5 万人以上－10 万人未満 14.8％（59 人）、10 万人以上－20 万人未満 8.3％（33 人）、20 万人以上－30 万人未満 2.3％（9 人）、30 万人以上－50 万人未満 2.0％（8 人）、そして 50 万人以上 2.0％（8 人）である。

2 調査期間

　2013（平成 25）年 1 月中旬～2 月上旬。

3 調査手続

　市区町村長が、自治行政の責任者の立場から、1990 年代以降の教育委員会の改革をどのように捉え、どう評価し、今後の改革の方向性についてどう考えているかを探るため、①1990 年代後半以降の教育委員会制度の変容（6 項目）、②教育委員の選任方法や教育長の登用並びに会議の運営方法（6 項目）、③首長と教育委員会の関係（8 項目）、④教育委員会と保護者・地域住民の関係（5 項目）、⑤首長と教育委員会の権限の弾力化（2 項目）、⑥教育委員会と学校

の関係（2項目）、⑦教育委員会制度の今後の課題と展望（13項目）、⑧自治体特性（2項目）にかかわる44項目からなる「教育委員会制度に関する全国調査」を作成し、郵送法で調査を実施した。調査対象の700人の市区町村長は、市町村要覧編集委員会編『市町村要覧（平成24年版）』（第一法規、2012年）を活用し、約1700人の市区町村長の中から無作為で抽出された。本章では、⑦のデータを中心に検討する。

Ⅲ．結果及び考察

1．教育委員会制度の抱える諸問題

① 教育委員会制度の問題

　まず、地方自治体行政の責任者である首長が、当時の教育委員会制度のどこに問題があると捉えていたのか、その全体像を探るため、「(Q36) 貴殿は、現行の教育委員会制度についてどこに問題があるとお考えでしょうか。次のそれぞれの項目について、どの程度問題となっているかを5段階評価でお答え下さい」と回答を求めたところ、**図3-1** に示されるように、首長400人のうち、64人（16.1%）が「(1) 住民の教育要求を行政に反映できていない」、119人（29.8%）が「(2) 教委事務局のスタッフ（指導主事等）の不足」、44人（11.0%）が「(3) 教育委員の自覚・使命感の欠如」、47人（11.8%）が「(4) 事務局職員の志・使命感の欠如」、78人（19.5%）が「(5) 事務局職員の専門性の低さ」、79人（19.8%）が「(6) 教育委員会全体の政策立案能力の低さ」、59人（14.8%）が「(7) 首長部局と教育委員会との連携・協力の不足」、43人（10.8%）が「(8) 自治体のまちづくりへの貢献度の低さ」、159人（39.8%）が「(9) 文部省─都道府県教育委員会─市町村教育委員会という縦割り行政の弊害」、128人（32.1%）が「(10) 教育予算の不足」、118人（29.5%）が「(11) 全市町村教委に人事権がないこと」、21人（5.3%）が「(12) 教育長のリーダーシップ不

第3章 地方自治体の長と教育委員会制度改革 (2)

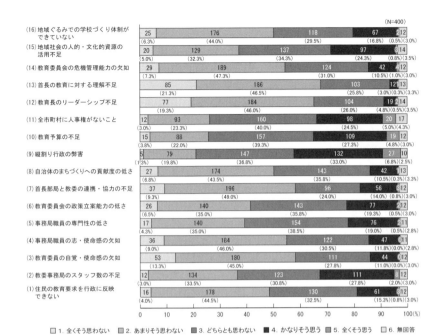

図3-1 首長からみた現代の教育委員会制度の問題

足」、13人（3.3%）が「(13) 首長の教育に対する理解不足」、46人（11.5%）が「(14) 教育委員会の危機管理能力の欠如」、100人（25.1%）が「(15) 地域社会の人的資源や文化資源の活用不足」、69人（17.3%）が「(16) 地域ぐるみで学校づくりを行う体制ができていないこと」、そして15人（3.7%）が「(17) その他」と回答した（百分率は「5. 全くそう思う」＋「4. かなりそう思う」の割合の合計、以下、他の項目も同様の処理を施している）。

このように、首長は、教育委員会制度の問題点として、特に「(9) 縦割り行政の弊害」（39.8%）、「(10) 教育予算の不足」（32.1%）、「(2) 教委事務局スタッフの不足」（29.8%）、「(11) 全市町村教委に人事権がないこと」（29.5%）など、縦割り行政や教育予算や人事（権）にかかわる問題を挙げていることが看取できる。逆に、「(12) 教育長のリーダーシップ不足」（5.3%）、「(8) 自治体のまちづくりへの貢献度の低さ」（10.8%）、「(3) 教育委員の自覚・使命感の欠如」

（11.0％）、「(4) 事務局職員の志・使命感の欠如」(11.8％)、「(7) 首長部局と教育委員会との連携・協力の不足」(14.8％)、「(1) 住民の教育要求を行政に反映できていない」(16.1％) などは、首長にはそれほど大きな問題点として捉えられていない。

　なお、教育委員会制度の問題点と自治体の人口規模との関係を検討したところ、「(1) 住民の教育要求を行政に反映できていない」、「(8) 自治体のまちづくりへの貢献度の低さ」、「(9) 縦割り行政の弊害」、「(10) 教育予算の不足」、「(11) 全市町村教委に人事権がないこと」、「(14) 教委の危機管理能力の欠如」、「(15) 地域ぐるみで学校づくりを行う体制ができていないこと」に関しては両者の間に統計的に有意な関係が認められないものの、「(2) 教委事務局スタッフ数の不足」(x^2=22.470, df=10, p<.05)、「(3) 教育委員の自覚・使命感の欠如」(x^2=25.318, df=10, p<.01)、「(4) 事務局職員の志・使命感の欠如」(x^2=30.188, df=10, p<.001)、「(5) 事務局職員の専門性の低さ」(x^2=44.638, df=10, p<.001)、「(6) 教委の政策立案能力の低さ」(x^2=27.056, df=10, p<.01)、「(7) 首長部局と教育委員会との連携・協力の不足」(x^2=20.771, df=10, p<.05)、「(12) 教育長のリーダーシップの不足」(x^2=26.396, df=10, p.<01)、「(13) 首長の教育に対する理解不足」(x^2=25.754, df=10, p<.01)、「(15) 地域社会の人的・文化的資源の活用不足」(x^2=18.415, df=10, p<.05) については、概して、人口規模の小さい自治体の首長ほどこれら項目を問題視する傾向がある。教育委員会の抱える問題は、自治体の人口規模によっても多少影響を受けていると思われる。

② 市町村教委に人事権を移譲する場合の自治体の人口規模

　首長が教育委員会制度の問題点の一つとして挙げている「全市町村教委に人事権を付与」する問題をさらに検討するため、「(Q39) 貴殿は、市町村教委に『人事権を付与する』場合、どのような人口規模の単位の市町村に付与したらよいと思いますか」の質問に回答を求めたところ、首長 400 人のうち、93 人（23.3％）が「(1) 人口 50 万人以上」、84 人（21.0％）が「(2) 人口 30 万人以上」、19 人（4.8％）が「(3) 人口 20 万人以上」、54 人（13.5％）が「(4) 人口 10 万人以上」、19 人（4.8％）が「(5) 人口 5 万人以上」、10 人（2.5％）が「(6) 人口 3

万人以上」、そして83人（20.8％）が「(7) 全自治体」と回答した（無回答者38人〈9.5％〉）。

　このように人口50万人以上の自治体に付与すべきとする首長が約23.3％と最も多く、次に人口30万人以上（21.0％）と続き、20万人以上を支持する首長が約半数（49.1％）を占める一方、全市町村に人事権を付与することに賛成したのは2割の首長のみであった。この問題は、給与負担や適正な人事行政・交流をどうするかの問題とも絡むため、全市町村に人事権を付与することの難しさを示している[2]。なお、人口規模「3万人以上─5万人未満」以上の大きな人口規模の教育員会の首長は、「人口30万人以上」の自治体に人事権を付与することに賛成し、人口規模「1万5000人以上─3万人未満」、「8000人以上─1万5000人未満」、「8000人未満」の小さな自治体の首長は、「全自治体」に人事権を付与することに賛成する傾向がある（x^2=63.385, df=30, p<.001）。

③ 縦割り行政の弊害の有無

　教育委員会制度のもう一つの問題点として挙げられる「縦割り行政の弊害」についてさらに検討するため、「(Q29)『1990年代後半以降の一連の教育行政改革後も、文部科学省─都道府県教育委員会─市町村教育委員会という縦割り行政の弊害があるため、地方自治体として独自に教育施策を展開できない』という意見があります。貴殿は、この意見について、どのように思われますか」の質問に回答を求めたところ、**図3-2**に示されるように、首長400人のうち、9人（2.3％）が「(1) 全くそう思わない」、126人（31.5％）が「(2) あまりそう思わない」、136人（34.0％）が「(3) どちらともいえない」、106人（26.5％）が「(4) ある程度そう思う」、そして21人（5.3％）が「(5) 全くそう思う」と回答した（無回答者2人〈0.5％〉）。

　1-①で検討したように、約4割の首長が教育委員会制度の問題として「縦割り行政の弊害」を指摘していたが、縦割り行政の弊害のために地方自治体として独自の教育施策を展開できないと回答した首長は約3割にとどまっている。確かに、縦割り行政の弊害は首長にとって教育委員会制度の大きな問題の一つとして認識されるものの、次の④でも検討するように、縦割り行政が「自

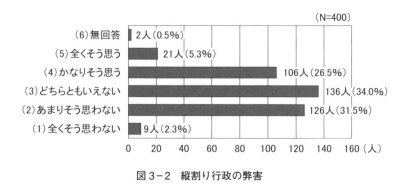

図3-2 縦割り行政の弊害

治体の独自の施策展開」を大きく阻害する要因であるとは必ずしもいえないようである。なお、縦割り行政の弊害と自治体の人口規模との間には統計的に有意な関係は認められない。

4 改正前の教育委員会制度下での独自の教育行政の展開可能性

1990年代後半以降、地方分権・規制緩和による教育行財政改革が進展する中で、教育委員会は果たしてどの程度独自の教育行政を展開できるようになったのであろうか。この点を探るため、「(Q43) 近年、とりわけ1990年代後半以降、地方分権や規制緩和を基本原理とする各種の教育行財政改革が進められてきましたが、貴殿は、『現在の教育委員会制度の下でも、その気になれば、地方自治体として、地域の実態に即した独自の教育行政や教育施策を十分に展開できる』と思われますか」の質問に回答を求めたところ、首長400人のうち、4人（1.0%）が「(1) 全くそう思わない」、44人（11.0%）が「(2) あまりそう思わない」、95人（23.8%）が「(3) どちらともいえない」、225人（56.3%）が「(4) かなりそう思う」、そして28人（7.0%）が「(5) 全くそう思う」と回答した（無回答者4人〈1.0%〉）。

このように、6割以上の首長が当時の教育委員会制度下でも、積極的に取り組もうとすれば、地域の実態に即した教育行政や教育施策を展開できると認識している。このようにみると、縦割り行政の弊害は大きな問題の一つではある

が、1990年代後半以降の一連の改革の中で、地域の実態に即した独自の教育行政や教育施策が展開できる環境が醸成されつつあることを示していると思われる。なお、人口規模の大きい自治体の首長ほど、当時の教育委員会制度の下でも地域の実態に即した独自の教育行政や教育施策が展開できると認識する傾向がある（x^2=22.709, df=10, p<.05）。

5 教育委員会の施策への学校教職員の理解度

教育委員会の施策が学校にどの程度浸透しているかを探るため、「(Q19) 貴教育委員会の施策の内容や意図が学校の教職員に十分に理解されていると思われますか」の質問に回答を求めたところ、図3-3に示されるように、首長400人のうち、3人（0.8％）が「(1) 全くそう思わない」、60人（15.0％）が「(2) あまりそう思わない」、83人（20.8％）が「(3) どちらともいえない」、215人（53.8％）が「(4) かなりそう思う」、そして16人（4.0％）が「(5) 全くそう思う」、そして22人（5.5％）が「(6) わからない」と回答した（無回答者1人〈0.3％〉）。

6割近くの首長が教育委員会の施策の内容等が学校の教職員に理解されていると認識している一方で、4割近くの首長は教職員によって理解されていると実感していないことになり、教育委員会による学校への教育施策の浸透努力が

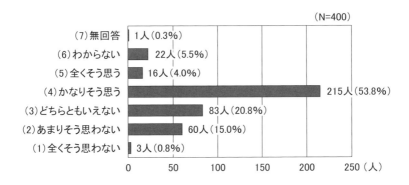

図3-3 学校教職員による教育委員会の施策の理解

一層求められるといえよう。なお、人口規模「10万人以上」と「0.8万人未満」の自治体の首長はそれ以外の人口規模の自治体の首長よりも、教職員による教育委員会の施策に対する理解度は高いと認識する傾向がある（x^2=21.754, df=10, p<.05, 分割表省略）。

2. 今後の教育委員会制度の展望

① 今後の教育委員会制度改革の方向性

　近年、教委廃止論も含め、教育委員会の抜本的改革が議論され、地方自治体の教育行政の在り方が大きく問われてきた。そこで、ここでは地方自治体の首長が今後の教育委員会制度をどのように変革すべきと考えているかを探るため、「(Q.35) 貴殿は、今後の教育委員会制度のあり方を考えたとき、どのような方向で改革を進めるべきであると思われますか」の質問に回答を求めたところ、**図3-4**に示されるとおり、首長400人のうち、260人（65.0%）が「(1) 基本的には、現行の教育委員会制度を維持し、運用上の改善や機能上の充実を図っていく」、83人（20.8%）が「(2) 生涯学習や文化・スポーツに係わる事務は、首長（部局）に移し、教育委員会は学校教育の事務だけに限定する」、7人（1.8%）が「(3) 市町村教育委員会が持っている権限を、できるだけ学校に移し、市町村教育委員会を廃止（もしくは縮小）する」、29人（7.3%）が「(4) 教育委員会制度を廃止し、教育事務の権限をすべて首長（部局）に移す」、そして15人（3.8%）が「(5) どちらともいえない・わからない」と回答した（無回答者6人〈1.5%〉）。

　このように、6割以上の首長が当時の制度を維持したうえで、運用上の改善や機能上の改善を図ることを支持しており、改革をする場合でも、約2割（20.8%）の首長が生涯学習や文化・スポーツの事務を首長部局に移し、教育委員会は学校教育事務だけに限定すると指摘している。教育委員会制度の廃止論者は意外にも7.3%と少数である。なお、概して、小規模の自治体の首長ほど当時の教育委員会制度の維持を支持し、逆に人口規模が大きい自治体の首長ほ

第3章 地方自治体の長と教育委員会制度改革(2)

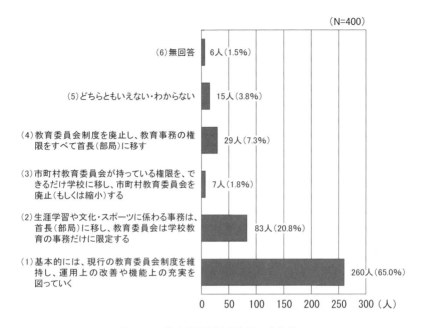

図3-4 教育委員会制度改革の方向性

ど文化・スポーツの首長部局への移管を支持する傾向が認められる（$x^2=30.259$, df=20, p<.066）。

2 教育（行政）の政治的中立性の確保の重要性

教育委員会制度改革で一般行政との関係で大きな議論となるのが、教育の独立性の問題、とりわけ教育の政治的中立性である。そこで、ここではまず、教育（行政）の政治的中立性の確保の重要性について、首長がどのように考えているかを探るため、「(Q34)『教育（行政）の政治的中立性は守られるべきである』という主張について、貴殿はどのように思われますか」の質問に回答を求めたところ、**図3-5**に示されるように、首長400人のうち、8人（2.0％）が「(1) 全くそう思わない」、21人（5.3％）が「(2) あまりそう思わない」、45人（11.3％）が「(3) どちらともいえない」、192人（48.0％）が「(4) かなりそう思

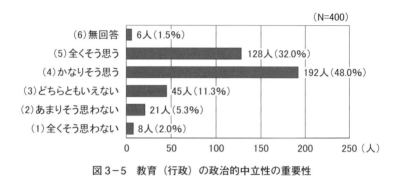

図 3-5 教育(行政)の政治的中立性の重要性

う」、そして 128 人（32.0%）が「(5) 全くそう思う」と回答した（無回答者 6 人〈1.5%〉）。

このように圧倒的多数（8 割）の首長が教育（行政）の政治的中立性は守られるべきであると認識していることがわかる。なお、教育の政治的中立性の確保の重要性と自治体の人口規模との間には統計的に有意な関係は認められない。

③ 教育委員会制度を廃止し、地方教育事務を首長部局に移した場合の制度的原理

教育事務を首長部局に移した場合、教育委員会の制度的原理がどのようになるかを探るため、首長に「（Q32）もし、教育委員会制度を廃止して、地方教育事務を首長部局に移した場合、貴殿は、下記の項目についてどのように思われますか」と 5 段階評価で回答を求めたところ、**図 3-6** に示されるように、首長 400 人のうち、136 人（34.0%）が「(1) 教育の継続性・安定性が損なわれるようになる」、166 人（41.5%）が「(2) 教育の政治的中立性が確保できなくなる」、120 人（30.0%）が「(3) 教育行政で教育の専門性が発揮できなくなる」、58 人（14.6%）が「(4) 住民統制（レイマン・コントロール）の機能が弱まる」と回答した。

このように、首長は、教育事務を首長部局に移した場合、特に「教育の政治的中立性」（41.5%）、次に「教育の継続性・安定性」（34.0%）や「教育行政にお

第3章　地方自治体の長と教育委員会制度改革(2)

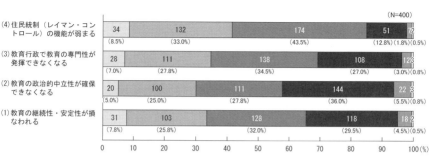

図3-6　教育事務を首長部局に移した場合の教育委員会の制度的原理

ける専門性」(30.0%)の確保が困難になると感じている。ただその一方で、「教育の政治的中立性」を除く「教育の継続性・安定性」や「教育行政における専門性」については、同数がこれを否定しており、見方が二分している。「住民統制の機能が弱まる」については、その懸念を示した首長は14.6%のみで、むしろこれを否定する首長 (41.5%) のほうが多く、総じて首長は教育事務が首長部局に移ることによって住民統制の機能が弱まるとは認識していないようである。ここには、選挙で調達された「民意」をもとに教育行政に関与しようとする、近年の首長の動きの背景を見て取れるようにも思える。

なお、「教育の継続性・安定性」、「教育の政治的中立性」、「教育の専門性の発揮」の確保の懸念と自治体の人口規模との間には、統計的に有意な関係は認められなかったものの、「住民統制」に関しては、「8000人未満」、「8000人以上－1万5000人未満」の小規模の自治体の首長のほうが、人口規模「1万5000人以上－3万人未満」以上の大きな自治体の首長よりも住民統制の機能が弱まると認識する傾向がある (x^2=29.724, df=10, p<.01)。

④ 地方教育事務を首長部局に移した場合の効果的な教育施策の展開

教育事務を首長部局に移した場合、教育施策の効果的な展開が可能かを探るため、「(Q16) 貴殿は、貴自治体の現状からみて、もし、教育事務をすべて首

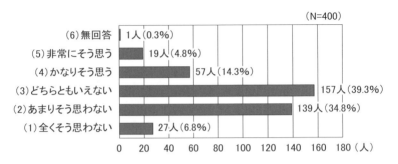

図3-7 教育事務を首長部局に移した場合の効果的な教育施策の展開

長部局に移管された場合、今まで以上に効果的な教育施策を樹立し、実施することができると思われますか」と問うたところ、**図3-7**に示されるように、首長400人のうち、27人（6.8%）が「(1) 全くそう思わない」、139人（34.8%）が「(2) あまりそう思わない」、157人（39.3%）が「(3) どちらともいえない」、57人（14.3%）が「(4) かなりそう思う」、そして19人（4.8%）が「(5) 非常にそう思う」と回答した（無回答者1人〈0.3%〉）。

このように、教育事務が首長部局に移された場合、これまで以上に効果的な教育施策を樹立、実施できると回答した首長は、約2割弱にとどまり、一方これを否定した首長は4割（41.6%）を超える。このことは、教育事務が首長部局に移管されても、現状ではこれまで以上の効果的な教育施策の展開が必ずしも期待できないことを示唆しているようにも思われる。なお、教育事務を首長部局に移した場合の、より効果的な施策の展開と自治体の人口規模との間には統計的に有意な関係は認められない。

5 地方教育事務を首長部局に移した場合の首長の教育内容への対応

さらに「(Q17) もし、教育事務が首長部局に移管された場合、貴殿は、教育予算や教育担当部局の人事のみならず、教育の中身の問題（教育の目的・内容・方法）についても積極的に発言されますか」と尋ねたところ、**図3-8**に示されるように、首長400人のうち、217人（54.3%）が「(1) 権限内なので教

第3章 地方自治体の長と教育委員会制度改革(2)

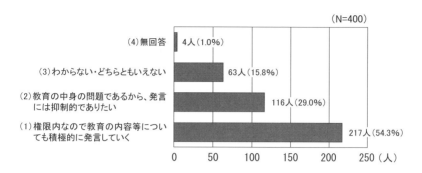

図3-8 教育事務を首長部局に移した場合の首長の教育内容への対応

育の内容等についても積極的に発言していく」、116人（29.0%）が「(2) 教育の中身の問題であるから、発言には抑制的でありたい」、そして63人（15.8%）が「(3) わからない・どちらともいえない」と回答した（無回答者4人〈1.0%〉）。

このように、大多数（約8割）の首長が教育（行政）の政治的中立性の確保は重要であると認識しているにもかかわらず（2-②）、教育事務が首長部局に移された場合、半数以上の首長が教育の内容等にも積極的に発言していくと回答している。このことは、これまでの教育委員会制度が教育の独立性（ないし教育の政治的中立性）を確保するうえで一定の役割を果たしていることを示唆しているように思われる。なお、首長の教育内容への関与（発言）と自治体の人口規模との間には統計的に有意な関係は認められない。

Ⅳ. 総　括

以上、地方自治体行政の最高責任者である市町村長が、改正前の教育委員会制度の問題をどう捉え、その後の改革をどのように展望していたかを検討してきた。最後に、本調査で明らかになったことを総括し、結びとしたい。

第一に、首長は、当時の教育委員会制度の問題点として、特に「(9) 縦割り行政の弊害」（39.8%）、「(10) 教育予算の不足」（32.1%）、「(2) 教委事務局

スタッフの不足」(29.8%)、そして「(11) 全市町村教委に人事権がないこと」(29.5%) など、縦割り行政や教育予算や人事（権）の問題を挙げている（1-①）。縦割り行政の問題は、確かに首長にとって大きな問題の一つと考えられるが、1990年代後半以降の一連の地方分権と規制緩和による改革が進められる中で、6割強の首長が当時の教育委員会制度の下でも、独自の教育施策を展開できると認識していることは注目される。これは、近年の一連の教育行財政改革により地方自治体独自の施策を展開できる環境が一定程度整いつつあることを示唆しているものといえよう。

　他方で、「(12) 教育長のリーダーシップ不足」(5.3%)、「(8) 自治体のまちづくりへの貢献度の低さ (10.8%)」、「(3) 教育委員の自覚・使命感の欠如」(11.0%)、「(4) 事務局職員の志・使命感の欠如」(11.8%)、「(7) 首長部局と教育委員会との連携・協力の不足」(14.8%)、「(1) 住民の教育要求を行政に反映できていない」(16.1%) など、教育委員会制度それ自体にかかわる事項については、首長は教育委員会制度の大きな問題点としては捉えていないことがわかる。教育委員会と首長部局との連携・協力や教育行政への民意の反映は、首長にはそれほど大きな問題としては認識されていないようである。

　第二に、今後の教育委員会制度の在り方についてである。Ⅲ-2-①で検討したように、教育委員会制度をどのように改革すべきかについて、6割強 (65.0%) の首長が、現行制度を維持したうえで運用上の改善や機能上の改善を図ることを支持しており、改革をする場合でも、約2割 (20.8%) の首長が生涯学習や文化・スポーツの事務を首長部局に移し、教育委員会は学校教育事務だけに限定することに賛成している。教育委員会制度の廃止論者は7.3%と極めて少数であり、近年一部の行政学者や首長によって、教育委員会制度の「廃止論」が声高に唱えられていたが、実際には、多くの首長は教育委員会制度の廃止ではなく、現行制度を維持しつつ、運用上もしくは機能上の改変（改善）を求めていたことを指摘しておきたい。

　第三に、教育委員会制度改革で問題となるのが、その制度的原理の問題である。とりわけ、一般行政との関係の問題、すなわち教育の政治的中立性をどう確保するかの問題がある。2-②で検討したように、大多数（約8割）の首長が教育（行政）の政治的中立性は守られるべきであると認識しており（Q34）、実

際にも、9 割近くの首長は「教育の自律性や政治的中立性に配慮しながら、教育委員会に対応している」(Q25)⁽³⁾ [3] と回答している。しかしこれが、教育委員会を廃止して、教育事務を首長部局に移した場合どうなるかというと、約 4 割の首長は教育事務を首長部局に移した場合、「教育の政治的中立性」の確保が困難になると捉えている (Q32、2-③)。しかも、教育事務が首長部局に移った場合、半数以上の首長が権限内なので教育の内容等にも積極的に発言していくと回答している (Q17、2-⑤)。このことは、当時の教育委員会制度が曲がりなりにも教育の政治的中立性を確保するうえで抑止力として機能していたことを示している。加えて教育事務が首長部局に移された場合、これまで以上に効果的に教育施策を樹立し、実施できるかというと、「実施できる」と肯定的に回答した首長は 2 割弱にとどまり、他方「できない」と否定的に回答した首長が 4 割 (41.6%) を占めていることは注目されよう (Q16、2-④)。教育委員会制度の廃止論が一部の首長やマスコミで大きく取り上げられたものの、地方自治体の長は、総じて当時の教育委員会制度を肯定的に評価し、冷静にみていたようである。

　近年、体罰問題やいじめ事件への不適切な対応をめぐって、教育委員会の機能低下・機能不全が指摘され、廃止論を含めた教育委員会の抜本的改革が唱えられてきたが、本調査をみても、首長は、改正前の教育委員会制度にいくつかの問題があることを認識しながらも、総じて現行制度を肯定的に捉え、評価していたことが看取できる。また、筆者が実施した、別の市町村教育長調査でも⁽⁴⁾、市町村教育長はいくつかの問題点を認識しながらも、改正前の任命制教育委員会制度をかなり肯定的に評価している。2013 (平成 25) 年 12 月に中央教育審議会の答申が出され、その後、国会において教育委員会制度の改革案が検討されたが、戦前の中央集権的教育行政の深い反省の上に立って創設された教育委員会制度を廃止するのかどうか、厳しい議論が展開された。新しい時代にふさわしい地方教育行政制度をどうするのか。合議制の執行機関としての教育委員会制度を廃止し、教育の独立性 (政治的中立性)・継続性などよりも、教育行政の効率性・迅速性・総合性などを優先させるのか、あるいは両者を包含できる新しい理念と制度設計が可能なのか、その見極めと行方が注目された。結果的には、2014 (平成 26) 年 6 月に新しい教育委員会制度が成立し、行

政委員会としての教育委員会の骨格を残しつつも、首長と教育長の権限を大幅に強化することにより、責任の明確化と総合行政の進展を図ることで決着をみた。

注

(1) 本論の初出は、拙稿「地方自治体の長からみた教育委員会制度―全国市町村の意識調査をてがかりにして―」『季刊教育法』第180号、2014年3月、46-57頁である。

(2) 既に、指定都市（50万人以上）については県費負担教職員の人事権が、中核市（人口30万以上）については人事権のうち研修に関する実施義務がそれぞれ都道府県から移譲されている。また、2013年12月の中央教育審議会答申「地方教育行政の今後の在り方について」では、中核市をはじめとする市町村に人事権を移譲することを引き続き検討することや、指定都市に給与負担を移譲する方向で見直すことが提言されている。

(3) 拙稿「地方自治体の長からみた教育委員会制度の現状と課題（1）―全国市長村長の意識調査を手がかりに―」『広島大学大学院教育学研究科紀要』第三部（教育人間科学関連領域）第62号、2013年、8頁（第2章Ⅲ-3-⑦参照）。

(4) 拙稿「教育委員会制度の現状と課題―『教育委員会制度に関する全国調査』を手がかりに―」『教育学研究』第80巻第2号、2013年6月、222-234頁を参照されたい（第1章参照）。なお、村上祐介らの最近の調査でも、首長、教育長ともに、現行の教委制度を維持しつつ制度改善を図る意見が多数を占めている（村上祐介他「教育委員会制度改革に対する首長・教育長の意識と評価」『日本教育行政学会第48回大会発表要旨集録』2013年、85頁）。

第4章

市町村教育委員会の学力政策 (1)

―その実態と課題―

I. はじめに

　現在、学力問題は地方教育行政の大きな政策課題の一つとなっている。市町村教育委員会や都道府県教育委員会がどのように学力政策を樹立し、実施し、評価し、その政策効果をあげようとしているのか、その実態や課題とともに、子どもの学力を規定する要因を明らかにすることは、今後の学力政策の在り方を探るうえで重要である。

　全国学力・学習状況調査は2007（平成19）年4月に文部科学省によって悉皆方式で実施されたが、悉皆方式での全国調査は、小学校では初めてのことであり、中学校では1964（昭和39）年以来実に43年ぶりであるとされる。この全国学力・学習状況調査の導入のきっかけは国際機関の学力調査（TIMMS、PISA）で、日本の子どもの学力に低下・停滞傾向がみられたことやそれをめぐる2000（平成12）年前後の学力低下論争であった。当時、新自由主義的教育政策を推し進めていた小泉政権の閣僚の一人であった中山文部科学大臣は、国が教育の成果を把握し、教育の質を保証する仕組みは必要であるとして、2005（平成17）年12月に全国学力・学習状況調査の実施を決定した。この全国学力・学習状況調査は、全国的な児童生徒の学力や学習状況を把握するとともに、教育に継続的な検証改善サイクル（PDCAサイクル）を確立することによって、子どもの学習改善と教育施策の改善に資することを目的としていた。以後、学力政策は、地方教育行政機関の重要な政策課題として注目されるようになった。

　ところで、学力政策の面から注目される研究は、苅谷剛彦（2008年）や山崎博敏（2008年）など、数多くある[1]。ここでは詳細な検討は省くが、これらの研究は、地方自治体の学力政策の実態分析や子どもの学力の経年的変化とその特徴の分析のほか、子どもの学力を規定する要因の分析を中心に行われている。

　本研究は、これらの先行研究を踏まえながら、教育政策の立場から、①市町村教育委員会が子どもの学力向上のためにどのような取り組みをしているのか、その実態や影響（効果）や課題を明らかにするとともに、②市町村の子ど

もの学力を規定する要因とは何かを総合的に検討する。ただし、本章では、前者①について検討し、後者②については次章（第5章）で取り扱う。

Ⅱ．調査方法

① 分析枠組

　本研究は、上述したように市町村教育委員会が学力政策をどのように行ってきたのか、その実態やその影響（効果）や今後の政策課題を明らかにするとともに、市町村の子どもの学力を規定する要因について検討する。市町村教育委員会の学力政策を分析するにあたっては、先行研究や政策学等の知見を踏まえて、子どもの学力に影響を与える主要な要因として、①地域特性（人口規模、財政状況、貧困度等）、②教育委員会要因（事務局特性、教育委員会会議要因、教育長のリーダーシップ要因等）、③首長・地方議会要因、④家庭特性要因、⑤住民特性要因、そして⑥学校要因（学校組織特性など）などを想定し、市町村教育委員会の学力政策の実態（内容）や影響（効果性）や規定要因及び今後の課題について考察する。本研究の主な検討課題は、以下のとおりである。
　①市町村教育委員会は学力政策をどのように実施しているのか、その実態（内容）と学校等への影響（効果）や今後の政策課題とは何か。
　②市町村の子どもの学力を規定する要因とは何か。教育委員会特性か、首長・地方議会特性か、家庭特性か、住民特性か、あるいは学校組織特性か。
　③自治体の人口規模は市町村教育委員会の学力政策やその他の行政活動にどのような影響を及ぼしているのか。
　本章では、①を中心に検討する。

② 調査対象

　調査対象は、全国市町村の教育長1630人であり、有効回答者数は765人で、

有効回収率は46.9％である。回答者の性別は、男性94.6％（724人）、女性3.1％（24人）、無回答者2.2％（17人）で、年齢別の割合は、46－49歳0.1％（1人）、50－54歳1.4％（11人）、55－59歳8.8％（67人）、60－64歳44.6％（341人）、65－69歳31.2％（239人）、70歳以上10.2％（78人）、無回答者3.7％（28人）である。教育長の勤務年数（通算）の割合は、1年未満11.5％（88人）、1年以上－2年未満15.7％（120人）、2年以上－4年未満28.6％（219人）、4年以上－6年未満18.4％（141人）、6年以上－8年未満12.9％（99人）、8年以上－10年未満45人（5.9％）、10年以上－12年未満25人（3.3％）、12年以上1.6％（12人）、そして無回答者2.1％（16人）である。また、自治体の人口規模別の割合は、5000人未満14.5％（111人）、5000人以上－1万人未満16.5 ％（126人）、1万人以上－3万人未満27.1％（207人）、3万人以上－5万人未満12.4％（95人）、5万人以上－10万人未満15.3％（117人）、10万人以上－20万人未満7.1％（54人）、20万人以上－30万人未満2.7％（21人）、30万人以上2.9％（22人）、そして無回答1.6％（12人）である。

③ 調査期間

2015（平成27）年1月中旬～2月上旬。

④ 調査手続

市町村教育長が、地方教育行政の責任者の立場から、自治体の学力政策をどのように捉え、実施しているか、その実態や今後の政策課題を探るとともに、子どもの学力の規定要因を明らかにするため、①市町村教育委員会の学力政策の実態（18項目）、②子どもの学力の向上に影響を与える要因（小学校組織特性、家庭特性、教育委員会組織特性など）（11項目）、③子どもの学力の指標（平成26年度「学力調査・学習状況調査」の「小学校国語Bの成績やその過去3年間の成績の改善傾向）（2項目）、そして④教育長の個人属性（年齢、勤務年数、性別）（3項目）にかかわる34項目からなる「教育委員会の学力政策に関する全国調査」を作成し、郵送法で調査を実施した。調査対象の1630人の市町村長は、文部科学省

第4章　市町村教育委員会の学力政策 (1)

『全国教育委員会一覧』（文教協会、2014 年 10 月）を活用し、約 1700 人の教育長の中から無作為に抽出された（東京都 23 区及び学校組合等を除く）。

Ⅲ．結果及び考察

1．市町村教育委員会の子どもの学力の状況

　市町村教育委員会の子どもの学力の状況について、「全国学力・学習状況調査」の「小学校国語 B」の成績とその過去 3 年間の改善状況の観点から検討する。

① 「全国学力・学習状況調査」の「小学校国語 B」の成績（平均正答率）にみる子どもの学力

　まず、各自治体の子どもの学力の状況を把握するため、「(Q22) 平成 26 年度貴教育委員会の『全国学力・学習状況調査』の『小学校国語 B』の成績（平均正答率）は、次のどれに該当するでしょうか。もし差し支えなければ、次の中から該当するものを一つ選び○印をお付け下さい」と回答を求めたところ、教育長 765 人のうち、283 人（37.0%）が「1. 全国平均より下」、181 人（23.7%）が「2. ほぼ全国平均」、そして 247 人（32.3%）が「3. 全国平均より上」と回答した（無回答者 54 人〈7.1%〉）。子どもの学力（以下、「小学校国語 B」の成績をさす）と自治体の人口規模との間には有意な正の相関（スピアマン相関係数、r=.101, p<.01, 以下同じ）が認められる。

② 「全国学力・学習状況調査」結果の過去 3 年間の改善状況

　各自治体の子どもの学力の過去 3 年間の改善状況を探るため、「(Q23) 貴教育委員会の『全国学力・学習状況調査』の『小学校国語 B』の成績（平均正答

率）は、過去 3 年間でみると、改善傾向にあるでしょうか。それとも低下傾向にあるでしょうか。もし差し支えなければ、次の中から該当するものを一つ選び○印をお付け下さい」と回答を求めたところ、教育長 765 人のうち、39 人（5.1%）が「1. 低下傾向にある」、352 人（46.0%）が「2. ほぼ横ばい状態である」、そして 319 人（41.7%）が「3. 改善傾向にある」と回答した（無回答者 55 人〈7.2%〉）。なお、自治体の子どもの過去 3 年間の学力の改善状況と自治体の人口規模との間には統計的に有意な関係は認められない。一方、過去 3 年間の子どもの学力の改善状況（Q23）と前述の子どもの学力（Q22）との間には正の相関が認められる（r=.314, p<.01）。

2. 市町村教育委員会の学力政策の実施状況

次に、市町村教育委員会が子どもの学力向上のために、どのような対応策をとっているかを明らかにする。

① 市町村教育委員会が講じた学力向上のための諸施策

まず、市町村教育委員会が学力向上のためにどのような取り組みをしてきたかを探るため、「(Q7) 貴教育委員会では、これまで学力向上を図る目的でどのような施策を講じてこられましたか。次に掲げる項目の中から、学力向上のために、これまで実施してきた施策のすべてに○印をお付け下さい」と回答を求めた。その結果、**図 4-1** に示されるように、教育長 764 人のうち、386 人（50.5%）が「(1) 学力向上委員会（プロジェクトチーム）の設置」、443 人（58.0%）が「(2) 基礎学力定着事業」、543 人（71.1%）が「(3) 生徒指導の充実」、524 人（68.6%）が「(4) 家庭における生活習慣・学習習慣の形成・促進事業」、224 人（29.3%）が「(5) 生徒の目的意識を明確化するための進路指導の充実」、470 人（61.5%）が「(6) 加配教員の増員」、648 人（84.8%）が「(7) 小中連携の強化」、503 人（65.8%）が「(8) 保幼小連携の推進」、408 人（53.4%）が「(9) 小 1 プロブレム・中 1 ギャップ対策」、468 人（61.3%）が

第4章 市町村教育委員会の学力政策 (1)

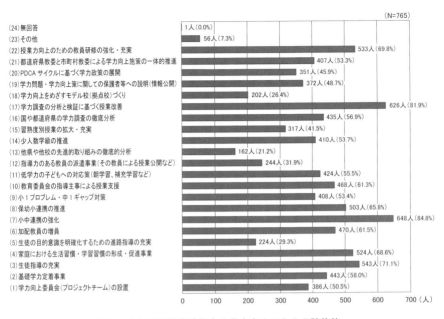

図4-1 市町村教育委員会の学力向上のための諸施策

「(10) 教育委員会の指導主事による授業支援」、424人 (55.5%) が「(11) 低学力の子どもへの対応策 (朝学習・補充学習など)」、244人 (31.9%) が「(12) 指導力のある教員の派遣事業 (その教員による授業公開など)」、162人 (21.2%) が「(13) 他県や他校の先進的取り組みの徹底的分析」、410人 (53.7%) が「(14) 少人数学級の推進」、317人 (41.5%) が「(15) 習熟度別授業の拡大・充実」、435人 (56.9%) が「(16) 国や都道府県の学力調査の徹底分析」、626人 (81.9%) が「(17) 学力調査の分析と検証に基づく授業改善」、202人 (26.4%) が「(18) 学力向上をめざすモデル校 (拠点校) づくり」、372人 (48.7%) が「(19) 学力問題・学力向上策に関しての保護者等への説明 (情報公開)」、351人 (45.9%) が「(20) PDCAサイクルに基づく学力政策の展開」、407人 (53.3%) が「(21) 都道府県教委と市町村教委による学力向上施策の一体的推進」、533人 (69.8%) が「(22) 授業力向上のための教員研修の強化・充実」、そして56人 (7.8%) が「(23) その他」と回答した (無回答者1人〈0.1%〉)。

「その他」では、「大学との連携による授業改善の研究」「小中一貫校実施の検討」「ICT 教員研修」「中高一貫教育の推進」「特別支援教育の推進」「土曜学習の実施」「中学校区単位での幼・小・中の連携」「学力調査の学校別結果公表」「Z 会との連携」「一人親家庭の子どもへの学習支援」「町独自（業者）の基礎学力調査（算、数、理）」「村をつなぐ教育推進会議による学校・家庭・地域が一体となった学力向上策」「若手教員・講師育成事業」「小・中・高の連携と授業の相互交流」「キャリア教育・学力向上支援員の配置」「児童生徒の自尊感情の高揚」などが挙げられており、多様な施策が講じられているのがわかる。

　このように、6 割以上の教育委員会で講じられてきた施策は、多い順に「(7) 小中連携の強化」(84.8%)、「(17) 学力調査の分析と検証に基づく授業改善」(81.9%)、「(3) 生徒指導の充実」(71.1%)、「(22) 授業力向上のための教員研修の強化・充実」(69.8%)、「(4) 家庭における生活習慣・学習習慣の形成・促進事業」(68.6%)、「(8) 保幼小連携の推進」(65.8%)、「(6) 加配教員の増員」(61.5%) であり、学力向上のために、家庭への指導や生徒指導や教員研修の充実のみならず、「小中連携の強化」や「保幼小連携の推進」など、多様な取り組みが行われているのが看取できる。ここには、子どもの学力そのものの向上のために、直接的に働きかけるというよりも、学力向上のための基盤整備や全人教育にも目を向けつつ、長期的な視点から、多角的に子どもの学力向上のための取り組みを行っている姿がうかがえる。

　しかし、その一方で、このように多くの教育委員会が多様な施策を講じているにもかかわらず、一部の教育委員会では学力向上のために十分な施策を講じていない教育委員会も少なからずある。実際、この質問で取り上げた 23 施策の 3 分の 1（7 つ）以下の施策しか講じていない教育委員会は約 140 自治体（約 2 割、18.3%）程度ある。この学力向上のための施策合計数（「(23) その他」を除いた 22 施策）と自治体の人口規模との関係を検討したところ、両者の間には統計的に有意な関係があり（r=.350, p<.01）、人口規模の大きい自治体の教育委員会ほど、学力向上策をより多く講じているのがわかる。また、この施策合計数と子どもの学力との間には統計的に有意な相関は認められないものの、施策合計数と子どもの学力の改善状況（Q23）との間には正の有意な相関が認められる（r=155, p<.01）。さらに、この市町村教育委員会の施策合計数と、本論

110

第4章　市町村教育委員会の学力政策（1）

文では詳しく検討できなかったものの、市町村教育委員会の学力政策の効果性（Q30）[2]との間には正の有意な相関が認められる（r=.324, p<.01）。人口規模の大きい自治体の教育委員会はそれだけより多くの問題を抱えるため必然的に実施すべき施策数が多くなるのか、あるいは人口規模の大きい自治体は、概して豊富な人的・財政的資源を有するゆえに、多様な施策の展開を可能にするのか、あるいはその双方の理由によるのかは、ここでは定かではない。ただ、教育委員会の施策合計数とその学力政策の効果性との間には正の有意な関係のあることは留意されてよい。

② 市町村教育委員会の学力向上策が教育委員会の活動や学校（小学校）や保護者に与える影響

　市町村教育委員会の一連の学力向上策が教育委員会の活動や学校や保護者に与える影響を探るため、「（Q10）貴殿は、貴教育委員会の一連の学力向上策が、教育委員会や小学校やその保護者にどのような影響を与えていると思われますか」と5段階評価で回答を求めたところ、**図4-2**に示されるように、教育長765人のうち、76人（10.0％）が「(1) 一部の教科のみが重視されるようになった」、455人（59.4％）が「(2) 学力だけでなく、生徒指導や道徳や健康・体力の重要性も認識されるようになった」、481人（62.9％）が「(3) 学力向上を契機に、教職員間に学校教育全般を見直そうとする動きが出てきた」、640人（83.7％）が「(4) 教職員の授業改善への取り組みが積極的になった」、497人（65.0％）が「(5) 教職員が自分の学校の教育責任を自覚するようになった」、495人（64.7％）が「(6) 子どもの授業への取り組みがより積極的になった」、114人（14.9％）が「(7) 学力や学習意欲の高い子、低い子の差が大きくなった」、479人（62.6％）が「(8) 教職員は、どんな子どもに育てたいかを常に意識しながら、教育活動を展開するようになった」、12人（1.6％）が「(9) 教職員間の絆やつながりが希薄となった」、647人（84.5％）が「(10) 市町村教委と学校の連携・協力の重要性が増してきた」、398人（52.0％）が「(11) 教育委員会が首長部局と連携して事業を展開する必要性が出てきた」、614人（80.3％）が「(12) 家庭や地域社会との連携・協力の重要性が強く意識されるように

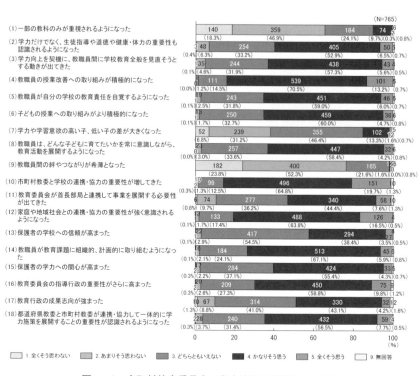

図4−2 市町村教育委員会の学力政策の学校等への影響

なった」、321人(41.9%)が「(13)保護者の学校への信頼が高まった」、558人(73%)が「(14)教職員が教育課題に組織的、計画的に取り組むようになった」、457人(59.7%)が「(15)保護者の学力への関心が高まった」、525人(68.6%)が「(16)教育委員会の指導行政の重要性がさらに高まった」、362人(47.3%)が「(17)教育行政の成果志向が強まった」、そして491人(64.2%)が「(18)都道府県教委と市町村教委が連携・協力して一体的に学力施策を展開することの重要性が認識されるようになった」と回答した(人数と割合は「4.かなりそう思う」+「5.全くそう思う」の合計をさす)[3]。

このように、市町村教育委員会の一連の学力向上策が、「(4)教職員の授業改善への取り組みが積極的になった」(83.7%)、「(14)教職員が教育課題に組

織的、計画的に取り組むようになった」(73%)、「(5) 教職員が自分の学校の教育責任を自覚するようになった」(65.0%)、「(6) 子どもの授業への取り組みがより積極的になった」(64.7%) として、教職員の学校教育への取り組みに好影響を与えていることがうかがえる。一方で、「(9) 教職員間の絆やつながりが希薄となった」(1.6%)、「(1) 一部の教科のみが重視されるようになった」(10.0%)、「(7) 学力や学習意欲の高い子、低い子の差が大きくなった」(14.9%) など、一般に懸念されている学力向上策の悪影響については、市町村教育長にはそれほど問題視されていないようである。このほか、「(10) 市町村教委と学校の連携・協力の重要性が増してきた」(84.5%)、「(12) 家庭や地域社会との連携・協力の重要性が強く意識されるようになった」(80.3%)、「(16) 教育委員会の指導行政の重要性がさらに高まった」(68.6%)、「(18) 都道府県教委と市町村教委が連携・協力して一体的に学力施策を展開することの重要性が認識されるようになった」(64.2%) など、今後の地方教育行政の在り方（方向性）にかかわって重要な認識も示されている。このように、市町村教育長の立場からみるかぎり、当該教育委員会の講じている学力向上策は、概ね肯定的に評価されているといえよう。

　なお、自治体の人口規模と教育委員会や小学校や保護者への影響の関係を検討したところ、項目「(2) 生徒指導や道徳等の重要性」($r=.076$, $p<.05$)、「(3) 学校教育全般の見直し」($r=.179$, $p<.01$)、「(4) 授業改善への積極性」($r=.214$, $p<.01$)、「(5) 学校の教育責任の自覚」($r=.147$, $p<.01$)、「(6) 子どもの積極的な授業への取り組み」($r=.152$, $p<.01$)、「(8) 子ども像を意識しながらの教育活動」($r=.152$, $p<.01$)、「(10) 市町村教委と学校の連携の重要性」($r=.106$, $p<.01$)、「(11) 教育委員会と首長部局との連携の必要性」($r=.132$, $p<.01$)、「(12) 家庭や地域との連携の重要性」($r=.117$, $p<.01$)、「(14) 教職員の教育課題への組織的取り組み」($r=.141$, $p<.01$)、「(15) 保護者の学力への関心の高まり」($r=.182$, $p<.01$)、「(16) 教育委員会の指導行政の重要性」($r=.180$, $p<.01$)、「(18) 都道府県教委と市町村教委の一体的な学力施策の展開」($r=.121$, $p<.01$) については、統計的に有意な正の相関が認められた。一方、「(7) 子どもの学力格差の拡大」($r=-.147$, $p<.01$) と「(9) 教職員間の絆の希薄化」($r=-.181$, $p<.01$) については負の相関が認められ、自治体の人口規模の小さい教育委員会ほど教職員間の絆の希薄化や子どもの学力格差の進行が認識されている。

このようにみると、単相関ではあるが、総じて人口規模の大きい自治体ほど、当該教育委員会の学力向上策は肯定的な影響を与えていると認識されているといえよう。

③ 教育委員の役割活動

　教育委員が、学力政策の展開にかかわって、どのような役割を果たしているかを探るため、「(Q12) 貴殿は、貴教育委員会において、教育委員（委員長を含む）は、学力向上の施策の展開にかかわってどのような役割を果たされていると思われますか」の質問に5段階評価で回答を求めた。その結果、教育長765人のうち、352人（46.0%）が「(1) 教育委員は、学力問題に関して会議で何を検討すべきか（議題、検討課題）についてよく提案する」、420人（54.9%）が「(2) 教育委員は、地域住民や保護者の意見や要望を十分に踏まえて、学力向上策を検討している」、252人（32.9%）が「(3) 教育委員は、学力向上策を検討する際、新しい案やアイデアを積極的に提案する」、83人（10.9%）が「(4) 教育委員によって、事務局の提案する学力向上策が修正されることがある」、536人（70.0%）が「(5) 学力向上策を議論する際、教育委員の発言や意見は非常に参考になる」、399人（52.1%）が「(6) 教育委員は、学力問題について実態把握や新しい情報入手のため、積極的に学校訪問や保護者との対話を行っている」、329人（43%）が「(7) 教育委員は、学力向上の施策実施後の事業評価に積極的に関わっている」、185人（24.2%）が「(8) 教育委員は、学力問題について意見交換するため、首長との対話（話し合い）に臨んでいる」、そして430人（56.2%）が「(9) 教育委員による学力向上策の評価に関する議論は、次年度の事業計画の策定に十分に生かされている」と回答した。

　このように、教育委員は、「(5) 学力向上策を議論する際、教育委員の発言や意見は非常に参考になる」（70.0%）、「(9) 教育委員による学力向上策の評価に関する議論は、次年度の事業計画の策定に十分に生かされている」（56.2%）、「(2) 教育委員は、地域住民や保護者の意見や要望を十分に踏まえて、学力向上策を検討している」（54.9%）、「(6) 教育委員は、学力問題について実態把握

や新しい情報入手のため、積極的に学校訪問や保護者との対話を行っている」（52.1％）等の項目にみられるように、審議過程における施策の練り上げや評価活動や実態把握及び新しい情報入手活動並びに住民や保護者の要望の施策面への反映の面で一定程度の役割を果たしているようである。一方、教育委員は、事務局提案の学力向上策を修正したり、首長との話し合いに臨んだりすることにはあまりかかわってはいないようである。学力の政策過程を、イ課題設定（①、②、⑧）→ロ政策立案（③、⑤）→ハ政策決定（④）→ニ政策実施→ホ政策評価（⑦、⑨）の観点からみた場合、ニ政策実施を除く過程で一定の役割活動を行っているものの、調査結果をみるかぎり、教育委員の学力政策の形成過程への積極的参加という観点からはまだ改善の余地はあるといえそうである。なお、この教育委員の役割活動と自治体の人口規模との関係を検討したところ、すべての項目において1％水準で正の有意な相関が認められる[4]。すなわち、自治体の人口規模が大きいほど、教育委員の役割活動はすべての項目において活発である。

④ 学力向上策に対する首長の姿勢

　市町村教育委員会の学力向上策に対して自治体の長がどのような態度で臨んでいるかを探るため、「（Q13）学力向上策に関して、首長の姿勢と行動についてお尋ねします」の質問に5段階評価で回答を求めたところ、教育長765人のうち、598人（78.2％）が「（1）首長は、学力向上策に強い関心をもっている」、512人（67.0％）が「（2）学力向上策に関して首長は、教育長とよく意見を交換する」、619人（81.0％）が「（3）首長は、教育委員会の学力向上策に関して十分に理解を示している」、そして26人（3.4％）人が「（4）学力調査の結果公表をめぐっては、教育委員会（教育長）と首長との間で意見の相違がある」とそれぞれ回答した（各項目とも無回答者4人〈0.5％〉）。このように、多くの首長は、総じて教育委員会の学力向上策に強い関心をもち、それに理解を示し、教育長ともよく意見を交換しているようである。

　なお、学力向上策に対する首長の姿勢と自治体の人口規模との間には、「（1）首長の関心度」（r=.190, p<.01）と「（2）教育長とよく意見交換」（r=.238, p<.01）

と「(3) 学力向上策への理解度」(r=.144, p<.01) に関して正の有意な相関が認められ、自治体の人口規模が大きくなるほど、首長は学力政策に強い関心をもち、それに理解を示し、教育長ともよく意見を交換している。また、学力向上策に対する首長の姿勢と子どもの学力との間には、「(1) 首長の関心度」(r=.091, p<.05) と「(2) 教育長とよく意見交換」(r=.116, p<.01) と「(3) 学力向上策への理解度」(r=.126, p<.01) に関しては正の有意な相関が、「(4) 施策意見の相違」(r=-.111, p<.01) に関しては負の相関が認められる。

5 都道府県教委の学力政策の学校の教職員への伝達度

都道府県教委の学力政策が学校にどの程度浸透しているかを探るため、「(Q8) 貴殿は、都道府県教委の学力政策の内容と方針は、学校の教職員に十分に伝えられていると思われますか」と問うたところ、図4-3に示されるように、教育長765人のうち、1人 (0.1%) が「1. 全くそう思わない」、44人 (5.8%) が「2. あまりそう思わない」、174人 (22.7%) が「3. どちらともいえない」、479人 (62.6%) が「4. かなりそう思う」、そして62人 (8.1%) が「5. 全くそう思う」と回答した (無回答者5人〈0.7%〉)。このように、約7割の市町村教育長は都道府県教委の学力政策の内容等が学校の教職員に伝わっていると認識している。しかし、一方で約3割の教育長は態度保留ないし否定的な認識を示しており、都道府県の学力政策が学校の教職員に必ずしも十分に伝わっていない実態もうかがえる。

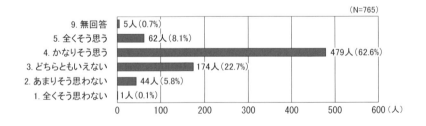

図4-3 都道府県教委の学力政策の学校教職員への伝達度

なお、都道府県教委の学力政策の学校への伝達度と子どもの学力との関係を検討すると、両者の間には統計的に有意な正の相関があり、都道府県教委の学力政策の内容と方針が学校の教職員に十分に伝えられていると認識する自治体の教育委員会ほど、子どもの学力の成績は高い（r=.159, p<.01）。一方、都道府県教委の学力政策に関しての学校の教職員への伝達度と自治体の人口規模との間には統計的に有意な関係は認められない。

⑥ 市町村教委の学力政策に対する教職員の理解度

市町村教委の学力政策が学校の教職員にどの程度理解されているかを検討するため、「（Q14）貴殿は、貴教育委員会の学力政策の内容と方針は、教職員によって十分に理解されていると思われますか」の質問をしたところ、**図4-4**に示されるように、教育長765人のうち、1人（0.1％）が「1. 全くそう思わない」、32人（4.2％）が「2. あまりそう思わない」、170人（22.2％）が「3. どちらともいえない」、496人（64.8％）が「4. かなりそう思う」、そして59人（7.7％）が「5. 全くそう思う」と回答した（無回答者7人〈0.9％〉）。

このように、7割以上の教育長は、市町村教委の学力政策の内容と方針が学校の教職員によって理解されていると認識していることになる。ただ、3割近くの教育長は「学校の教職員によって理解されている」ことを実感していないのも事実である。

なお、市町村教委の学力政策に関する教職員の理解度と子どもの学力との間

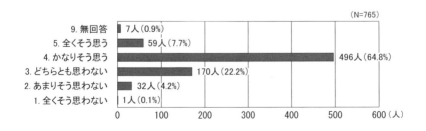

図4-4　市町村教委の学力政策に対する教職員の理解度

には有意な正の相関があり、市町村教委の学力政策に対する教職員の理解度が高い自治体の教育委員会ほど、子どもの学力が高い（r=161, p<.01）。また市町村教委の学力政策に対する教職員の理解度と自治体の人口規模との間にも正の相関が認められる（r=117, p<.01）。

7 国の「全国学力・学習状況調査」の有効性

国の学力調査の有効性について探るため、「（Q15）貴殿は、国の実施している『全国学力・学習状況調査』は、貴自治体の子どもの学力向上を図るうえで、有益な情報を提供していると思われますか」の質問をしたところ、**図4-5**に示されるように、教育長765人のうち、4人（0.5％）が「1. 全くそう思わない」、30人（3.9％）が「2. あまりそう思わない」、140人（18.3％）が「3. どちらとも思わない」、490人（64.1％）が「4. かなりそう思う」、そして93人（12.2％）が「5. 全くそう思う」と回答した（無回答者8人〈1.0％〉）。このように、76％の教育長が国の行う「全国学力・学習状況調査」の情報を有益であると肯定的に評価している。

さらに、国の学力調査が有益でない（「1. 全くそう思わない」・「2. あまりそう思わない」）と回答した教育長にその理由を尋ねたところ、「学力の低い子どもの学習状況調査の原因や解決策がない」「国、算の点数が伸びたら学力向上といえるのか」「弊害が多いので、全国学力テストは廃止すべきである」「公表結果の順位のみが先行し、一人歩きしている」「結果を分析しても、改善するための施策（人員増など）がない」「自村で実施している学力調査により学力の状

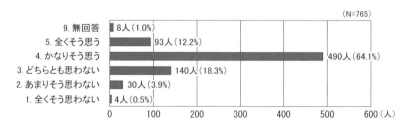

図4-5　国の「学力調査・学習状況調査」の有効性

第4章 市町村教育委員会の学力政策 (1)

況は把握できるので、調査そのものは止めたがよい」「結局、学校間、自治体間の正答率（数字）に振り回されている状況がある」「高校入試と関連づけて、この調査が悪用される」「毎年度実施する必要はない。改善のための時間と費用が必要」「一部の教科だから」「各校が標準学力テストや独自のテストにより児童の実態把握をしている」「毎年行うのであれば、特定の学年にとどまらず、経年変化のわかるテスト（特定した学年を数回実施）も必要」「全国学力テストの数値の公表は必要ない」「特定の学年の特定の科目のみなので、あまり意味がない。もっと範囲を広げるべきである」などを挙げている。

なお、国の学力調査の情報としての有効性と子どもの学力ないし人口規模との間には、ともに有意な正の相関が認められる。すなわち、国の学力調査の有効性を高く評価している自治体の教育委員会ほど、自治体の子どもの学力は高いとともに（r=.122, p<.01）、人口規模の大きい自治体の教育委員会ほど、国の学力調査の有効性を高く評価している（r=.169, p<.01）。

8 都道府県実施の学力調査の有効性

都道府県が実施している学力調査の有効性を探るために、「（Q16）貴殿は、都道府県が独自に実施している『学力調査』が、貴自治体の子どもの学力向上を図るうえで、有益な情報を提供していると思われますか」と質問したところ、**図4-6**に示されるように、教育長765人のうち、3人（0.4％）が「1. 全くそう思わない」、19人（2.5％）が「2. あまりそう思わない」、91人（11.9％）が「3. どちらとも思わない」、381人（49.8％）が「4. かなりそう思う」、79人

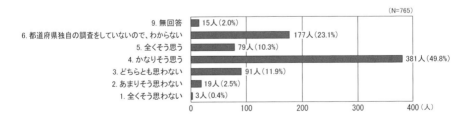

図4-6 都道府県実施の学力調査の有効性

（10.3％）が「5. 全くそう思う」、そして177人（23.1％）が「6. 都道府県独自の調査をしていないので、わからない」と回答した（無回答者15人〈2.0％〉）。

このように、都道府県独自の学力調査のある市町村の教育長588人のうち460人（78.2％）が都道府県の学力調査の有効性を認めている。なお、都道府県の学力調査の有効性と自治体の人口規模及び子どもの学力との間にはともに有意な関係は認められない。

9 都道府県教委と市町村教委間の学力政策をめぐる方針等の一致度

都道府県教委と市町村教委間の学力政策をめぐる方針等が一致しているかを探るため、「(Q4) 貴殿は、都道府県教委─市町村教委間で学力政策をめぐる方針や考え方は、一致していると思われますか」と尋ねたところ、**図4-7**に示されるように、教育長765人のうち、8人（1.0％）が「1. 全く一致していない」、42人（5.5％）が「2. あまり一致していない」、130人（17.0％）が「3. どちらともいえない」、468人（61.2％）が「4. かなり一致している」、そして110人（14.4％）が「5. 全く一致している」と回答した（無回答者7人〈0.9％〉）。

このように、約7割強の市町村教育長は、学力政策の方針や考え方は、都道府県教委─市町村教委間で一致していると認識している。

なお、都道府県教委と市町村教委間の学力政策をめぐる方針や考え方の一致度と、子どもの学力・自治体の人口規模との関係を検討したところ、両者間にはともに統計的に有意な関係が認められる。すなわち、都道府県教委と市町村教委間の方針や考え方が一致していると認識する自治体の教育委員会ほど、子

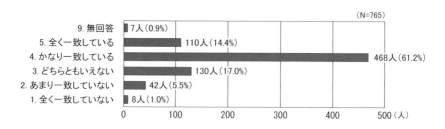

図4-7　都道府県教委と市町村教委間の学力政策をめぐる方針等の一致度

どもの学力が高く (r=.109, p<.01)、また人口規模の大きい自治体の教育委員会ほど、都道府県教委と市町村教委間の方針等の一致度は高いと認識している (r=.133, p<.01)。

10 市町村教委―首長（部局）間の学力政策をめぐる方針等の一致度

市町村教委と首長（部局）間の学力政策をめぐる方針等の違いを探るため、「(Q5) 貴殿は、学力政策に関して、貴教育委員会と首長（部局）との間で方針（考え方）は、一致していると思われますか」と質問したところ、図4-8に示されるように、教育長765人のうち、11人 (1.4%) が「1. 全く一致していない」、9人 (1.2%) が「2. あまりそう思わない」、71人 (9.3%) が「3. どちらともいえない」、433人 (56.6%) が「4. かなりそう思う」、そして236人 (30.8%) が「5. 全くそう思う」と回答した（無回答者5人〈0.7%〉）。このように、圧倒的多数 (87%) の市町村教育長が市町村教委と首長（部局）間の学力政策をめぐる方針等は一致していると認識している。

なお、市町村教委と首長（部局）間の方針の一致度と自治体の人口規模との間には統計的に有意な関係はみられないものの、市町村教委と首長（部局）間の学力政策をめぐる方針等の一致度と子どもの学力との間には正の有意な相関が認められる (r=.115, p<.01)。すなわち、市町村教委と首長（部局）間の政策の一致度が高いと認識する教育委員会（自治体）ほど、子どもの学力は高い。

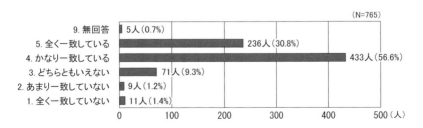

図4-8 市町村教委―首長（部局）間の学力政策をめぐる方針等の一致度

⑪ 教育委員会会議での教育委員への事前の資料提供

　教育委員会会議で学力向上策の実質的審議を行う態勢が整っているかを探るため、「(Q17) 貴殿は、教育委員会会議で学力向上策を議論する際には、予め教育委員には必要な資料や情報を提供されておりますか」と尋ねたところ、教育長765人のうち、25人（3.3%）が「1. 全くそうしていない」、59人（7.7%）が「2. あまりそうしていない」、124人（16.2%）が「3. どちらともいえない」、380人（49.7%）が「4. かなりそうしている」、そして169人（22.1%）が「5. 全くそうしている」と回答した（無回答者8人〈1.0%〉）。約7割強の教育長が学力向上策を議論する際に事前に教育委員に資料を提供していることになる。

　なお、教育委員会への事前資料・情報の提供と自治体の人口規模との間には統計的に正の相関が認められ（r=.189, p<.01）、人口規模の大きい自治体の教育委員会ほど、教育委員への事前資料配付に努めている。他方、教育委員への事前資料配付と子どもの学力との間には統計的に有意な関係は認められない。

⑫ 都道府県教育委員会の市町村教育委員会に対する学力政策の姿勢

　都道府県教育委員会が市町村教育委員会に対して学力政策に関してどのような姿勢で臨んでいるかを探るため、「(Q9) 都道府県教育委員会は、学力政策に関して明確な方針や細かい指示を出すというより、どちらかというと貴市町村教委の自主性に任せているほうですか」と質問したところ、教育長765人のうち、133人（17.4%）が「(1) どちらかというと市町村教委の自主性に任せている」、233人（30.5%）が「(2) どちらともいえない」、そして393人（51.4%）が「(3) どちらかというと市町村教委に明確な方針や指示を出している」と回答した（無回答者6人〈0.8%〉）。

　このように、学力政策に関して市町村教委に明確な方針や細かい指示を出している都道府県教育委員会は約半数あることがわかる。なお、学力政策に関する都道府県教委の市町村教委に対する姿勢と市町村教委の学力政策の効果性（Q30）との関係を検討したところ、都道府県教委が明確に市町村教委に方針や指示を出していると認識している市町村教委がその学力政策の効果性が最も高

第4章　市町村教育委員会の学力政策 (1)

く、次に「どちらともいえない」と回答した市町村教委が高く、最も学力政策の効果性が低かったのは、市町村教委の自主性に任せていると回答した自治体であった（x^2=9.520, df=4, p<.05, 分割表省略）。今後さらなる検討を必要とするが、政策レベルの効果性をみるかぎり、都道府県教委の明確な方針等が示されるほうが、市町村教委の学力政策の効果性が高まることが示唆される。なお、都道府県教委の市町村教委に対する姿勢と子どもの学力（Q22）との間には統計的に有意な関係は認められないほか、都道府県教委の市町村教委に対する姿勢と自治体の人口規模との間にも統計的に有意な関係は認められない。

IV. 総　　括

　以上、市町村教育長が、地方教育行政の責任者の立場から、市町村教育委員会の学力政策をどのように捉え、実施しているのかについて検討してきた。最後に、本調査で明らかになったことを総括して、結びとしたい。

　第一に、Ⅲ-2-①で検討したように、市町村教育委員会は、学力向上のために、家庭への指導や生徒指導や教員研修の充実のみならず、「小中連携の強化」「保幼小連携の推進」など、子どもの学力向上（形成）とその基盤整備のために多様な取り組みを行っていることが看取できる。そこには、学力問題を目先の問題として捉えず、多面的かつ長期的視点から対応しようとする姿勢がうかがえる。すなわち、多くの教育委員会では、政策面から、学力問題を狭く解することなく、子どもの成長という視点から学力向上策を捉え、子どもの学力向上とその基盤整備に努めようとしている。ただし、教育委員会（約2割）によっては、学力向上とその基盤整備のための施策を十分に展開できていないところがあること、またそのような教育委員会は小規模の自治体においてみられる傾向があることなどを指摘できる。

　第二に、Ⅲ-2-②で検討したように、市町村教育長の意識調査からみるかぎり、市町村教育委員会の一連の学力向上策が学校や保護者や教育委員会に対して肯定的な影響（効果）を及ぼしていることがわかる。すなわち、市町村

123

教育委員会の一連の学力向上策によって、「(4) 教職員の授業改善への取り組みが積極的になった」(83.7%)、「(14) 教職員が教育課題に組織的、計画的に取り組むようになった」(73%)、「(5) 教職員が自分の学校の教育責任を自覚するようになった」(65.0%)、「(6) 子どもの授業への取り組みがより積極的になった」(64.7%) など、教職員の教育への取り組みに好影響を与えていると受け取られている。その一方で、「(9) 教職員間の絆やつながりが希薄となった」(1.6%)、「(1) 一部の教科のみが重視されるようになった」(10.0%)、「(7) 学力や学習意欲の高い子、低い子の差が大きくなった」(14.9%) など、学力向上策の悪影響の面については、市町村教育長はあまり問題視していないようである。このほか、「(10) 市町村教委と学校の連携・協力の重要性が増してきた」(84.5%)、「(12) 家庭や地域社会との連携・協力の重要性が強く意識されるようになった」(80.3%)、「(16) 教育委員会の指導行政の重要性がさらに高まった」(68.6%)、「(18) 都道府県教委と市町村教委が連携・協力して一体的に学力施策を展開することの重要性が認識されるようになった」(64.2%) など、今後の教育行政の在り方にかかわって重要な認識も示されている。このように、市町村教育長は、全体として当該の教育委員会の学力向上策の影響（効果）を肯定的に捉えているように思われる。なお、人口規模の大きい自治体の教育長ほど、市町村教育委員会の実施する一連の学力向上策をより肯定的に評価する傾向が認められる。

　第三に、市町村教育委員会の会議は、学力政策の展開過程において一定程度の役割を果たしているものの、その政策形成機能をより高めるためには、まだ改善の余地があると考えられる。Ⅲ-2-③で検討したように、教育委員は、「(5) 学力向上策を議論する際、教育委員の発言や意見は非常に参考になる」(70.0%) と指摘されるように、施策の練り上げの面では特に大きな役割を果たしている。また「(9) 教育委員による学力向上策の評価に関する議論は、次年度の事業計画の策定に十分に生かされている」(56.2%)、「(2) 教育委員は、地域住民や保護者の意見や要望を十分に踏まえて、学力向上策を検討している」(54.9%)、「(6) 教育委員は、学力問題について実態把握や新しい情報入手のため、積極的に学校訪問や保護者との対話を行っている」(52.1%) 等の、いわゆる審議過程における評価活動、住民や保護者の要望などの施策面への反映、そ

して実態把握や新しい情報入手活動面でも、ある一定程度の役割を果たしているといえる。教育委員会の政策過程を、かりに㋑課題設定（質問項目①、②、⑧）→㋺政策立案（③、⑤、⑥、）→㋩政策決定（④）→㋥政策実施→㋭政策評価（⑦、⑨）のプロセスとしてみた場合、㋥の政策実施のプロセスを除いて、教育委員は、全体として一定程度の役割を果たしていると考えられるものの、特に㋩の政策決定のプロセス（④）では必ずしも十分な役割を果たしているとは言い難い。学力向上の政策過程をみるかぎり、教育委員の政策形成への積極的関与の観点からみた場合まだ改善の余地はありそうである。なお、教育委員の役割と自治体の人口規模との間には、すべての項目において正の相関が認められ、自治体の人口規模の大きい教育委員会ほど、総じて教育委員の役割活動は活発である。

　第四に、教育委員会（教育長）と首長（部局）との関係についてである。Ⅲ-2-④で自治体の長の学力政策に対する姿勢がどうかを探ったところ、多くの首長は、概して教育委員会の学力向上策に大きな関心をもち（約8割）、教育長と意見交換し（約7割）、それに理解を示していること（約8割）がうかがえる。特に、人口規模の大きい自治体の教育委員会ほど、その傾向が強い。学力向上策に対する首長の姿勢と子どもの学力との間にも正の相関（項目①、②、③）または負の相関（④）が認められる。また、Ⅲ-2-⑩で検討したように、9割近くの市町村教育長は、学力政策の方針（考え方）が首長と一致していると認識しており、ここには、総じて首長と連携・協力しながら学力政策を推進していこうとする教育委員会の姿勢がうかがえる。市町村教委と首長（部局）間の政策の一致度が高いと認識する教育委員会（自治体）ほど、子どもの学力が高いことは注目される。

　第五に、学力政策をめぐる都道府県教委と市町村教委の関係についてである。Ⅲ-2-⑤で都道府県教委及び市町村教委の学力政策がどの程度学校教職員に浸透しているかについて検討したが、約7割の市町村教育長は都道府県教委の学力政策の内容と方針が学校の教職員に十分に伝えられていると認識しているとともに（ただし、その一方で約3割の教育長はそう認識していない）、都道府県教委の学力政策の内容等が公立小学校の教職員に十分に伝えられている市町村教育委員会ほど、所管の子どもの学力の成績は高い。また、市町村教委の学

力政策の内容と方針に関しては、7割以上の市町村教育長が学校の教職員に十分に理解されていると認識しているとともに（ただし、これも3割近くの教育長はそう認識していない）、この市町村教委の学力政策に対する教職員の理解度が高いほど、公立小学校の子どもの学力は高い（Ⅲ-2-⑥参照）。

　加えて、7割以上の市町村教育長は、学力政策をめぐる方針や考え方が都道府県教委―市町村教委間で一致していると認識しているとともに、都道府県教委と市町村教委間で学力政策の方針や考え方が一致している市町村教委ほど、子どもの学力が高い傾向にある（Ⅲ-2-⑨で検討）。

　このようにみると、学力向上を図るうえで、都道府県教委や市町村教委の学力政策の内容や方針が学校の教職員に正確に伝達され、理解されることや、都道府県教委と市町村教委との間で学力政策めぐる方針等の不一致が存在しないことが重要である。しかし、依然として約3割の市町村教育委員会において、都道府県教委及び市町村教委の学力政策が十分に学校に伝達・理解されていない現状があるほか、両者の間に政策の不一致も一部に認められる。都道府県教委と市町村教委間の連絡調整（意思疎通）をしっかり図っていくことも今後の課題といえそうである。

　また、市町村教委の学力政策の影響内容（Ⅲ-2-②参照）の検討からもわかるように、教育委員会（教育長）と首長部局間、都道府県教委と市町村教委間の連携・協力の促進は、今後の地方教育行政の大きな課題の一つになるといえよう。次章では、本章で取り上げた諸要因（変数）が子どもの学力等にどのような影響を及ぼすかを検討する。なお、本研究は、平成24度―平成26年度科学研究費基盤研究（C）課題番号（24531008）の一部を使っている。

注

(1) 例えば、苅谷剛彦『学力と階層―教育の綻びをどう修正するか―』（朝日新聞出版、2008年）、山崎博敏編著『学力を高める「朝の読書」――一日10分が奇跡を起こす 検証された学習効果―』（メディアパル、2008年）、志水宏吉編著『「力のある学校」の探究』（大阪大学出版会、2009年）、苅谷剛彦『教育と平等―大衆教育社会はいかに生成したか―』（中央公論新社、2009年）、志水宏吉・高田一宏編著『学力政策の比較社会学〈国内編〉―全国学力テストは都道府県に何をもたらしたか―』（明石書店、2012年）、志水宏吉・伊佐

夏実・知念渉・芝野淳一『調査報告 「学力格差」の実態』（岩波書店、2014年）、中室牧子『「学力」の経済学』（ディスカヴァー・トゥエンティワン、2015年）などがある。なお、より詳細な文献リビューは第5章で行っている。

(2) この質問は、「(Q30) 貴殿は、貴教育委員会の学力向上策（事業）は、全体として効果を上げていると思われますか」の質問に5段階評価で回答を求めている。

(3) Ⅲ-2-③の（Q12）とⅢ-2-④の（Q13）においても、肯定的評価を同様の方法で処理している。

(4) 両者の相関係数は、以下のとおりである。「(1) 学力問題に関して会議で何を検討すべきか（議題、検討課題）についてよく提案する」（r=.199, p<.01）、「(2) 地域住民や保護者の意見や要望を十分に踏まえて、学力向上策を検討している」（r=.198, p<.01）、「(3) 学力向上策を検討する際、新しい案やアイデアを積極的に提案する」（r=.199, p<.01）、「(4) 事務局の提案する学力向上策が修正されることがある」（r=.138, p<.01）、「(5) 学力向上策を議論する際、教育委員の発言や意見は非常に参考になる」（r=.224, p<.224）、「(6) 学力問題について実態把握や新しい情報入手のため、積極的に学校訪問や保護者との対話を行っている」（r=.240, p<.01）、「(7) 学力向上の施策実施後の事業評価に積極的に関わっている」（r=.237, p<.01）、「(8) 学力問題について意見交換するため、首長との対話（話し合い）に臨んでいる」（r=.215, p<.01）、そして「(9) 学力向上策の評価に関する議論は、次年度の事業計画の策定に十分に生かされている」（r=.248, p<.01）。

第5章

市町村教育委員会の学力政策 (2)

— 子どもの学力を規定する要因の分析を中心にして —

I. はじめに

　現在、学力問題は地方教育行政の大きな政策課題の一つとなっている。市町村教育委員会や都道府県教育委員会がどのように学力政策を樹立し、実施し、評価し、その政策効果をあげようとしているのか、その実態や課題とともに、子どもの学力を規定する要因を明らかにすることは、今後の学力政策の在り方を探るうえで極めて重要である。

　全国学力・学習状況調査は、2007（平成19）年4月に文部科学省によって悉皆方式で実施され、その目的は、全国的な児童生徒の学力や学習状況を把握するとともに、教育に継続的な検証改善サイクル（PDCAサイクル）を確立することによって、子どもの学習改善と教育施策の改善に資することにあったとされる。学力政策は、以後、地方教育行政レベルにおいて重要な政策課題の一つとして注目されるようになる。

　ところで、これまで学力政策の面から注目される研究は多くある。例えば、青木栄一の研究（2006年）は、国の「全国学力・学習状況調査」が実施される前の、地方自治体（都道府県、市町村）の学力政策の現状や背景について詳しく論じている [1]。苅谷剛彦の研究（2008年）は、1989（平成元）年と2001（平成13）年の学力調査のデータを比較検討し、家庭的背景（基本的生活習慣）が子どもの学力に及ぼす影響は2001年において強まっていることなどを明らかにしている [2]。山崎博敏らの研究（2008年）は、児童生徒の学力にどのような要因が影響を与えているかを分析し、「授業方法」（朝の読書の実施など）、「帰宅後の学習」（学校の宿題をきちんと行うこと）、「家庭生活」（毎日朝食をとることなど）、そして「授業態度」（授業中ノートをとることなど）が学力に影響を与えていることを指摘している [3]。志水宏吉らの研究（2009年）では、①社会的経済的背景（学校背景）が学力に大きな影響を与えていること、とりわけ中学校ではその傾向が強いため、学校の取り組みの効果は現れにくいこと、一方、②小学校では、とりわけ厳しい地域にある小学校においては、学校の様々な学力向上の積極的取り組みが学力の成果に結びついていること、そして③学校と家庭・地域

の信頼・協力関係（社会関係資本）が学力形成や教育達成に影響することなどを指摘している[4]。苅谷剛彦（2009年）は、1960年代と2007年の都道府県別の学力調査の成績を比較検討し、①1960年代の学力調査のほうが、都道府県間での学力テストの平均点のばらつきが大きいこと、②1960年代には、都道府県の教育財政の多寡が子どもの学力の平均点に影響を及ぼしていたが、2007年においては、財政力や1人当たり県民所得や児童生徒1人当たり教育費といった要因と平均回答率との間にはほとんど有意な関係はみられなくなったことなどを明らかにしている[5]。志水宏吉・高田一宏らの研究（2012年）は、子どもの学力に「通塾」や「親の経済力」や「（子どもを取り巻く）社会関係資本」が影響を与えることを指摘するとともに、都道府県の平均正答（1964年と2007年）を変数とするクラスター分析から、3つの都道府県グループの特徴を描き出している。すなわち、良好グループの自治体では、①比較的小規模の自治体で、県の方針が浸透しやすく、知事部局との関係も円滑であること、②学校に対する地域・家庭の信頼や地域のつながりが豊かであること、③県・市町村・学校の関係の対立やコンフリクトがほとんどみられないこと、④熱心な授業研究や教科指導がみられること、⑤教員の高い勤勉性とそれを促進する教育委員会の存在があること、安定グループの自治体では、①学力向上問題は特別に重視されるのではなく、大きな教育目標の中の重要なピースの一つとして位置づけられていること、②県教委―市町村教委―学校の関係が概ね良好であること、そして不振グループでは、①「金を出すが口も出す」という府県の主導のもとに学力向上施策が展開され、市町村や学校に対するインパクトは非常に大きいこと、②生活の不安定さと生徒指導上の課題があることなどを明らかにしている[6]。志水・伊佐らの研究（2014年）は、1989年と2001年と2013（平成25）年の学力調査の結果を比較検討し、①2001年から2013年にかけて子どもの基礎学力は弱いV字回復傾向にあること、②学力の影響力が唯一着実に増しているのが、「学習習慣」であること、そして③学力の規定要因と考えられる「経済資本」、「文化資本」、「社会関係資本」のうち、特に「文化資本」と「経済資本」が子どもの学力に強い影響を与えていること、などを明らかにするとともに、学力の改善には「学校の力」だけでは限界があると指摘している[7]。中室牧子（2015年）は、教育経済学の立場から、国内外の研究を検討し

た結果、①少人数学級は、習熟度別学級などの他の政策と比べると、費用対効果が低い政策であること、②家庭の資源（親の年収・学歴や家族構成など）と学校の資源（教員の数や質、課外活動や宿題など）を比べた場合、家庭の資源が子どもの学力に大きな影響を与える一方、学校の資源は子どもの学力にほとんど統計的に有意な影響を与えていないことを指摘している[8]。

　これらの研究は、地方自治体の学力政策の実態分析や子どもの学力の経年的変化とその特徴の分析のほか、子どもの学力を規定する要因の分析を中心に行われている。ただ、子どもの学力を規定する要因分析の場合、家庭や住民特性要因のみならず、学校の組織特性や教育委員会事務局の組織特性などの諸要因までも取り上げ、多面的に子どもの学力の規定要因の分析を行っている研究はほとんどないようである。

　そこで本研究では、これら先行研究を踏まえつつ、教育政策学・組織論の立場から、①市町村教育委員会が子どもの学力向上のためにどのような取り組みをしているのか、その実態や影響（効果）や課題を明らかにするとともに、②市町村の子どもの学力を規定する要因とは何かを、教育委員会事務局の組織特性や学校組織特性等の諸要因をも踏まえながら検討することとする。ただし、前者①については、すでに第4章で検討しているので[9]、本章では、後者②の子どもの学力を規定する要因について考察する。

Ⅱ．調査方法

① 分析枠組

　本研究は、上述のように、市町村教育委員会が学力政策をどのように行ってきたのか、その実態やその影響（効果）や今後の政策課題を明らかにするとともに、市町村の子どもの学力を規定する要因の析出を試みるものである。市町村教育委員会の学力政策を分析するにあたっては、先行研究や教育政策学・組織論の知見を踏まえて、**図5-1**に示されるように、子どもの学力に影響を与

第5章　市町村教育委員会の学力政策 (2)

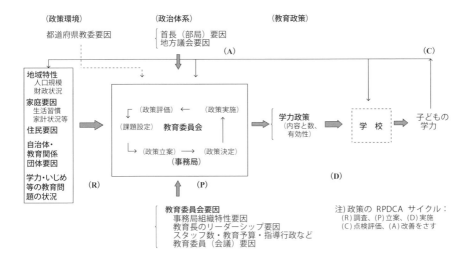

図5-1　市町村教育委員会の学力政策過程

える主な要因として、①地域特性（人口規模、財政状況等）、②教育委員会要因（事務局組織特性、教育委員〈会〉、教育長のリーダーシップ要因等）、③首長・地方議会要因、④家庭特性要因、⑤住民特性要因、そして⑥学校要因（学校組織特性など）などを想定し、市町村教育委員会の学力政策の実態（内容）や影響（効果）や規定要因及び今後の課題について考察する。したがって、本研究の主な検討課題は、以下のようになる。

①市町村教育委員会は学力政策をどのように実施しているのか、その実態と学校等への影響（効果）や今後の政策課題とは何か。
②市町村の子どもの学力を規定する要因とは何か。教育委員会事務局の組織特性か、首長・地方議会特性か、家庭特性か、住民特性か、あるいは学校組織特性か。
③併せて、自治体の人口規模は市町村教育委員会の学力政策や行政活動にどのような影響を与えているか。本章では、②と③を中心に検討する。

② 調査対象

調査対象は、全国市町村の教育長 1630 人であり、有効回答者数は 765 人で、有効回収率は 46.9％ である。回答者の性別は男性 94.6％（724 人）、女性 3.1％（24 人）、無回答者 2.2％（17 人）で、年齢別の割合は、46－49 歳 0.1％（1 人）、50－54 歳 1.4％（11 人）、55－59 歳 8.8％（67 人）、60－64 歳 44.6％（341 人）、65－69 歳 31.2％（239 人）、70 歳以上 10.2％（78 人）、無回答者 3.7％（28 人）である。教育長の勤務年数（通算）の割合は、1 年未満 11.5％（88 人）、1 年以上－2 年未満 15.7％（120 人）、2 年以上－4 年未満 28.6％（219 人）、4 年以上－6 年未満 18.4％（141 人）、6 年以上－8 年未満 12.9％（99 人）、8 年以上－10 年未満 45人（5.9％）、10 年以上－12 年未満 25 人（3.3％）、12 年以上 1.6％（12 人）、そして無回答者 2.1％（16 人）である。また、自治体の人口規模別の割合は、5000人未満 14.5％（111 人）、5000 人以上－1 万人未満 16.5 ％（126 人）、1 万人以上－3 万人未満 27.1％（207 人）、3 万人以上－5 万人未満 12.4％（95 人）、5 万人以上－10 万人未満 15.3％（117 人）、10 万人以上－20 万人未満 7.1％（54 人）、20万人以上－30 万人未満 2.7％（21 人）、30 万人以上 2.9％（22 人）、そして無回答1.6％（12 人）である。

③ 調査期間

2015（平成 27）年 1 月中旬～2 月上旬。

④ 調査手続

市町村教育長への質問紙調査を通して、市町村教育委員会の学力政策の実態や今後の政策課題及び子どもの学力の規定要因等を明らかにするため、①市町村教育委員会の学力政策の実態（18 項目）、②子どもの学力の向上に影響を与える要因（小学校組織特性、家庭特性、教育委員会組織特性など）（11 項目）、③子どもの学力の指標（平成 26 年度「学力調査・学習状況調査」の「小学校国語 B の成績やその過去 3 年間の成績の改善傾向」）（2 項目）、そして④教育長の個人属性（年齢、

第5章　市町村教育委員会の学力政策 (2)

勤務年数、性別）（3項目）にかかわる合計 34 項目からなる「教育委員会の学力政策に関する全国調査」を作成し、郵送法で調査を実施した。調査対象 1630人の市町村教育長は、文部科学省『全国教育委員会一覧』（文教協会、2014 年 10月）を活用し、約 1700 人の教育長の中から無作為で抽出された（東京都 23 区及び学校組合等を除く）。

III. 結果及び考察

1. 子どもの学力とそれを規定する要因

　本項では、まず、子どもの学力（「(Q22) 小学校国語 B の成績（平均正答率）」）と、それを規定すると思われる「小学校組織特性」、「家庭特性」、「住民特性」、「教育委員会事務局の組織特性」などの諸要因（変数）の内容について検討する。

① 「全国学力・学習状況調査」の「小学校国語 B」にみる子どもの学力

　まず、各自治体の子どもの学力の状況を明らかにするため、「(Q22) 平成 26 年度貴教育委員会の『全国学力・学習状況調査』の『小学校国語 B』の成績（平均正答率）は、次のどれに該当するでしょうか。もし差し支えなければ、次の中から該当するものを一つ選び○印をお付け下さい」と回答を求めたところ、**図 5-2** に示されるとおり、教育長 765 人のうち、283 人（37.0%）が「(1) 全国平均より下」、181 人（23.7%）が「(2) ほぼ全国平均」、そして 247 人（32.3%）が「(3) 全国平均より上」と回答した（無回答者 54 人〈7.1%〉）。なお、子どもの学力と自治体の人口規模との間には正の相関（ピアソン相関係数、以下同じ）があり（r=.102, p<.01）、人口規模が大きいほど、子どもの学力は高い。

135

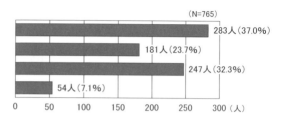

図5-2 各自治体の子どもの「小学校国語Bの成績」

② 小学校の組織特性

　市町村教育委員会所管の小学校の組織特性（組織健康）(10)がどうであるかを探るため、「(Q1) 貴殿は、全体の印象として、小学校の組織状況についてどのように感じておられますか。次の (1) ～ (18) の学校の組織状況（項目）について、貴殿がどのように感じておられるか、最も当てはまる選択肢の番号に○印をお付け下さい」と5段階評価で回答を求めたところ、**図5-3**に示されるように、教育長765人のうち、684人（89.4%）が「(1) 学力向上のため、教職員は、チームワークで対応しようとしている」、713人（93.2%）が「(2) 生徒指導をきちんと行っている」、671人（87.7%）が「(3) 保護者や地域住民との交流が盛んである」、697人（91.2%）が「(4) 授業改善のために、教師は、校内研修に積極的に取り組んでいる」、659人（86.1%）が「(5) 学校は授業規律が確立している」、697人（91.1%）が「(6) 子どもたちは落ち着いて授業に取り組んでいる」、630人（82.3%）が「(7) 学校の教師たちには、学び合う姿勢が見られる」、617人（80.7%）が「(8) 学校目標や校長の経営方針が教職員間に浸透している」、692人（90.5%）が「(9) 問題が起こると速やかに対策が講じられる」、623人（81.4%）が「(10) いざというとき保護者や地域住民から直ぐに支援や協力を得られる」、556人（72.7%）が「(11) 朝学習などの学習支援を実施している」、270人（35.3%）が「(12) 教師は、教科別自主研修会に参加している」、579人（75.7%）が「(13) 事実とデータに基づいて学校教育の成果を検証している」、658人（86.1%）が「(14) 特色ある学校づくりを展開している」、596人（77.9%）が「(15) 教職員間のコミュニケーションは活発である」

第5章 市町村教育委員会の学力政策（2）

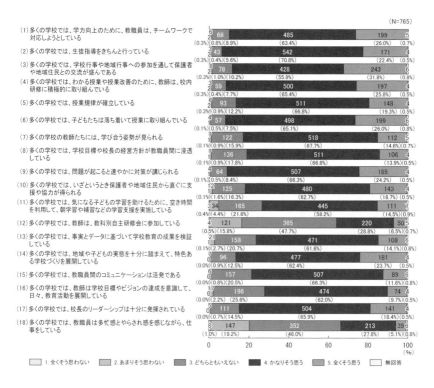

図5-3　小学校の組織特性（組織健康）

（無回答者6人〈0.8％〉）、548人（71.7％）が「(16) 教師は学校目標やビジョンを意識して、日々、教育活動を展開している」（無回答者4人〈0.5％〉）、645人（84.3％）が「(17) 校長のリーダーシップは十分に発揮されている」（無回答者4人〈0.5％〉）、252人（32.9％）が「(18) 教職員は多忙感とやらされ感を感じながら、仕事をしている」（無回答者6人〈0.8％〉）とそれぞれ回答した（百分率は、「4. かなりそう思う」と「5. 全くそう思う」に回答した肯定的評価の割合をさす。以下同じ）。

　このように、市町村教育長は、「(2) 生徒指導をきちんと行っている」（93.2％）、「(4) 授業改善のために、教師は、校内研修に積極的に取り組んでいる」（91.2％）、「(9) 問題が起こると速やかに対策が講じられる」（90.5％）など

137

の項目を中心に、全般的に所管の小学校の組織特性を高く評価しているように思われる。

　次に、小学校の組織特性と自治体の人口規模との関係を検討したところ、「①チームワークで対応」（r=.084, p<.05）、「⑫教科別自主研修会への参加」（r=.078, p<.05）、「⑬事実とデータに基づく検証」（r=.153, p<.01）、「⑭特色ある学校づくり」（r=.097, p<.01）、「⑮教職員間のコミュニケーションの活発化」（r=.086, p<.05）、「⑯学校目標等を意識しての教育活動の展開」（r=.112, p<.01）との間には正の有意な相関が認められた。また、小学校の組織特性と子どもの学力との関係を検討したところ、「①チームワークで対応」（r=.104, p<.01）、「④校内研修の積極性」（r=.113, p<.01）、「⑤授業規律の確立」（r=.112, p<.01）、「⑥子どもの落ち着き度」（r=.118, p<.01）、「⑦教師の学び合う姿勢」（r=.115, p<.01）、「⑧学校目標等の浸透」（r=.156, p<.01）、「⑫教科別自主研修会への参加」（r=.092, p<.05）、「⑬事実とデータに基づく検証」（r=.206, p<.01）、「⑭特色ある学校づくり」（r=.138, p<.01）、「⑮教職員間のコミュニケーションの活発化」（r=.119, p<.01）、「⑯学校目標等を意識しての教育活動の展開」（r=.163, p<.01）、「⑰校長のリーダーシップの発揮」（r=.114, p<.01）、「⑱教職員の多忙感等」（r=-.105, p<.01）との間には有意な相関が認められ、とりわけ「⑬事実とデータに基づく検証」は、子どもの学力との相関が高い。

　ところで、次項で、この小学校組織特性が、他の要因とともに、子どもの学力「（Q22）小学校国語Bの成績（平均正答率）」にどのような影響を及ぼすかを検討するため、公立小学校の組織特性を表す18の変数に主成分分析を施し、合成変数を作成した。その結果、**表5-1**に示されるように、第1主成分（固有値7.714、寄与率〈分散〉42.856％）と第2主成分（固有値1.261、寄与率7.008％）の2つを検出したが、成分行列をみると、各変数のもつ第1主成分への負荷量（-.295～.802）は高く、他方、各変数の第2主成分への負荷量（-.126～.452）がいずれも小さく、解釈も困難であることから、第1主成分をもって、公立小学校組織の活動の活性度・健全性を表す「小学校の組織健康」の合成変数とした。主成分負荷量からみて、第1主成分に最も強い関係を示しているのは「⑦教師の学び合う姿勢」（.802）や「⑧学校目標等の浸透」（.760）や「⑯学校目標等を意識しての教育活動の展開」（.721）であることがわかる。なお、「小学校の組

第5章　市町村教育委員会の学力政策 (2)

表5-1　小学校組織特性についての主成分分析

変　数	第1主成分	第2主成分
①教職員はチームワークで対応する	.696	-.051
②生徒指導をきちんと行っている	.701	.158
③保護者や地域住民との交流が盛んである	.582	.369
④教師は校内研修に積極的に取り組んでいる	.718	-.089
⑤授業規律が確立している	.696	.355
⑥子どもは落ち着いて授業に取り組んでいる	.661	.452
⑦教師には学び合う姿勢が見られる	.802	-.078
⑧学校目標や経営方針が教職員間に浸透している	.760	-.131
⑨問題が起こると速やかに対策が講じられる	.674	.301
⑩保護者や地域住民から直ぐに支援や協力が得られる	.626	.331
⑪朝学習や補習などの学習支援が実施されている	.432	-.126
⑫教師は教科別自主研修会に参加している	.412	-.315
⑬事実とデータに基づいて学校教育の成果を検証している	.644	-.383
⑭地域の実態を踏まえて、特色ある学校づくりを展開している	.712	-.065
⑮教職員間のコミュニケーションは活発である	.711	-.127
⑯教師は学校目標の達成を意識して、日々教育活動を展開している	.721	-.339
⑰校長のリーダーシップは十分に発揮されている	.711	-.151
⑱教職員は多忙感ややらされ感を感じながら仕事をしている	-.295	.341
固有値	7.714	1.261
寄与率	42.856	7.008
累積寄与率	42.856	49.864

注）値は主成分負荷量。一つの因子に絶対値 0.4 以上の因子負荷量を示し、他の因子ではそれ未満の負荷量を示す項目を太字にした。

織特性（組織健康）」（合成変数）と子どもの学力との間には正の有意な関係があるが（r=.165, p<.01）、自治体の人口規模との間には有意な関係は認められない。

3 家庭特性

　家庭や保護者の様子を把握するために、「（Q2）貴自治体の小学校のご家庭の保護者の様子（全体的な印象）についてお尋ねします。次の（1）〜（6）のご家庭・保護者の状況について、貴殿がどのように感じておられるか、最も当てはまる選択肢の番号に○印をお付け下さい」と回答を求めたところ、**図5-4** に示されるように、教育長 765 人のうち、279 人（36.5%）が「（1）家庭での子どものしつけはしっかりできている」（無回答者 4 人〈0.5%〉）、220 人（28.8%）

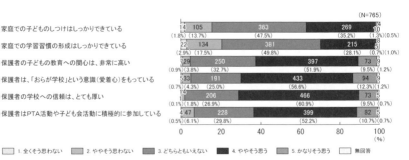

図5-4 家庭特性（家庭・保護者の様子）

が「(2) 家庭での学習習慣の形成はしっかりできている」（無回答者8人〈1.0%〉）、470人（61.4%）が「(3) 保護者の子どもの教育への関心は、非常に高い」（無回答者9人〈1.2%〉）、527人（68.9%）が「(4) 保護者は、『おらが学校』という意識（愛着心）をもっている」（無回答者9人〈1.2%〉）、539人（70.4%）が「(5) 保護者の学校への信頼は、とても厚い」（無回答者5人〈0.7%〉）、そして481人（62.9%）が「(6) 保護者はPTA活動や子ども会活動に積極的に参加している」（無回答者5人〈0.7%〉）と回答した。

このように、市町村教育長は、「(5) 保護者の学校への信頼は、とても厚い」（70.4%）や「(4) 保護者は、『おらが学校』という意識（愛着心）をもっている」（68.9%）など、保護者の学校に対する信頼度については概ね高く評価している一方で、「(2) 家庭での学習習慣の形成」（28.8%）や「(1) 家庭での子どものしつけ」（36.5%）についての評価は低い。

次に、この家庭特性（家庭・保護者特性）と自治体の人口規模との関係を検討したところ、「(1) 家庭での子どものしつけ」（r=.157, p<.01）、「(2) 家庭での学習習慣の形成」（r=.184, p<.01）、「(6) PTA活動や子ども会活動への積極的参加」（r=-.104, p<.01）との間には有意な相関が認められた。また、家庭特性と子どもの学力との関係を検討したところ、「(1) 家庭での子どものしつけ」（r=.171, p<.01）、「(2) 家庭での学習習慣の形成」（r=.260, p<.01）、「(3) 子どもの教育への関心」（r=.227, p<.01）、「(4) 保護者の学校への愛着心」（r=.108, p<.01）、「(5) 保護者の学校への信頼」（r=.158, p<.01）、「(6) PTA活動や子ども会活動への積

第5章　市町村教育委員会の学力政策（2）

表5-2　家庭特性のピアソン相関係数

変　数	M	SD	1	2	3	4	5	6
1. 子どものしつけ	3.20	.759	1.000					
2. 学習習慣の形成	3.06	.775	.702**	1.000				
3. 保護者の子どもの教育への関心	3.66	.742	.452**	.480**	1.000			
4. 保護者の学校への愛着心	3.76	.746	.412**	.364**	.456**	1.000		
5. 学校への信頼	3.78	.638	.460**	.410**	.411**	.536**	1.000	
6. PTA活動等への積極的参加	3.67	.770	.420**	.363**	.408**	.465**	.490**	1.000

注）数値はピアソンの相関係数（両側検定）。　n=756～761　**p<.01　*p<.05.

表5-3　家庭特性についての主成分分析

変　数	第1主成分
①家庭でのしつけはしっかりできている	.787
②家庭での学習習慣の形成はしっかりできている	.755
③保護者の子どもの教育への関心は、非常に高い	.721
④保護者は、「おらが学校」という意識（愛着心）をもっている	.727
⑤保護者の学校への信頼は、とても厚い	.746
⑥保護者はPTA活動や子ども会活動に積極的に参加している	.705
固有値	3.291
寄与率	54.842
累積寄与率	54.842

注）値は主成分負荷量。絶対値0.5以上のものを太字にした。

極的参加」（r=.119, p<.01）との間には正の有意な相関が認められた。なお、家庭特性の項目間の相関は、**表5-2**のとおりである。

　さらに、次項で、この家庭特性が、他の要因とともに、子どもの学力「（Q22）小学校国語Bの成績（平均正答率）」にどのような影響を及ぼすかを検討するため、家庭の特性を表す6つの変数に主成分分析を施し、合成変数を作成した。その結果、**表5-3**に示されるように、固有値1.0以上の主成分として、第1主成分（固有値3.291、分散〈寄与率〉54.842％）のみが検出され、成分行列における各変数の第1主成分への負荷量（.705～.787）はいずれも高いことから、第1主成分をもって、家庭・保護者の生活習慣や学校への好感度を示す「家庭環境の良好性」の合成変数とした。主成分負荷量からみて、第1主成分に最も強い関係を示しているのは「（1）家庭での子どものしつけ」（.787）や「（2）家庭で

の学習習慣の形成」(.755) や「(5) 保護者の学校への信頼」(.746) であることがわかる。なお、「家庭特性（家庭環境の良好性）」（合成変数）と子どもの学力との間には正の有意な関係が認められるが (r=.234, p<.01)、自治体の人口規模との間には有意な関係はない。

④ 住民特性

各自治体の住民特性を把握するため、「(Q3) 貴自治体の住民（市民）の様子についてお尋ねします。貴自治体では、次の (1) ～ (6) の項目について、どの程度当てはまるか、5段階で評価して下さい」の質問をしたところ、**図5-5**に示されるように、教育長765人のうち、521人 (68.1%) が「(1) 住民（市民）は、地域の伝統行事や自治会活動やボランティア活動に積極的に参加している」（無回答者4人〈0.5%〉）、549人 (71.7%) が「(2) 住民（市民）は、困ったときはお互いに助け合う」（無回答者4人〈0.5%〉）、692人 (90.5%) が「(3) 住民（市民）は、子どもを温かく見守っている」（無回答者6人〈0.8%〉）、444人 (58.1%) が「(4) 住民（市民）の市（町村）政への関心は、高い」（無回答者4人〈0.5%〉）、481人 (62.8%) が「(5) 住民（市民）のスポーツ・趣味・娯楽活動は、盛んである」（無回答者6人〈0.8%〉）、そして445人 (58.2%) が「(6) 住民（市民）の近隣づきあいは、盛んである」（無回答者4人〈0.5%〉）と回答した。

このように、「(3) 住民（市民）は、子どもを温かく見守っている」(90.5%)、

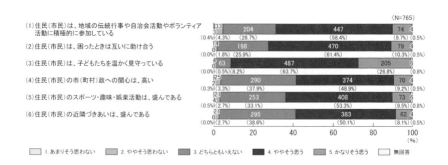

図5-5　住民特性

「(2) 住民（市民）は、困ったときはお互いに助け合う」（71.7％）、「(1) 住民（市民）は、地域の伝統行事や自治会活動やボランティア活動に積極的に参加している」（68.1％）の項目を中心に、自治体の住民（市民）の間の絆や社会的結びつきは概ね強いと評価される。

　次に、この自治体の住民特性と人口規模との関係を検討したところ、「(1) 地域の伝統行事等への積極的参加」（r=－.075, p<.05）、「(2) 困ったときのお互いの助け合い」（r=－.090, p<.05）、「(3) 子どもたちを温かく見守る」（r=－.088, p<.05）、「(6) 近隣づきあいが盛んである」（r=－.272, p<.01）との間には負の相関が認められ、小さい自治体ほど、近隣づきあいや困ったときの助け合いなどが盛んである。他方、「(5) スポーツ・趣味・娯楽活動が盛んである」（r=.109, p<.01）については正の相関が認められ、人口規模の大きい自治体ほど住民のスポーツ活動等は活発である。また、自治体の住民（市民）特性と子どもの学力との関係を検討したところ、「(2) 困ったときのお互いの助け合い」（r=.083, p<.05）、「(3) 子どもたちを温かく見守る」（r=.099, p<.01）、「(5) 市（町村）政への関心は、高い」（r=.093, p<.05）との間には正の相関が認められる。

　さらに、次項で、この住民特性が、他の要因とともに、子どもの学力「(Q22) 小学校国語Bの成績（平均正答率）」にどのような影響を及ぼしているかを検討するため、住民の特性を表す6つの変数に主成分分析を施し、合成変数を作成した。その結果、固有値 1.0 以上の主成分として、第1主成分（固有値 3.284、分散〈寄与率〉54.728％）のみが検出され、成分行列における各変数の第1主成分への負荷量（.653～.789）はいずれも高いことから、第1主成分をもって、住民（市民）の社会関係、結びつき、絆を表す「住民のきずな」の合成変数とした（主成分分析表は省略）。主成分負荷量からみて、第1主成分に最も強い関係を示しているのは「(2) 困ったときのお互いの助け合い」（.789）や「(3) 子どもたちを温かく見守る」（.783）や「(6) 近隣づきあいが盛んである」（.754）であることがわかる。なお、「住民特性（住民のきずな）」（合成変数）と自治体の人口規模の間には負の有意な関係（r=－.105, p<.05）が、一方、子どもの学力との間には正の有意な関係が認められる（r=.103, p<.01）。

5 市町村教育委員会の組織特性

　教育委員会事務局の組織特性を探るために、「(Q6) 貴教育委員会の組織特性についてお尋ねします。次の項目は、教育委員会の組織状況について説明したものです。次の項目がどの程度、貴教育委員会の組織状況にあてはまるかについて、最も当てはまる選択肢の番号に○印をお付け下さい」と回答を求めたところ、図5-6 に示されるように、教育長765人のうち、681人（89.0％）が「(1) 教育委員会の教育ビジョンや方針や施策大綱は、明確に示されてい

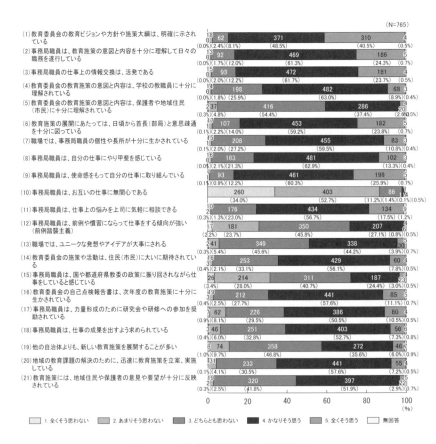

図5-6　市町村教育委員会の組織特性

る」（無回答者 4 人〈0.5％〉）、655 人（85.6％）が「(2) 事務局職員は、教育施策の意図と内容を十分に理解して日々の職務を遂行している」（5 人〈0.7％〉）、653 人（85.4％）が「(3) 事務局職員の仕事上の情報交換は、活発である」（無回答者 4 人〈0.5％〉）、550 人（71.9％）が「(4) 教育委員会の教育施策の意図と内容は、学校の教職員に十分に理解されている」（無回答者 3 人〈0.4％〉）、306 人（40.0％）が「(5) 教育委員会の教育施策の意図と内容は、保護者や地域住民（市民）に十分に理解されている」（無回答者 4 人〈0.5％〉）、635 人（83.0％）が「(6) 教育施策の展開に当たっては、日頃から首長（部局）と意思疎通を十分に図っている」（無回答者 5 人〈0.7％〉）、538 人（70.3％）が「(7) 職場では、事務局職員の個性や長所が十分に生かされている」（無回答者 3 人〈0.4％〉）、583 人（76.2％）が「(8) 事務局職員は、自分の仕事にやり甲斐を感じている」（無回答者 3 人〈0.4％〉）、659 人（86.2％）が「(9) 事務局職員は、使命感をもって自分の仕事に取り組んでいる」（無回答者 5 人〈0.7％〉）、12 人（1.5％）が「(10) 事務局職員は、お互いの仕事に無関心である」（無回答者 4 人〈0.5％〉）、568 人（74.2％）が「(11) 事務局職員は、仕事上の悩みを上司に気軽に相談できる」（無回答者 9 人〈1.2％〉）、213 人（27.9％）が「(12) 事務局職員は、前例や慣習にならって仕事をする傾向が強い（前例踏襲主義）」（無回答者 4 人〈0.5％〉）、368 人（48.1％）が「(13) 職場では、ユニークな発想やアイデアが大事にされる」（無回答者 5 人〈0.7％〉）、489 人（63.9％）が「(14) 教育委員会の施策や活動は、住民（市民）に大いに期待されている」（無回答者 4 人〈0.5％〉）、210 人（27.4％）が「(15) 事務局職員は、国や都道府県教委の政策に振り回されながら仕事をしていると感じている」（無回答者 4 人〈0.5％〉）、526 人（68.7％）が「(16) 教育委員会の自己点検報告書は、次年度の教育施策に十分に生かされている」（無回答者 5 人〈68.7％〉）、466 人（61.0％）が「(17) 事務局職員は、力量形成のために研究会や研修への参加を奨励されている」（無回答者 4 人〈0.5％〉）、459 人（60.0％）が「(18) 事務局職員は、仕事の成果を出すよう求められている」（無回答者 6 人〈0.8％〉）、318 人（41.6％）が「(19) 他の自治体よりも、新しい教育施策を展開することが多い」（無回答者 7 人〈0.9％〉）、496 人（64.8％）が「(20) 地域の教育課題の解決のために、迅速に教育施策を立案、実施している」（無回答者 4 人〈0.5％〉）、そして 419 人（54.8％）が「(21) 教育施策には、地域住民や保護者の

意見や要望が十分に反映されている」(無回答者5人〈0.7%〉)とそれぞれ回答した。

　このように、「(1) 教育委員会の教育ビジョンや方針や施策大綱は、明確に示されている」(89.0%)、「(9) 事務局職員は、使命感をもって自分の仕事に取り組んでいる」(86.2%)、「(3) 事務局職員の仕事上の情報交換は、活発である」(85.4%)、「(6) 教育施策の展開にあたっては、日頃から首長(部局)と意思疎通を十分に図っている」(83.0%)などについては、特に教育長は高く評価をしている一方で、「(5) 教育委員会の教育施策の意図と内容は、保護者や地域住民(市民)に十分に理解されている」(40.0%)、「(13) 職場では、ユニークな発想やアイデアが大事にされる」(48.1%)については、相対的に評価が低い。また、「(10) 事務局職員は、お互いの仕事に無関心である」(1.5%)、「(15) 事務局職員は、国や都道府県教委の政策に振り回されながら仕事をしていると感じている」(27.4%)、「(12) 事務局職員は、前例や慣習にならって仕事をする傾向が強い(前例踏襲主義)」(27.9%)にみられるように、お互いの仕事に無関心な事務局職員はほとんどいないものの、3割近くの教育委員会では職員が国や都道府県教委の政策に振り回されていると感じながら、あるいは前例踏襲主義の仕事をしていることを示唆している。

　次に、教育委員会の組織特性と人口規模との関係を検討すると、「(1) 教育ビジョンの明確化」(r=.234, p<.01)、「(2) 事務局職員の教育施策の理解」(r=.229, p<.01)、「(3) 情報交換が活発である」(r=.132, p<.01)、「(4) 学校の教職員の教育施策の理解」(r=.088, p<.05)、「(6) 首長(部局)との意思疎通」(r=.160, p<.01)、「(7) 事務局職員の個性等が生かされる」(r=.152, p<.01)、「(8) 自分の仕事にやり甲斐」(r=.227, p<.01)、「(9) 使命感をもって仕事に取り組む」(r=.194, p<.01)、「(10) お互いの仕事に無関心」(r=-.139, p<.01)、「(11) 上司に気軽に相談」(r=.203, p<.01)、「(12) 前例にならって仕事」(r=-.143, p<.01)、「(14) 施策が住民に期待されている」(r=.101, p<.01)、「(15) 国の施策等に振り回される」(r=-.089, p<.05)、「(16) 点検報告書が次年度の施策に生かされる」(r=.235, p<.01)、「(17) 研究会等への参加奨励」(r=.188, p<.01)、「(18) 仕事の成果が求められる」(r=.191, p<.01)、「(19) 新しい教育施策の展開」(r=.176, p<.01)、「(20) 迅速な施策の立案、実施」(r=.173, p<.01)、そして「(21) 地域住民等の要望の

第5章　市町村教育委員会の学力政策 (2)

反映」（r=.089, p<.05）との間で有意な関係が認められた。また、教育委員会の組織特性と子どもの学力との関係を検討すると、「(1) 教育ビジョンの明確化」（r=.111, p<.01）、「(4) 学校の教職員の教育施策の理解」（r=.152, p<.01）、「(5) 教育施策の保護者・地域住民の理解」（r=.099, p<.01）、「(6) 首長（部局）との意思疎通」（r=.074, p<.05）、「(8) 自分の仕事にやり甲斐」（r=.074, p<.05）、「(12) 前例にならって仕事」（r=-.159, p<.01）、「(13) ユニークな発想が大事にされる」（r=.083, p<.05）、「(14) 施策が住民に期待されている」（r=.133, p<.01）、「(15) 国の施策等に振り回される」（r=-.096, p<.05）、「(18) 仕事の成果が求められる」（r=.095, p<.05）、「(19) 新しい教育施策の展開」（r=.151, p<.01）、「(20) 迅速な施策の立案、実施」（r=.133, p<.01）、「(21) 地域住民等の要望の反映」（r=.074, p<.05）との間で有意な関係が認められた。

　さらに、次項で、この教育委員会事務局の組織特性が、他の要因とともに、子どもの学力「(Q22) 小学校国語Bの成績（平均正答率）」にどのような影響を及ぼしているかを検討するため、教育委員会事務局の組織特性を表す21の変数に主成分分析を施し、合成変数を作成した。その結果、**表5-4**に示されるように、固有値1.0以上を基準にすると、第1主成分（固有値8.447、寄与率〈分散〉40.223%）と第2主成分（固有値1.515、寄与率7.214%）と第3主成分（固有値1.135、寄与率5.403）の3つを検出したが、成分行列をみると、各変数のもつ第1主成分への負荷量（.468〜.766）は高く、他方、各変数の第2主成分への負荷量（.050〜.503）、第3主成分への負荷量（-.004〜.734）がいずれも小さく、解釈も困難であることから、第1主成分をもって、教育委員会事務局の活動の健全性、活性度を表す「教育委員会の組織健康」の合成変数とした。主成分負荷量からみて、第1主成分に最も強い関係を示しているのは「⑧自分の仕事にやり甲斐」（.766）や「②事務局職員の教育施策の理解」（763）や「⑦事務局職員の個性等が生かされる」（.759）などであることがわかる。なお、「教育委員会事務局の組織特性（教育委員会の組織健康）」（合成変数）と自治体の人口規模（r=.250, p<.01）及び子どもの学力との間にはそれぞれ正の有意な関係が認められる（r=.130, p<.01）。

表5-4　教育委員会事務局の組織特性についての主成分分析

変　数	第1主成分	第2主成分	第3主成分
①教育委員会の教育ビジョンや方針や施策大綱は、明確に示されている	.632	.128	.178
②事務局職員は、教育施策の意図と内容を十分に理解して日々の職務を遂行している	.763	-.215	.128
③事務局職員の仕事上の情報交換は、活発である	.718	-.333	.093
④教育委員会の教育施策の意図と内容は、学校の教職員に十分に理解されている	.659	.123	-.044
⑤教育委員会の教育施策の意図と内容は、保護者や地域住民（市民）に十分に理解されている	.654	.256	-.111
⑥教育施策の展開にあたっては、日頃から首長（部局）と意思疎通を十分に図っている	.618	.147	.138
⑦職場では、事務局職員の個性や長所が十分に生かされている	.759	-.234	-.024
⑧事務局職員は、自分の仕事にやり甲斐を感じている	.766	-.272	.045
⑨事務局職員は、使命感をもって自分の仕事に取り組んでいる	.734	-.375	.182
⑩事務局職員は、お互いの仕事に無関心である	-.580	.373	.191
⑪事務局職員は、仕事上の悩みを上司に気軽に相談できる	.642	-.360	.051
⑫事務局職員は、前例や慣習にならって仕事をする傾向が強い	-.508	.174	.463
⑬職場では、ユニークな発想やアイデアが大事にされる	.567	.050	-.122
⑭教育委員会の施策や活動は、住民（市民）に大いに期待されている	.635	.289	-.056
⑮事務局職員は、国や都道府県教委の政策に振り回されながら仕事をしていると感じている	-.350	-.073	**.734**
⑯教育委員会の自己点検報告書は、次年度の教育施策に十分に生かされている	.683	.075	-.004
⑰事務局職員は、力量形成のために研究会や研修への参加を奨励されている	.673	.153	.227
⑱事務局職員は、仕事の成果を出すよう求められている	.474	.237	.369
⑲他の自治体よりも、新しい教育施策を展開することが多い	.468	**.503**	-.104
⑳地域の教育課題の解決のために、迅速に教育施策を立案、実施している	.672	.335	.009
㉑教育施策には、地域住民や保護者の意見や要望が十分に反映されている	.618	.359	-.017
固有値	8.447	1.515	1.135
寄与率	40.223	7.214	5.403
累積寄与率	40.223	47.437	52.840

注）値は主成分負荷量。一つの因子に絶対値0.4以上の因子負荷量を示し、他の因子にはそれ未満の負荷量を示す項目を太字にした。

6 教育委員の役割活動

　教育委員が、学力政策の展開において、どのような役割を果たしているかを探るため、「(Q12) 貴殿は、貴教育委員会において、教育委員（委員長を含む）は、学力向上の施策の展開にかかわってどのような役割を果たされていると思われますか」の質問に5段階評価で回答を求めた。その結果、**図5-7**に示されるように、教育長765人のうち、352人（46.0％）が「(1) 教育委員は、学力問題に関して会議で何を検討すべきか（議題、検討課題）についてよく提案する」、420人（54.9％）が「(2) 教育委員は、地域住民や保護者の意見や要望を十分に踏まえて、学力向上策を検討している」、252人（32.9％）が「(3) 教育委員は、学力向上策を検討する際、新しい案やアイデアを積極的に提案する」、83人（10.9％）が「(4) 教育委員によって、事務局の提案する学力向上策が修正されることがある」、536人（70.0％）が「(5) 学力向上策を議論する際、教育委員の発言や意見は非常に参考になる」、399人（52.1％）が「(6) 教育委員は、学力問題について実態把握や新しい情報入手のため、積極的に学校訪問や保護者との対話を行っている」、329人（43％）が「(7) 教育委員は、学力向上の施策実施後の事業評価に積極的に関わっている」、185人（24.2％）が「(8) 教育委員は、学力問題について意見交換するため、首長との対話（話し合い）

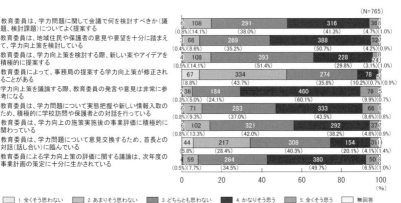

図5-7　教育委員の役割活動

に臨んでいる」、そして 430 人（56.2％）が「(9) 教育委員による学力向上策の評価に関する議論は、次年度の事業計画の策定に十分に生かされている」と回答した。

　このように、教育委員は、「(5) 学力向上策を議論する際、教育委員の発言や意見は非常に参考になる」（70.0％）、「(9) 教育委員による学力向上策の評価に関する議論は、次年度の事業計画の策定に十分に生かされている」（56.2％）、「(2) 教育委員は、地域住民や保護者の意見や要望を十分に踏まえて、学力向上策を検討している」（54.9％）、「(6) 教育委員は、学力問題について実態把握や新しい情報入手のため、積極的に学校訪問や保護者との対話を行っている」（52.1％）等の項目にみられるように、審議過程における施策の練り上げや評価活動や実態把握及び新しい情報入手活動並びに住民や保護者の要望の施策面への反映の面で一定程度の役割を果たしているようである。一方、教育委員は、事務局提案の学力向上策を修正したり、首長との話し合いに臨んだりすることにはあまりかかわってはいないようである。学力の政策過程を、㋑課題設定（①、②、⑧）→㋺政策立案（③、⑤）→㋩政策決定（④）→㋥政策実施→㋭政策評価（⑦、⑨）の観点からみた場合、㋥政策実施を除く過程で一定の役割活動を行っているものの、調査結果をみるかぎり、教育委員の学力政策の形成過程への積極的参加という観点からはまだ改善の余地があるといえそうである。なお、この教育委員の役割活動と自治体の人口規模との関係を検討したところ、すべての項目において 1％水準で正の有意な相関が認められる [11]。すなわち、自治体の人口規模が大きいほど、教育委員の役割活動はすべての項目において活発である。また、教育委員の役割活動と子どもの学力との関係を検討したところ、「(2) 地域住民や保護者等の意見等の学力政策への反映」（$r=.085, p<.05$）と「(9) 評価を次年度の事業計画に生かす」（$r=.094, p<.05$）の 2 つの項目においてのみ有意な正の関係が認められる。

　さらに、この教育委員会の役割活動が、その他の要因とともに、子どもの学力「(Q22) 小学校国語 B の成績（平均正答率）」にどのような影響を及ぼしているのであろうか。ここでは、まず、教育委員会の役割活動を表す 9 つの変数の合成変数を作成するため、これらの変数に主成分分析を施したところ、固有値 1.0 以上の主成分として、第 1 主成分（固有値 4.875、寄与率〈分散〉54.164％）の

みが検出され、成分行列における各変数の第1主成分への負荷量（.440～.881）はほぼいずれも高いことから、第1主成分をもって、教育委員会の役割がどの程度遂行されているかを示す「教育委員の役割活動の活発さ」の合成変数とした（主成分分析表は省略）。主成分負荷量からみて、第1主成分に最も強い関係を示しているのは「(9) 教育委員による学力向上策の評価に関する議論は、次年度の事業計画の策定に十分に生かされている」(.811)、「(2) 教育委員は、地域住民や保護者の意見や要望を十分に踏まえて、学力向上策を検討している」(.808)、「(3) 教育委員は、学力向上策を検討する際、新しい案やアイデアを積極的に提案する」(.797) などである[12]。

7 学力向上策に対する首長の姿勢

　市町村教育委員会の学力向上策に対して自治体の長がどのような態度で臨んでいるかを探るため、「(Q13) 学力向上策に関して、首長の姿勢と行動についてお尋ねします」と回答を求めたところ、**図5-8**に示されるように、教育長765人のうち、598人（78.2%）が「(1) 首長は、学力向上策に強い関心をもっている」、512人（67.0%）が「(2) 学力向上策に関して首長は、教育長とよく意見を交換する」、619人（81.0%）が「(3) 首長は、教育委員会の学力向上策に関して十分に理解を示している」、そして26人（3.4%）が「(4) 学力調査の結果公表をめぐっては、教育委員会（教育長）と首長との間で意見の相違がある」とそれぞれ回答した（各項目とも無回答者4人、0.5%）。多くの首長は、教育委員会の学力向上策に強い関心をもち、それに理解を示し、教育長ともよく意

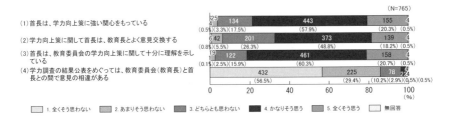

図5-8　学力向上策に対する首長の姿勢

見を交換しているようである。

　なお、学力向上策に対する首長の姿勢と自治体の人口規模との間には、「(1)
首長の関心」（r=.190, p<.01）と「(2) 教育長とよく意見交換」（r=.238, p<.01）と
「(3) 学力向上策への理解」（r=.144, p<.01）に関して正の有意な相関が認められ、
自治体の人口規模が大きくなるほど、首長は学力政策に強い関心をもち、それ
に理解を示し、教育長ともよく意見を交換している。また、学力向上策に対す
る首長の姿勢と子どもの学力との間には、「(1) 首長の関心」（r=.091, p<.05）と
「(2) 教育長とよく意見交換」（r=.116, p<.01）と「(3) 首長の学力向上策への理
解度」（r=.126, p<.01）に関しては正の有意な相関が、「(4) 施策意見の相違」（r=
−.111, p<.01）に関しては負の相関が認められる。

　さらに、次項で、この学力政策に対する首長の姿勢が、他の要因とともに、
子どもの学力「(Q22) 小学校国語 B の成績（平均正答率）」にどのような影響
を及ぼしているかを探るため、学力政策に対する首長の姿勢を示す 4 つの変数
に主成分分析を施し、合成変数を作成した。その結果、固有値 1.0 以上の主成
分として、第 1 主成分（固有値 2.297、寄与率〈分散〉57.433％）のみが検出され、
成分行列における各変数の第 1 主成分への負荷量は、「(4) 施策の意見の相違」
を除いて（.821 ～ .862）といずれも高いことから、第 1 主成分をもって、首長の
学力向上策に対する理解的・支持的態度を示す「首長の学力向上策の理解度」
の合成変数とした（主成分分析表は省略）。主成分負荷量からみて、第 1 主成分
に最も強い関係を示しているのは「(3) 首長の学力向上策への理解度」（.862）
や「(2) 教育長との意見交換」（.857）や「(1) 首長の関心」（.821）である[13]。

8 市町村教育委員会の学校支援の効果

　市町村教育委員会の学校支援の効果を探るため、「(Q27) 貴教育委員会では、
学校改善を図るために、学校への指導主事等の派遣やその他の方法によって行
う学校支援が十分に効果をあげていると思われますか」の質問をしたところ、
図 5-9 に示されるように、教育長 765 人のうち、2 人（0.3％）が「(1) 全く効
果をあげていない」、21 人（2.7％）が「(2) あまり効果をあげていない」、198
人（25.9％）が「(3) どちらともいえない」、467 人（61.0％）が「(4) かなり効

第5章 市町村教育委員会の学力政策(2)

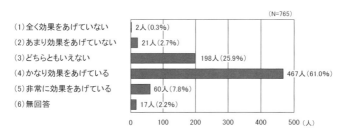

図5−9 市町村教育委員会の学校支援の効果

果をあげている」、そして60人（7.8%）が「(5) 非常に効果をあげている」と回答した（無回答者17人〈2.2%〉）。約7割近くの教育長が、教育委員会の学校支援の効果を認めている。

なお、学校支援の効果と自治体の人口規模との関係を検討すると、両者の間には正の相関が認められ（r=.177, p<.01）、人口規模の大きい自治体の教育委員会ほど、その学校支援の効果を認めている。また、学校支援の効果と子どもの学力との間にも正の相関があり、学校支援の効果を認める教育委員会ほど、子どもの学力が高い（r=.134, p<.01）。

⑨ 市町村教育委員会の指導行政の機能性

市町村教育委員会の指導行政が機能しているかを探るため、「(Q28) 貴殿は、管下の学校に対する指導行政は十分に機能していると思われますか」の質問をしたところ、**図5−10**に示されるように、教育長765人のうち、4人（0.5%）が「(1) 全くそう思わない」、28人（3.7%）が「(2) あまりそう思わない」、103人（13.5%）が「(3) どちらとも思わない」、478人（62.5%）が「(4) かなりそう思う」、そして141人（18.4%）が「(5) 全くそう思う」と回答した（無回答者11人〈1.4%〉）。約8割の教育長は学校に対する指導行政が機能していると評価していることになる。

なお、学校に対する教育委員会の指導行政の機能性と自治体の人口規模との関係を検討すると、両者の間には正の相関があり（r=.232, p<.01）、人口規模の大きい自治体ほど、教育委員会の学校に対する指導行政が機能していると評価

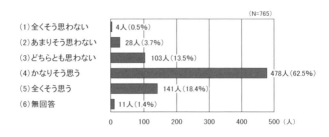

図5-10　市町村教育委員会の指導行政の機能性

している。また、学校に対する指導行政の機能性と子どもの学力との間にも正の相関が認められ（r=.139, p<.01）、学校に対する指導行政が機能していると評価する教育委員会ほど、子どもの学力は高い。

10 教育委員会事務局の職員配置の充足度

教育委員会事務局の職員配置の充足度を探るため、「(Q29) 貴殿は、貴教育委員会の職務を遂行する上で、下記の事務局の職員数は十分に足りていると思われますか」の質問をしたところ、**図5-11**に示されるように、まず、一般事務職員については、教育長765人のうち、45人（5.9%）が「1. 全く不足」、349人（45.6%）が「2. かなり不足」、182人（23.8%）が「3. どちらともいえない」、169人（22.1%）が「4. ある程度足りている」、そして7人（0.9%）が「5. 全く足りている」と回答しており（無回答者13人〈1.7%〉）、約5割の教育長が一般

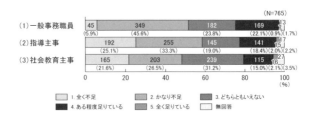

図5-11　教育委員会事務局の職員配置の充足度

第5章　市町村教育委員会の学力政策 (2)

事務職員の不足を感じている。なお、一般事務職員の充足度と自治体の人口規模との関係を検討すると、両者の間には正の相関があり、自治体の人口規模が大きいほど、一般事務職員の充足度が大きい（r=.146, p<.01）。一般事務職員の充足度と子どもの学力との間には統計的に有意な関係は認められない。

　次に、指導主事については、教育長765人のうち、192人（25.1%）が「1. 全く不足」、255人（33.3%）が「2. かなり不足」、145人（19.0%）が「3. どちらともいえない」、141人（18.4%）が「4. ある程度足りている」、そして15人（2.0%）が「5. 全く足りている」と回答しており（無回答者17人〈2.2%〉）、約6割近くの教育長が指導主事の不足を感じている。なお、指導主事の充足度と人口規模との関係を検討すると、両者の間には正の相関があり（r=.257, p<.01）、自治体の人口規模が大きいほど、指導主事の充足感は高まる。指導主事の充足度と子どもの学力との間には統計的に有意な関係は認められない。

　さらに社会教育主事については、教育長765人のうち、165人（21.6%）が「1. 全く不足」、203人（26.5%）が「2. かなり不足」、239人（31.2%）が「3. どちらともいえない」、115人（15.0%）が「4. ある程度足りている」、そして16人（2.1%）が「5. 全く足りている」と回答しており（無回答者27人〈3.5%〉）、約5割近くの教育長が社会教育主事の不足を感じている。なお、社会教育主事の充足度と自治体の人口規模との関係を検討すると、両者の間には正の相関が認められ（r=.187, p<.01）、自治体の人口規模が大きいほど、社会教育主事の充足度は高まる。社会教育主事の充足度と子どもの学力との間には有意な関係は認められない。

　以上のように、事務局職員の中では、指導主事の不足感が一番強いようであり、教育委員会事務局職員（事務職員、指導主事、社会教育主事）の充足度は、人口規模の大きな自治体ほど、高くなる傾向がある。

　さらに、この教育委員会事務局職員の充足度が、他の要因とともに、子どもの学力「(Q22) 小学校国語Bの成績（平均正答率）」にどのような影響を及ぼしているかを探るため、事務局職員の充足度を示す3つの変数に主成分分析を施し、合成変数を作成した。その結果、固有値1.0以上の主成分として、第1主成分（固有値1.669, 寄与率〈分散〉56.644%）のみが検出され、成分行列における各変数の第1主成分への負荷量（.733〜.771）はいずれも高いことから、第1

主成分をもって、事務局職員の充足度を表す「事務局職員充足度」の合成変数とした。主成分負荷量からみて、第1主成分に最も強い関係を示しているのは「(2) 指導主事」(.771) で、続いて「(3) 社会教育主事」(.754)、「(1) 一般事務局職員」(.733) と続く。

11 自治体の財政力指数

「(Q24) 平成25年度（又は最新）の貴自治体の財政力指数は、次のどれに該当するでしょうか」と尋ねたところ、図5-12に示されるとおり、教育長765人のうち、112人（14.6%）が「(1) 0.0以上0.2未満」、234人（30.6%）が「(2) 0.2以上0.4未満」、146人（19.1%）が「(3) 0.4以上0.6%未満」、97人（12.7%）が「(4) 0.6以上0.8未満」、104人（13.6%）が「(5) 0.8以上1.0未満」、そして19人（2.5%）が「(6) 1.0以上」とそれぞれ回答した（無回答者53人〈6.9%〉）。本調査では、財政力指数が「(2) 0.2以上0.4未満」の自治体が最も多いことになる。なお、自治体の財政力指数と人口規模との関係をみると、正のやや強い相関が認められる（r=.648, p<.01）一方、自治体の財政力指数と子どもの学力の間では統計的に有意な関係は認められない。

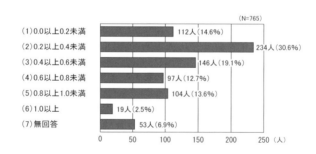

図5-12　自治体の財政力指数

12 自治体の一般会計予算に占める教育予算の割合

自治体の一般会計予算に占める教育予算の割合を把握するため、「(Q26) 平

第5章 市町村教育委員会の学力政策 (2)

成 25 年度の貴自治体の予算に占める教育予算の割合は、どのくらいでしょうか」と尋ねたところ、市町村教育長 765 人のうち、77 人（10.1%）が「(1) 7% 未満」、181 人（23.7%）が「(2) 7.0% 以上 9.0% 未満」、175 人（22.9%）が「(3) 9.0% 以上 11.0% 未満」、131 人（5.1%）が「(4) 11.0% 以上 13.0% 未満」、56 人（7.3%）が「(5) 13.0% 以上 15% 未満」、39 人（2.5%）が「(6) 15.0% 以上 17.0% 未満」、19 人（2.5%）が「(7) 17.0% 以上 19.0% 未満」、そして 38 人（5.0%）が「(8) 19% 以上」と回答した（無回答者 41 人〈5.4%〉）。

このように、自治体の一般会計予算に占める教育予算の割合は「(2) 7.0% 以上 9.0% 未満」（23.7%）の自治体が最も多く、次に「(3) 9.0% 以上 11.0% % 未満」（22.9%）の自治体と続く。なお、自治体の教育予算の割合と人口規模あるいは子どもの学力との間にはいずれも統計的に有意な関係は認められない。ちなみに自治体の教育予算と財政力指数との間には正の相関が認められる（r=.220, p<.01）。

13 自治体の小学校の就学援助受給率

各自治体の公立小学校の子どもの貧困度を探るため、「(Q25) 平成 25 年度（又は最新）の貴自治体の公立小学校における就学援助受給率は、おおよそ次のどれに該当するでしょうか」と質問したところ、図 5-13 に示されるとおり、教育長 765 人のうち、127 人（16.6%）が「(1) 5% 未満」、249 人（32.5%）が「(2) 5% 以上 10% 未満」、194 人（25.4%）が「(3) 10% 以上 15% 未満」、87 人（11.4%）が「(4) 15% 以上 20% 未満」、67 人（8.8%）が「(5) 20% 以上」と回

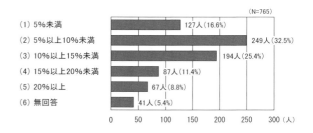

図 5-13　自治体の小学校の就学援助受給率

答した（無回答者 41 人〈5.4%〉）。このように約 2 割の自治体（教育委員会）では
公立小学校に「15% 以上（(4) + (5)）」の割合で就学援助受給者がいることに
なる。

　なお、自治体の小学校の就学援助受給率と人口規模との関係をみると、両者
の間には正の相関が認められ（r=.253, p<.01）、人口規模の大きい自治体ほど小
学校の就学援助受給率は高い[14]。また、就学援助受給率と子どもの学力との
間には負の相関が認められ（r=-.118, p<.01）、自治体の小学校の就学援助受給
率が高いほど、子どもの学力が低い。

[14] 都道府県教育委員会の学力政策の効果性

　都道府県教委の学力政策の効果性を探るために、「（Q11）貴殿は、現在の都
道府県教委の学力政策は、市町村教委から見た場合、子どもの学力向上を図る
上で十分に効果を上げていると思われますか」と質問したところ、教育長 765
人のうち、4 人（0.5%）が「1. 全くそう思わない」、62 人（8.1%）が「2. あまり
そう思わない」、264 人（34.5%）が「3. どちらともいえない」、396 人（51.8%）
が「4. かなりそう思う」、そして 33 人（4.3%）が「5. 全くそう思う」と回答し
た（無回答者 6 人〈0.8%〉）。

　このように約半数（56%）の教育長が、都道府県教委の学力政策の効果を認
めているものの、一方で約 4 割強の教育長は、都道府県の学力政策の効果性を
明確には実感できていないことになる。なお、都道府県教委の学力政策の効
果性と人口規模との間には統計的に有意な関係は認められないものの、都道府
県教委の学力政策の効果性と子どもの学力との間には正の相関が認められる
（r=.183, p<.01）。

[15] 市町村教育委員会の学力政策の効果性

　市町村教育委員会の学力政策の効果性を探るため、「（Q30）貴殿は、貴教育
委員会の学力向上策（事業）は、全体として効果を上げていると思われますか」
と質問したところ、教育長 765 人のうち、「1. 全く効果を上げていない」とす

るもの 0 人（0.0%）、38 人（5.0%）が「2. あまり効果を上げていない」、255 人（33.3%）が「3. どちらとも思えない」、429 人（56.1%）が「4. かなり効果を上げている」、そして 30 人（3.9%）が「5. 非常に効果を上げている」と回答した（無回答者 13 人〈1.7%〉）。このように、6 割の市町村教育長は市町村教育委員会の学力向上策が効果をあげていると認識している。しかし、他方で 4 割の市町村教育長は、少なくとも政策の効果を実感できていないことになる。

なお、市町村教委の学力政策の効果性と自治体の人口規模との間には有意な正の相関が認められる（r=.160, p<.01）ほか、市町村教委の学力政策の効果性と子どもの学力との間にも正の有意な相関が認められる（r=.229, p<.01）。

2. 子どもの学力や市町村教委の学力政策の効果性や 市町村教委の学力向上策（施策合計）を規定する要因の分析

本項では、子どもの学力や学力政策の効果性及び学力向上の施策合計数を規定する要因について検討する。

① 子どもの学力を規定する要因の分析

まず、子どもの学力を説明（規定）する要因は何であろうか。ここでは、Ⅲ-1-① で検討した市町村ごとの「学力調査・学習状況調査」の「小学校国語 B」の成績（平均正答率）を従属変数とし、これにどのような要因（独立変数）が影響を与えている（効いている）かを検討する。従属変数（子どもの学力、Q22）が 3 値の順序尺度なので、順序ロジットによる分析を行う。ここで取り上げる要因（独立変数）は、これまでの検討の過程で子どもの学力（小学校国語 B）の成績に影響（相関）があったと思われる変数（項目）である。具体的には、①小学校組織特性要因（Q1、合成変数）、②家庭特性要因（Q2、合成変数）、③住民特性要因（Q3、合成変数）、④県教委—市町村教委間の政策の一致度（Q4）、⑤教育委員会と首長（部局）との方針の一致度（Q5）、⑥教育委員会事務局の組織特性要因（Q6、合成変数）、⑦都道府県教委の学力政策の教員への伝達度（Q8）、

表5−5　子どもの学力を被説明変数とする順序ロジスティック回帰分析の結果

説明変数（独立変数）	順序ロジスティック 回帰係数（標準誤差）	Exp（B） オッズ比	95% 信頼区間 下限	上限
小学校の組織特性（Q1、合成変数）	−.038（.109）	0.962	−.251	.175
家庭特性要因（Q2、合成変数）	.417（.107）	***1.517	.207	.627
住民特性要因（Q3、合成変数）	−.148（.108）	0.862	−.360	.063
県教委-市町村教委間の政策の一致度（Q4）	−.091（.121）	0.913	−.329	.146
教育委員会と首長（部局）との方針の一致度（Q5）	.163（.123）	1.177	−.079	.405
教育員会の組織特性（Q6、合成変数）	−.140（.118）	0.869	−.371	.090
都道府県教委の学力政策の教員への伝達度（Q8）	.113（.133）	1.119	−.148	.374
都道府県教委の学力政策の効果性（Q11）	.388（.132）	**1.474	.129	.646
学力政策に対する首長の姿勢（Q13、合成変数）	.012（.099）	1.012	−.182	.206
就学援助受給率（Q25）	−.234（.071）	***0.791	−.373	−.095
市町村教委の学校支援の効果性（Q27）	−.043（.142）	0.957	−.323	.236
市町村教委の学力政策の効果性（Q30）	.497（.147）	***1.643	.210	.784
自治体の人口規模（F1）	.116（.049）	*1.122	.020	.212
第1閾値	3.121（.914）***			
第2閾値	4.297（.921）***			
観察数	627			
疑似決定係数（NagelkerkeR2乗）	.146			
対数尤度	1268.822			

***p<.001　**p<.01　*p<.05　従属変数：子どもの学力（Q22）

⑧都道府県教委の学力政策の効果性（Q11）、⑨学力政策に対する首長の姿勢（Q13、合成変数）、⑩就学援助受給率（Q25）、⑪市町村教委の学校支援の効果性（Q27）、⑫市町村教委の学力政策の効果性（Q30）、⑬自治体の人口規模（F1）の13変数（項目）を独立変数として取り上げ、順序ロジスティック回帰分析を行った[15]。

　その結果は、**表5-5**のとおりである。これによると、モデルの当てはまりの良さ表す指標（対数尤度）やモデルの予測値と観測値の適合度を表す指標や平行線の検定も問題はない。子どもの学力を規定する変動をどの程度説明するかを示す疑似決定係数（重回帰分析における決定係数〈R^2〉に相当）は、.146であり、全体としての説明力（規定力）は極めて小さいものの、取り上げた変数の中では「市町村教委の学力政策の効果性（Q30）」（β=.497, p<.001）が最も学力を規定しており、次いで「家庭特性要因（Q2）」（β=.417, p<.001）や「都道府県教委の学力政策の効果性（Q11）」（β=388, p<.01）や「就学援助受給率（Q25）」（β=−.234, p<.001）であり、「自治体の人口規模（F1）」（β=.116, p<.05）も影響を

第5章　市町村教育委員会の学力政策（2）

与えているのが看取できる（オッズ比参照）。子どもの学力の変動をわずかにし
か説明できないものの、この調査結果をみるかぎり、市町村教委や都道府県教
委の学力政策の効果性とともに、家庭特性要因が子どもの学力に影響を与えて
いることになり、これまでどおり、家庭に対する指導が施策的にも重要である
ことが示唆される。また就学援助受給率も子どもの学力に負の影響を与えてお
り、子どもの貧困対策の重要性が改めて認識されよう。さらに自治体の人口規
模も影響しており、このことから、教育委員会の適正規模の問題も今後、検討
されるべき課題となろう。なお、本調査結果をみるかぎり、教育委員会事務局
の組織特性や学校の組織特性は子どもの学力には影響を与えていないことにな
る。

② 市町村教育委員会の学力政策の効果性を規定する要因の分析

　次に、市町村教委の学力向上策の効果性を規定する諸要因について検討す
る。市町村教委の学力向上策の効果性を説明（規定）する要因は何であろう
か。ここでは、Ⅲ-1-⑮で検討した市町村教委の学力向上策の効果性（Q30）
を従属変数とし、これにどのような要因（独立変数）がどの程度影響を与えて
いる（効いている）かを検討する。ここで取り上げる要因（独立変数）は、これ
までの検討の過程で市町村教委の学力向上策の効果性に影響（相関）があった
と思われる変数（項目）である。具体的には、①小学校組織特性要因（Q1、合
成変数）、②家庭特性要因（Q2、合成変数）、③住民特性要因（Q3、合成変数）、④
県教委-市町村教委間の政策の一致度（Q4）、⑤教育委員会と首長（部局）との
方針の一致度（Q5）、⑥教育委員会事務局の組織特性要因（Q6、合成変数）、⑦
市町村教委の学力向上策の施策合計（Q7）、⑧都道府県教委の学力政策の教員
への伝達度（Q8）、⑨都道県教委の学力政策の効果性（Q11）、⑩教育委員の役
割活動（Q12、合成変数）、⑪学力政策に対する首長の姿勢（Q13、合成変数）、⑫
市町村教委の学力政策に対する教職員の理解度（Q14）、⑬国の学力調査の情報
の有効性（Q15）、⑭教育委員会会議での資料等の事前提供（Q17）、⑮教育予算
（Q26）、⑯市町村教委の学校支援の効果性（Q27）、⑰市町村教委の指導行政の
機能性（Q28）、⑱教育委員会事務局職員の充足度（Q29、合成変数）、⑲自治体

161

表5-6　学力政策の効果性を被説明変数とする重回帰分析

説明変数	β	r
市町村教委の学力政策に対する教職員の理解度	.224***	.458***
市町村教委の学校支援の効果性	.213***	.446***
市町村教委の学力向上策の施策合計	.142***	.366***
学力政策に対する首長の姿勢	.144***	.375***
市町村教委の指導行政の機能性	.122**	.427***
R^2		.355**
Adj. R^2		.350**
N		625

β：標準偏回帰係数　r：相関係数　***p<.001　**p<.01　*p<.05

　の人口規模（F1）の変数（項目）を独立変数[16]として取り上げ、ステップワイズ法による重回帰分析を行った。

　その結果は、**表5-6**のとおりである。これによると、市町村教委の学力向上策を規定する変動をどの程度説明するかを示す（調整済み）決定係数（R^2）は、.350であり、全体としての説明力（規定力）はそれほど高くないが、取り上げた変数の中では「（Q14）市町村教委の学力政策に対する教職員の理解度」（β=.224, p<.001）が最も学力を規定しており、次いで「（Q27）市町村教委の学校支援の効果性」（β=.213, p<.001）であり、「（Q13）学力政策に対する首長の姿勢」（β=.144, p<.001）や「（Q7）市町村教委の学力向上策の施策合計」（β=.142, p<.001）や「（Q28）市町村教委の指導行政の機能性」（β=.122, p<.01）も影響を与えていることがわかる。このように、市町村教委の学力向上策を成功裏に展開する一つの鍵は「学力政策に対する教職員の理解度」であり、教委が学力向上策について学校の教職員の理解を十分に得ることがいかに重要であるかを示しているほか、指導主事その他の方法による市町村教委の学校支援や指導行政の重要性も指摘されなければならない。さらに首長が教委の学力政策にどのような態度で望むかも重要な要素となる。首長の理解と協力が市町村教委の学力政策を成功に導く一つの要素と考えられる。そして、学力政策を首尾よく展開している市町村教委は、学力向上のための施策を多様かつ積極的に講じていることも看過してはいけない。なお、調査結果をみるかぎり、教育委員会事務局の組織特性や小学校の組織特性が市町村教委の学力向上策の効果性に影響を与えていないことを示している。

第5章　市町村教育委員会の学力政策 (2)

③ 市町村教委の学力向上のために講じる施策数（施策合計）を規定する
　要因の分析

　ここでは、市町村教育委員会の講じた学力向上のための施策数（施策合計）
（Q7）を規定する諸要因について検討する。市町村教委の講じた施策数（施策
合計）を説明（規定）する要因は何であろうか。ここでは、前章（Ⅲ-2-①）で
検討[17]した市町村教育委員会の講じた学力向上のための施策合計数を従属変
数とし、これにどのような要因（独立変数）がどの程度影響を与えている（効い
ている）かを検討する。ここで取り上げる要因（独立変数）は、市町村教育委員
会の学力向上のための施策合計に影響（相関）があったと思われる変数（項目）
である。具体的には、①小学校組織特性要因（Q1、合成変数）、②家庭特性要因
（Q2、合成変数）、④県教委—市町村教委間の政策の一致度（Q4）、⑤教育委員会
と首長（部局）との方針の一致度（Q5）、⑥教育委員会の組織特性要因（Q6、合
成変数）、⑦都道府県教委の学力政策の教職員への伝達度（Q8）、⑧都道県教委
の学力政策の効果性（Q11）、⑨教育委員の役割活動（の活発さ）（Q12、合成変
数）、⑩学力政策に対する首長の姿勢（Q13、合成変数）、⑪市町村教委の学力政
策に対する教職員の理解度（Q14）、⑫国の学力調査の情報の有効性（Q15）、⑬
自治体の財政力指数（Q24）、⑭就学援助受給率（Q25）、⑮教育委員会事務局の
職員の充足度（Q29、合成変数）、⑯自治体の人口規模（F1）の諸変数（項目）を
独立変数として取り上げ、ステップワイズ法による重回帰分析を行った。

　その結果は、**表5-7**のとおりである。これによると、市町村教育委員会の
講じた施策数（施策合計）の変動をどの程度説明するかを示す（調整済み）決定
係数（R^2）は、.238であり、全体としての説明力（規定力）は小さいが、取り上
げた変数の中では「（F1）自治体の人口規模」（β =.224, p<.001）が最も教育委員
会の講じた施策数（施策合計）を規定しており、次いで「（Q14）市町村教委の
学力政策に対する教職員の理解度」（β =.187, p<.001）や「（Q12）教育委員の役
割活動（の活発さ）」（β =.181, p<.001）や「（Q6）教育委員会の組織特性」（β =.152,
p<.001）であり、さらに「（Q2）家庭特性要因」（β =-.121, p<.01）も影響を与え
ていることが看取される。このように、市町村教育委員会の学力向上のための
施策数（施策合計）は、まずは自治体の人口規模要因によって規定されている

163

表5-7　学力向上の施策合計を被説明変数とする重回帰分析

説明変数	β	r
教育委員会の組織特性（組織健康）	.152**	.365***
自治体の人口規模	.224***	.325***
教育委員の役割活動（の活発さ）	.181***	.361***
市町村教委の学力政策に対する教職員の理解度	.187***	.316***
家庭特性要因	-.121**	.073*
R^2	.244**	
Adj. R^2	.238**	
N	.618	

β：標準偏回帰係数　r：相関係数　***p<.001　**p<.01　*p<.05

ほか、市町村教委の学力政策に対する教職員の理解度や教育委員の役割活動（の活発さ）及び教育委員会事務局の組織特性の影響を受けることが理解できる。家庭特性要因は負の影響を与えているが、これは家庭特性要因が好ましい状況であれば家庭への学習習慣形成事業その他の関連施策を多く講ずる必要がなくなるためではないかと考えられる。

3. 自治体の人口規模との関連の若干の検討

　近年、地方自治体の人口の減少がその行政活動や運営に大きな影響を与えつつある。本項では、この人口減少によって生ずる教育行政上の問題を検討する糸口として、今回の教育長調査から、地方自治体の人口規模が市町村教育委員会の学力政策や行政活動にどのような影響を及ぼすかを検討することとする。

　これまでの検討から、地方自治体の人口規模と市町村教育委員会の学力政策や行政活動の関係は、**表5-8**のようにまとめられよう。

　これをみると、地方自治体の人口規模と教育委員会の政策や活動との間にはいろんな面で関係のあることが看取できる。「7. 自治体の人口規模が大きいほど、教職員の市町村教委の学力政策に対する理解度は高い（Q14）」、「15. 自治体の人口規模が大きいほど、市町村教委の学力政策の効果があがっている（Q30）」、「2. 教育委員会事務局の組織特性は人口規模の大きいほど評価が高い（Q6）」、「12. 人口規模の大きい自治体ほど、市町村教委の学校支援の効果が高

第5章　市町村教育委員会の学力政策（2）

表5-8　地方自治体の人口規模と諸変数との関係

(1) 自治体の人口規模と正の相関をもつ変数（質問項目）	
1	(Q4) 都道府県教委と市町村教委間の学力政策の方針の一致度
2	(Q6) 市町村教育委員会事務局組織特性
3	(Q7) 市町村教委の学力施策の合計数
4	(Q10) 市町村教委の学力政策の小学校・保護者等への影響
5	(Q12) 学力政策に関しての教育委員の役割活動（合成変数）
6	(Q13) 学力政策に対する首長の姿勢（合成変数）
7	(Q14) 市町村教委の学力政策に対する教職員の理解度
8	(Q15)「学力調査・学習状況調査」の有効性
9	(Q17) 教育委員会会議での教育委員への資料の事前提供
10	(Q22)「全国学力・学習状況調査」の小学校国語Ｂの成績
11	(Q24) 自治体の財政力指数
12	(Q27) 教育委員会の学校支援の効果性
13	(Q28) 教育委員会の学校に対する指導行政の効果性
14	(Q29) 市町村教委事務局の職員数の充足度
15	(Q30) 市町村教委の学力政策の効果性
(2) 自治体の人口規模と負の相関をもつ変数（質問項目）	
1	(Q3) 住民特性（合成変数）
2	(Q25) 自治体の公立小学校の就学援助受給率
(3) 自治体の人口規模と相関のない変数（質問項目）	
1	(Q1) 小学校組織特性（合成変数）
2	(Q2) 家庭特性（合成変数）
3	(Q5) 市町村教委と首長（部局）間の学力政策をめぐる方針等の一致度
4	(Q8) 都道府県教委の学力政策の教職員への浸透度（伝達度）
5	(Q9) 学力政策に関しての都道府県教委の市町村教委に対する姿勢
6	(Q11) 都道府県教委の学力政策の効果性
7	(Q16) 都道府県教委実施の学力調査の情報としての効果性
8	(Q18)「学力調査・学習状況調査」の学校ごとの公表に関する市町村教委の賛否
9	(Q26) 自治体の教育予算の割合

い（Q27）」、「13. 人口規模が大きい自治体ほど、市町村教育委員会の学校に対する指導行政はより十全に機能している（Q28）」、「14. 人口規模の大きい自治体ほど、市町村教委事務局の職員数の充足度が高い（Q29）」、「8. 自治体の人口規模の大きいほど、国の学力調査の情報の有効性が高いと認識される（Q15）」、「3. 自治体の人口規模が大きいほど、市町村教委の講ずる学力向上のための施策数が多い（Q7）」など、人口規模の大きさによるメリット（スケールメリット）があると推察される。もちろん、一方で「(2)-2 人口規模の大きい自治体ほど、公立小学校の就学援助受給率が高い（Q25）」や「(2)-1 人口規模の大き

い自治体ほど、住民特性（住民間の絆など）の得点が低い（Q3）」など、自治体の人口規模の大きさがもたらす負の効果（デメリット）も認められる。しかし、今回の意識調査をみるかぎり、全体としては人口規模の大きい自治体ほど、当該教育委員会の学力政策に好影響を与えている側面が多いようである。

　では、なぜ、そうなのか。それは、人口規模の大きい自治体の教育委員会ほど、多様な教育行政上の課題に対応していける財政的基盤がより堅固であり（Q24）、また行政活動や政策の展開の要となる専門職員（指導主事、社会教育主事）や事務職員が充実するなど（Q29）、人的条件の整備が進んでいると考えられるからである。すなわち、人口規模の大きい自治体の教育委員会では、財政的・人的条件（優れた人材の登用も可能）がより充実しているために、学校に対する指導行政の機能性（Q28）や学校支援の効果性（Q27）も高く、教育委員の役割活動も活発であるほか（Q12）、組織としての対応力（Q6）や施策の展開力（Q7）も優れている。もちろん、人口規模の大きい自治体では、子どもの貧困問題を抱え（Q25）、地域住民の絆（Q3）が薄いなど、教育・教育行政上の課題解決をより困難にする負の側面も存在する。しかし、それでも、人口規模の大きい自治体の教育委員会では、その負の側面を克服し、直面する多くの課題を解決できる財政的・人的・組織的な対応能力を有していると考えられる。

　ところで、自治体の人口規模問題といえば、教育委員会の適正規模の問題がある。例えば、財政学などでは、吉村弘による「人口当たり歳出総額を最少にするという意味での最適都市規模は人口20万人程度」という指摘もあるが[18]、教育委員会の適正規模の場合はどうであろうか。教育委員会は設置単位として人口規模が大きいほど良いのであろうか。確かに、自治体の人口規模は大きいほど、総じて教育委員会の活動や政策等に良い効果をもたらすことを指摘してきた。しかし、少し詳細にみると、「市町村教委の事務局職員の充足度」（Q29）や「自治体の財政力指数」（Q24）などは自治体の人口規模が大きいほど、職員の充足度や財政力が高まることが示される一方、例えば、「市町村教委の学力政策の効果性」（Q30）、「教育委員会会議での教育委員の役割活動」（Q12）、「市町村教育委員会の指導行政の機能性」（Q28）などは、人口規模20−30万人の自治体で最もその得点が高い傾向もみられる。教育委員会の適正規模の存在が示唆される。今回の調査では、人口規模データの制約性から詳細な分析が不可

第5章　市町村教育委員会の学力政策 (2)

能であるが、今後のさらなる検討が望まれる。

IV. 総　　括

　以上、子どもの学力を規定する要因や市町村教委の学力政策の有効性及び学力向上のために講じた施策数（施策合計）を規定する要因を中心に検討してきた。最後に、本調査結果から明らかになったことを総括して、結びとしたい。

　第一に、市町村の子どもの学力を規定する要因についてである。子どもの学力を規定する要因については、Ⅲ-2-①で検討したように、子どもの学力を規定する変動をどの程度説明するかを示す疑似決定係数（重回帰分析における決定係数〈R^2〉に相当）は、.146であり、全体としての説明力（規定力）は極めて小さいものの、取り上げた変数の中では「市町村の学力政策の効果性（Q30）」（β =.497, p<.001）が最も学力を規定しており、「家庭特性要因」（β =.417, p<.001）や「都道府県教委の学力政策の効果性（Q11）」（β =388, p<.01）や「就学援助受給率（Q25）」（β =－.234, p<.001）と続き、「自治体の人口規模（F1）」（β =.116, p<.05）も影響を与えているのが看取できる。子どもの学力の変動をわずかしか説明できないものの、この調査結果をみるかぎり、市町村教委や都道府県教委の学力政策が首尾良く展開されることが、当然のことながら学力向上にとって重要であるとともに、先行研究でも指摘されているとおり、家庭特性要因が子どもの学力に影響を与える重要な要因の一つとなっている。その意味では、多く（約7割近く）の市町村教育委員会が学力向上のために家庭に対する生活・学習習慣促進事業を展開している[19]ことは有益であるといえよう。また、就学援助受給率も子どもの学力に影響を与えており、子どもの貧困対策の重要性が改めて示されている。子どもの貧困は、家庭生活や学校生活にも影響を与えることが予想され、社会政策としても子どもの貧困対策の促進が求められよう。確かに、子どもの学力と家庭特性要因（合成変数）と就学援助受給率の間には相関が認められ[20]、子ども（家庭）の貧困が家庭環境（家庭要因）を悪くし、ひいてはそれが子どもの学力に負の影響を与えているとも考えられる。さ

167

らに自治体の人口規模も子どもの学力に影響しており、教育委員会の設置規模ないし適正規模の問題も今後の検討課題の一つとなろう。なお、今回の調査では、教育委員会事務局の組織特性や学校の組織特性が直接に子どもの学力に影響を与えているというデータは示されていない。子どもの学力に与える影響は、教育委員会の組織特性要因や学校の組織特性要因よりも、家庭特性要因や子どもの貧困などの要因のほうが大きいことが示唆される。この問題については最後に少し触れることにしたい。

　第二に、市町村教委の学力政策の効果を規定する要因に関してである。Ⅲ-2-②で検討したように、市町村教委の学力向上策の効果性を規定する変動をどの程度説明するかを示す（調整済み）決定係数（R^2）は、.350であり、全体としての説明力（規定力）は決して高くないが、取り上げた変数の中では「(Q14)学力政策に対する教職員の理解度」（$\beta = .224$, p<.001）が最も学力政策の効果性を規定しており、次いで「(Q27)市町村教委の学校支援の効果性」（$\beta = .213$, p<.001）であり、「(Q13)学力政策に対する首長の姿勢」（$\beta = .144$, p<.001）や「(Q7)市町村教委の学力向上の施策合計」（$\beta = .142$, p<.001）や「(Q28)市町村教委の指導行政の機能性」（$\beta = .122$, p<.01）も影響を与えていることがわかる。

　このように、市町村教委の学力向上策の効果性に「学力政策に対する教職員の理解度」が影響を与えていることは、教委がその学力向上策について学校の教職員に十分に理解を求めておくことの必要性を示している。また、本調査結果は指導主事その他の方法による教委の学校支援や指導行政の重要性も示唆している。さらに首長が教委の学力政策にどのような姿勢で望んでいるか、すなわち、市町村教委の学力政策に対して首長の理解と協力がどの程度得られるかが、その政策の成否に影響を与えることも示唆される。最後に市町村教委が学力向上のために多様な施策（施策合計）を積極的に講じていくことも学力政策を成功に導く一因となっている。なお、本調査結果からは、教育委員会事務局の組織特性（組織健康）が直接に市町村教委の学力向上策の効果性に影響を与えていることは示されなかった。教育委員会の学力政策の効果性に影響を与えるのは、この調査結果をみるかぎり、教育委員会の組織特性要因というよりも、「学力政策に対する教職員の理解度」、「施策合計」、「市町村教委による学校支援の効果性」などの諸要因である。

第5章　市町村教育委員会の学力政策 (2)

　第三に、市町村教委の講じた学力施策数（施策合計）を規定する要因についてである。Ⅲ-2-③で検討したように、市町村教育委員会が学力向上のために講じた施策取り組み（施策合計）の変動をどの程度説明するかを示す（調整済み）決定係数（R^2）は、.238であり、全体としての説明力（規定力）は小さいものの、取り上げた変数の中では「(F1) 自治体の人口規模」（β =.224, p<.001）が最も学力施策数（施策合計）を規定しており、次いで「(Q14) 学力政策に対する教職員の理解度」（β =.187, p<.001）や「(Q12) 教育委員の役割活動」（β =.181, p<.001）や「(Q6) 教育委員会の組織特性（組織健康）」（β =.152, p<.001）であり、「(Q2) 家庭特性要因」（β =-.121, p<.01）もわずかに負の影響を与えていることがわかる。

　このように、市町村教育委員会の学力向上のための施策総数は、まずは自治体の人口規模要因によって影響を受けているほか、教職員の市町村教委の学力政策に対する理解度や教育委員の役割活動（の活発さ）や教育委員会の組織特性（組織健康）の諸要因によって規定されることがわかる。なお、家庭特性要因は負の影響を与えているが、これは、家庭要因が好ましい状況であれば保護者（家庭）に対する対応（事業）の必要度が相対的に低くなり、そのぶん施策数が少なくなるためと考えられる。

　第四に、自治体の人口規模が教育委員会の行政活動や政策展開にどのような影響を与えるかの問題についてである。Ⅲ-3で検討したように、調査結果をみるかぎり、自治体の人口規模は、子どもの学力や教育委員会の展開する施策数（施策合計）など、教育委員会の行政活動や政策結果に影響を与えていることが示された。自治体の人口規模が大きいことは、住民の絆の希薄化や就学援助率の高さなど、負の側面をもつ一方で、学力問題など、多様な行政課題の解決に向けて対応できる財政的・人的・組織的対応能力を有するものと考えられる。自治体の人口規模が教育行政活動や政策にどのような影響を与えていくかは、今後、さらに慎重な検討を要する。自治体の人口減少化が進行する中、自治体の統廃合問題と絡んで、市町村教育委員会の設置単位ないし適正規模の問題は、今後の重要な検討課題の一つとなる。

　最後に、本調査結果からは、子どもの学力に教育委員会事務局の組織特性や学校組織特性が直接に影響を与えているというデータは示されなかった。子ど

もの学力に与える影響は、教育委員会組織特性要因や学校組織特性要因よりも、家庭特性要因や子どもの貧困などの要因のほうが大きいことが示された。しかし、例えば、教育委員会の組織特性は、直接には子どもの学力に影響を及ぼさないとしても、間接的には影響を与えていると考えられる。すでに検討したように（Ⅲ-2）、子どもの学力には「市町村教育委員会の学力政策の効果性」も影響を与えており（Ⅲ-2-①）、この「市町村教育委員会の学力政策の効果性」には「学力向上策の施策合計」が影響を与えるとともに（Ⅲ-2-②）、この「学力向上策の施策合計」は「教育委員会の組織特性（組織健康）」の影響を受けている（Ⅲ-2-③）。つまり、教育委員会の組織特性が間接的に子どもの学力に影響を与えている可能性も否定できない。

　本研究は、市町村教育委員会の教育長に焦点を当ててデータを収集したため、データには教育長の意識が色濃く反映されていることは留意されるべきである。また、学校ごとに集めたほうが望ましいデータ（例えば、学校の組織特性など）もあり、今後の調査方法にも改善の余地があることを指摘しておきたい。なお、市町村教育委員会教育委員長を対象とした学力政策に関する調査結果については、次章で取り扱う。

注

(1) 青木栄一「自治体・学校からはじまる学力向上政策と学力論議再考」山森光陽・荘島宏二郎編著『学力―いま、そしてこれから―』（ミネルヴァ書房、2006 年）43-66 頁。

(2) 苅谷剛彦『学力と階層―教育の綻びをどう修正するか―』（朝日新聞出版、2008 年）60頁。

(3) 山崎博敏編著『学力を高める「朝の読書」――一日 10 分が奇跡を起こす 検証された学習効果―』（メディアパル、2008 年）60-62 頁。

(4) 志水宏吉編著『「力のある学校」の探究』（大阪大学出版会、2009 年）45-46 頁、227 頁。

(5) 苅谷剛彦『教育と平等―大衆教育社会はいかに生成したか―』（中央公論新社、2009 年）229 頁。

(6) 志水宏吉・高田一宏編著『学力政策の比較社会学〈国内編〉―全国学力テストは都道府県に何をもたらしたか―』（明石書店、2012 年）36-43 頁。

(7) 志水宏吉・伊佐夏実・知念渉・芝野淳一『調査報告 「学力格差」の実態』（岩波書店、2014 年）13 頁、22 頁、43 頁、57 頁。

第5章　市町村教育委員会の学力政策 (2)

(8) 中室牧子『「学力」の経済学』（ディスカヴァー・トゥエンティワン、2015年）118-120頁。

(9) 第4章の初出は、拙稿「市町村教育委員会の学力政策に関する一考察」『広島大学大学院教育学研究科紀要』第三部（教育人間科学領域）第64号、2015年、1-10頁である。また、本章（第5章）の初出は拙稿「市町村教育委員会の学力政策（中間報告）―子どもの学力を規定する要因の分析を中心にして―」最終講義資料『私の教育行政学研究―38年のあゆみ―』2016年2月19日、13-46頁である。

(10) 小学校の組織特性を測る尺度は、マイルズ（M. B. Miles）が提唱した「組織健康」の概念を使って作成したものである。組織健康は、組織が長期にわたって環境に適切に対処していく能力をもつものと仮定される（詳しくは拙稿「学校革新を規定する組織特性要因の分析―学校革新と組織健康（organization health）との関係の検討―」『日本教育行政学会年報』第8号、1982年10月、202-221頁を参照されたい）。なお、教育委員会の組織特性を測る尺度（Q6）にもマイルズの「組織健康」の概念を援用している（Ⅲ-1-⑤参照）。

(11) 教育委員の役割活動と自治体の人口規模の相関係数は、以下のとおりである。「(1) 学力問題に関して会議で何を検討すべきか（議題、検討課題）についてよく提案する」（r=.199, p<.01)、「(2) 地域住民や保護者の意見や要望を十分に踏まえて、学力向上策を検討している」（r=.198, p<.01)、「(3) 学力向上策を検討する際、新しい案やアイデアを積極的に提案する」（r=.199, p<.01)、「(4) 事務局の提案する学力向上策が修正されることがある」（r=.138, p<.01)、「(5) 学力向上策を議論する際、教育委員の発言や意見は非常に参考になる」（r=.224, p<.01)、「(6) 学力問題について実態把握や新しい情報入手のため、積極的に学校訪問や保護者との対話を行っている」（r=.240, p<.01)、「(7) 学力向上の施策実施後の事業評価に積極的に関わっている」（r=.237, p<.01)、「(8) 学力問題について意見交換するため、首長との対話（話し合い）に臨んでいる」（r=.215, p<.01)、そして「(9) 学力向上策の評価に関する議論は、次年度の事業計画の策定に十分に生かされている」（r=.248, p<.01)。

(12) なお、教育委員の役割活動（合成変数）と自治体の人口規模との間（r=.086, p<.05）及び子どもの学力との間（r=.287, p<.01）にも有意な正の相関が認められる。

(13) なお、この「首長の学力向上策の理解度」（合成変数）と自治体の人口規模間（r=.224, p<.01）及び子どもの学力との間（r=.142, p<.01）にも有意な正の相関が認められる。

(14) 就学援助受給率＝（要保護児童数＋準要保護児童数）÷全児童数で算出される。

(15) 13変数のうち、④、⑤、⑦の変数（項目）については、拙稿、前掲論文「市町村教育委員会の学力政策に関する一考察」の中で検討している（第4章参照）。なお、これまでの検討の過程（第4章参照）で、この13変数以外に、教育委員の役割活動（Q12, 合成変数）や教職員による市町村教委の学力政策の理解度（Q14）や国の学力調査の情報の有効

性（Q15）や市町村教委の指導行政の機能性（Q28）の4変数も子どもの学力と有意な相関を有していたが、説明変数として相互に相関が高いなどの理由から、分析の対象から外した。また、念のため、子どもの学力（Q22）を従属変数（被説明変数）とし、①小学校組織特性要因（Q1、合成変数）、②家庭特性要因（Q2、合成変数）など、17変数（項目）を独立変数として取り上げ、ステップワイズ法による重回帰分析を行ったところ、ほぼ同様の結果を得ている。これによると、子どもの学力を規定する変動をどの程度説明するかを示す（調整済み）決定係数（R^2）は、.109であり、全体としての説明力（規定力）は極めて小さいものの、取り上げた変数の中では「市町村の学力政策の効果性（Q30）」（β=.147, p<.001）が最も学力を規定しており、次いで「家庭特性要因」（β=.136, p<.001）や「都道府県教委の学力政策の効果性（Q11）」（β=116, p<.01）や「就学援助受給率（Q25）」（β=-.114, p<.01）であり、「自治体の人口規模（F1）」（β=.103, p<.01）も影響を与えているのが看取できた。

(16) これらの独立変数のうち、④、⑤、⑧、⑫、⑬、⑭の変数（項目）については、拙稿、前掲論文（2015年）で検討している（第4章参照）。

(17) 拙稿、前掲論文（2015年）のⅢ-2-①「市町村教育委員会が講じた学力向上のための諸施策」（3-4頁）もしくは本書第4章（Ⅲ-2-①）を参照されたい。なお、施策合計はQ7の施策23項目の単純合計数である（N=761、平均値11.98、中央値12.00、SD=4.707、最小値0、最大値23）。

(18) 増田知也「市町村の適正規模と財政効率性に関する研究動向」『自治総研』396号、2011年10月、24頁。

(19) 拙稿、前掲論文のⅢ-2-①「市町村教育委員会が講じた学力向上のための諸施策」（3-4頁）もしくは本書第4章を参照されたい。

(20) 子どもの学力と家庭特性要因との間には正の相関（r=.234, p<.01）、子どもの学力と就学援助受給率との間には負の相関（r=-.118, p<.01）、そして家庭要因と就学援助受給率との間には負の相関（r=-.183, p<.01）がそれぞれ認められる。

第6章

市町村教育委員長からみた学力政策と教育委員会制度改革

—その現状と課題—

I. はじめに

　現在、子どもの学力向上は地方教育行政の大きな政策課題の一つとなっている。市町村教育委員会や都道府県教育委員会がどのように学力政策を樹立し、実施し、評価し、その政策効果をあげようとしているのか、その実態や影響や課題及び子どもの学力の規定要因を明らかにすることは、今後の学力政策の在り方を探るうえで極めて重要である。

　第4章と第5章では、市町村教育長への質問紙調査に基づき、市町村教育委員会の学力政策の実態や課題及び子どもの学力等の規定要因について考察したが、本章では、同様の問題意識から、教育委員長への質問紙調査をもとに市町村教育委員会が子どもの学力向上のためにどのような取り組みをしているのか、その実態や影響等を明らかにするとともに、市町村の子どもの学力や学力政策の効果性を規定する要因についても検討する。また、後半では、教育委員長が当時の教育委員会制度改革等についてどのような認識をもっていたかを明らかにする。これらの検討を通して、教育委員長が、当時の市町村教育委員会の学力政策の実態や影響及び課題並びに教育委員会制度の問題点や制度改革の方向性についてどのように捉えていたのかを明らかにする。

II. 調査方法

① 調査目的

　本章では、既述したように、前半で教育委員長のデータをもとに市町村教育委員会が学力政策をどのように展開してきたのか、その実態や影響（効果）や課題及び市町村の子どもの学力等を規定する要因について明らかにするとともに、後半では、教育委員長が当時の教育員会の問題点や制度改革等についてど

のように認識していたのかを検討する。したがって、本章の主な検討課題は、以下のとおりである。

①市町村教育委員会は学力政策をどのように展開しているのか、その実態や学校等への影響（効果）はどのようであったか。

②子どもの学力や教育委員会の学力政策の効果性を規定する要因とは何か。教育委員会特性か、家庭特性か、住民特性か、あるいは教育長のリーダーシップ要因か。

③教育委員長は、当時の教育委員会の問題点や制度改革をどのように捉えていたのか。

④自治体の人口規模は、教育委員会の行政活動や政策等にどのような影響を及ぼすのか。

② 調査対象

　調査対象は、全国市町村の教育委員長1000人であり、有効回答者数は466人で、有効回収率は46.6％である。回答者の性別は男性80.3％（374人）、女性19.1％（89人）、無回答者0.6％（3人）で、年齢別の割合は、45－49歳2.4％（11人）、50－54歳5.6％（26人）、55－59歳9.2％（43人）、60－64歳19.1％（89人）、65－69歳32.6％（152人）、70歳以上28.7％（134人）、無回答者2.4％（11人）である。教育委員長の勤務年数（通算）の割合は、1年未満19.1％（89人）、1年以上－2年未満15.5％（72人）、2年以上－4年未満24.5％（114人）、4年以上－6年未満13.7％（64人）、6年以上－8年未満14.4％（67人）、8年以上－10年未満4.5％（21人）、10年以上－12年未満2.6％（12人）、12年以上4.5％（21人）、そして無回答者1.3％（6人）である。また、自治体の人口規模別の割合は、5000人未満13.1％（61人）、5000人以上－1万人未満12.9％（60人）、1万人以上－3万人未満28.1％（131人）、3万人以上－5万人未満12.9％（60人）、5万人以上－10万人未満17.4％（81人）、10万人以上－20万人未満8.6％（40人）、20万人以上－30万人未満2.1％（10人）、30万人以上4.7％（22人）、そして無回答0.2％（1人）である。

③ 調査期間

2015（平成27）年2月中旬～3月上旬。

④ 調査手続

　教育委員長のデータをもとに、教育委員会の学力政策がどのように展開されているのか、その実態と子どもの学力や学力政策の効果性を規定する要因を明らかにするとともに、当時の教育員会制度とその改革について教育委員長がどのように考えていたのかを探るため、①市町村教育委員会の学力政策の実態（9項目）、②子どもの学力に影響を与える要因（家庭特性、住民特性、教育委員会の組織特性など）（8項目）、③子どもの学力の指標（平成26年度「学力調査・学習状況調査」の「小学校国語Bの成績」）（1項目）、④教育委員会の制度改革（6項目）、そして⑤教育委員長及び自治体の基本属性（年齢、勤務年数、性別、人口規模）（5項目）にかかわる29項目からなる「教育委員会の学力政策に関する教育委員長の意識調査」を作成し、郵送法で、調査を実施した。調査対象1000人の教育委員長は、文部科学省『全国教育委員会一覧』（文教協会、平成26年10月）を活用し、約1700人の教育長の中から無作為で抽出された（東京都23区及び学校組合等を除く）。

Ⅲ．結果及び考察

（一）市町村教育委員会の学力政策の展開状況と子どもの学力・
　　　学力政策の効果性を規定する要因の検討

　ここでは、まず、市町村教育委員会の学力政策がどのように展開され、それが学校等にどのような影響を与えていたのか、その影響や政策的効果等とともに、教育委員会の組織状況や自治体の社会的・財政的状況についても触れ、そ

のうえで子どもの学力や学力政策の効果性を規定する要因について検討する。子どもの学力や学力政策の効果性の規定要因の分析に先だって、市町村教育委員会の学力政策の展開状況から考察を始めよう。

1. 市町村教育委員会の学力政策の展開にかかわる状況

1 「全国学力・学習状況調査」の「小学校国語B」の成績（平均正答率）にみる子どもの学力

まず、各自治体の子どもの学力の状況を把握するため、「(Q19) 平成26年度貴教育委員会の『全国学力・学習状況調査』の『小学校国語B』の成績（平均正答率）は、次のどれに該当するでしょうか。もし差し支えなければ、次の中から該当するものを一つ選び〇印をお付け下さい」の質問をしたところ、**図6-1**に示されるとおり、教育委員長466人のうち、149人（32.0％）が「1. 全国平均より下」、160人（34.3％）が「2. ほぼ全国平均」、そして131人（28.1％）が「3. 全国平均より上」と回答した（無回答者26人〈5.6％〉）。なお、子どもの学力（以下、「小学校国語B」をさす）と自治体の人口規模との間には有意な関係（相関）は認められない。

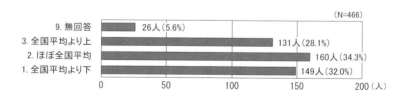

図6-1 地方自治体の子どもの学力（全国学力・学習状況調査「小学校国語B」）

2 市町村教育委員会の学力政策に対する教職員の理解度

次に、市町村教委の学力政策が学校の教職員にどの程度理解されているかを

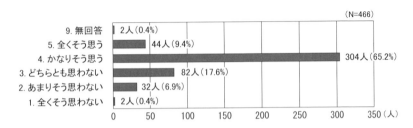

図6-2 市町村教育委員会の学力政策に対する教職員の理解度

探るため、「(Q2) 貴殿は、貴教育委員会の学力政策の内容と方針は、教職員によって十分に理解されていると思われますか」の質問をしたところ、図6-2に示されるように、教育委員長466人のうち、2人 (0.4%) が「1. 全くそう思わない」、32人 (6.9%) が「2. あまりそう思わない」、82人 (17.6%) が「3. どちらとも思わない」、304人 (65.2%) が「4. かなりそう思う」、そして44人 (9.4%) が「5. 全くそう思う」と回答した (無回答者2人〈0.4%〉)。

このように、7割強の教育委員長は、市町村教委の学力政策の内容と方針が学校の教職員によって理解されていると認識している。とはいっても3割近くの教育委員長は「学力政策が教職員によって理解されている」と実感していないことになる。ちなみに、教育長も同じ質問にほぼ同様の回答をしている(第4章Ⅲ-2-⑥、Q14)。

なお、教職員の市町村教委の学力政策の理解度と自治体の人口規模との間には正の有意な相関が認められ (ピアソン相関係数 r=182, p<.01)、人口規模の大きい自治体ほど、市町村教委の学力政策に対する理解度は高いと認識されている。他方で教職員の理解度と子どもの学力との間には有意な関係は認められない。

③ 市町村教育委員会の学力政策の及ぼす影響

市町村教育委員会の学力向上策の学校教育や保護者等への影響を探るため、「(Q5) 貴殿は、貴教育委員会の一連の学力向上策が、教育委員会や小学校やその保護者にどのような影響を与えていると思われますか」と5段階評価で

第 6 章　市町村教育委員長からみた学力政策と教育委員会制度改革

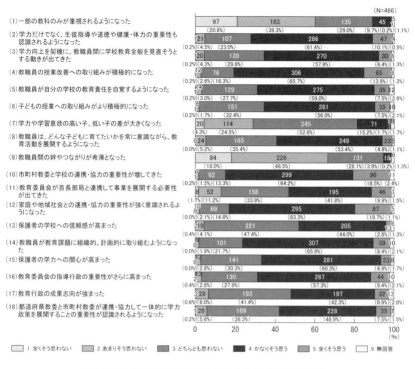

図 6-3　市町村教育委員会の学力政策の及ぼす影響

問うたところ、**図 6-3** に示されるように、教育委員長 466 人のうち、46 人（9.9%）が「(1) 一部の教科のみが重視されるようになった」、333 人（71.5%）が「(2) 学力だけでなく、生徒指導や道徳や健康・体力の重要性も認識されるようになった」、300 人（64.3%）が「(3) 学力向上を契機に、教職員間に学校教育全般を見直そうとする動きが出てきた」、371 人（79.6%）が「(4) 教職員の授業改善への取り組みが積極的になった」、310 人（66.5%）が「(5) 教職員が自分の学校の教育責任を自覚するようになった」、296 人（63.5%）が「(6) 子どもの授業への取り組みがより積極的になった」、79 人（16.9%）が「(7) 学力や学習意欲の高い子、低い子の差が大きくなった」、272 人（58.3%）が「(8) 教職員は、どんな子どもに育てたいかを常に意識しながら、教育活動を展開するようになった」、19 人（4.1%）が「(9) 教職員間の絆やつながりが希薄と

179

なった」、385 人（82.7%）が「(10) 市町村教委と学校の連携・協力の重要性が増してきた」、241 人（51.7%）が「(11) 教育委員会が首長部局と連携して事業を展開する必要性が出てきた」、382 人（82.0%）が「(12) 家庭や地域社会との連携・協力の重要性が強く意識されるようになった」、218 人（46.8%）が「(13) 保護者の学校への信頼が高まった」、346 人（74.3%）が「(14) 教職員が教育課題に組織的、計画的に取り組むようになった」、304 人（65.2%）が「(15) 保護者の学力への関心が高まった」、311 人（66.7%）が「(16) 教育委員会の指導行政の重要性が高まった」、229 人（49.2%）が「(17) 教育行政の成果志向が強まった」、そして 263 人（56.4%）が「(18) 都道府県教委と市町村教委が連携・協力して一体的に学力施策を展開することの重要性が認識されるようになった」とそれぞれ回答した（人数と割合は「4. かなりそう思う」＋「5. 全くそう思う」の合計〈%〉をさす）[1]。

　このように、市町村教育委員会の一連の学力向上策が、「(4) 教職員の授業改善への取り組みが積極的になった」（79.6%）、「(14) 教職員が教育課題に組織的、計画的に取り組むようになった」（74.3%）、「(5) 教職員が自分の学校の教育責任を自覚するようになった」（66.5%）、「(6) 子どもの授業への取り組みがより積極的になった」（63.5%）など、教職員の学校教育への取り組みに好影響を与えていることのほかに、「(10) 市町村教委と学校の連携・協力」（82.7%）、「(12) 家庭や地域社会との連携・協力」（82.0%）、「(16) 教育委員会の指導行政」（66.7%）、「(18) 都道府県教委と市町村教委との連携・協力」（56.4%）の重要性についても認識が深まっていることが指摘できよう。一方で、「(9) 教職員間の絆やつながりが希薄となった」（4.1%）、「(1) 一部の教科のみが重視されるようになった」（9.9%）、「(7) 学力や学習意欲の高い子、低い子の差が大きくなった」（16.9%）など、一般に社会で懸念されている学力向上策の悪影響については、教育委員長にはそれほど問題視されていないように思われる。市町村教育委員長の立場からみるかぎり、市町村教育委員会の講じている学力政策は、学校教育や教育行政に好影響を与えていると認識されているようである。ちなみに、教育長もこの同じ質問に概ね同様の回答をしている（第 4 章Ⅲ-2-②、Q10）。

　なお、学力向上策の学校教育等への影響と地方自治体の人口規模との関係

第6章　市町村教育委員長からみた学力政策と教育委員会制度改革

を検討したところ、項目「(1)　一部教科の重視」(r=-.129, p<.01)、「(2)　生徒指導や道徳等の重要性」(r=.104, p<.05)、「(3)　学校教育全般の見直し」(r=.105, p<.05)、「(4)　授業回改善への積極性」(r=.116, p<.05)、「(9)　教職員間の絆の希薄化」(r=-.112, p<.05)」、「(10)　市町村教委と学校の連携の重要性」(r=.142, p<.01)、「(11)　教育委員会と首長部局との連携の必要性」(r=.192, p<.01)、「(12)　家庭や地域との連携の重要性」(r=.164, p<.01)、「(14)　教職員の教育課題への組織的取り組み」(r=.102, p<.05)、「(16)　教育委員会の指導行政の重要性」(r=.140, p<.01) については、統計的に有意な相関が認められる（ただし「(1)　一部教科の重視」と「(9)　教職員間の絆の希薄化」については負の相関が認められ、自治体の人口規模の小さい教育委員会ほど一部教科の重視や子どもの学力格差の進行が認識されている」）。他方、学力向上策の学校教育等への影響と子どもの学力との間には7つの項目（(3)、(4)、(5)、(6)、(8)、(13)、(15)）で正の相関、2つの項目（(7)、(9)）で負の相関が認められる。

　ところで、次項（Ⅲ-(一)-3-①）において、この教育委員会の学力政策の学校教育などへの影響が、他の要因とともに、子どもの学力（「(Q22)　小学校国語Bの成績（平均正答率)」）にどのような影響を及ぼしているかを検討するため、教育委員会の学力向上策の影響を示す18の変数に主成分分析を施し、合成変数を作成した。その結果、固有値1.0以上の主成分として、第1主成分（固有値6.121、寄与率34.004％）、第2主成分（固有値1.950、寄与率10.836％）、第3主成分（固有値1221、寄与率6.783％）、そして第4主成分（固有値1.022,、寄与率5.676％）の4つが検出され、成分行列における各変数の第1主成分への負荷量（-.154～.759）はほぼ高く、他方各変数の第2主成分への負荷量（-.028～.628）、第3主成分への負荷量（-.462～.025）、第4主成分への負荷量（.346～.001）が相対的に低く、しかも解釈困難であることから、第1主成分をもって、教育委員会の学力政策の好影響度を示す「学力向上策の好影響」の合成変数とした。主成分負荷量からみて、第1主成分に最も強い関係を示しているのは「(4)　教職員の授業改善への積極的取り組み」(.759)、「(15)　保護者の学力への関心の高まり」(.757)、「(5)　教職員の教育責任の自覚」(.753)、そして「(14)　教職員の教育課題への組織的取り組み」(.732) などである。この「学力向上策の好影響」（合成変数）と自治体の人口規模及び子どもの学力との間にはいずれも正の相関が

認められ、人口規模の大きい自治体の教育委員会ほど、学力政策の影響は大きく (r=.144, p<.01)、子どもの学力も高い (r=.134, p<.01)。

④ 都道府県教委の市町村教委に対する指導助言・支援の有効性

都道府県教委の指導助言等の有効性を探るために、「(Q4) 貴殿からみて、都道府県教委の貴教育委員会に対する学力向上のための指導助言・支援は有益であると思われますか」と質問したところ、図6-4に示されるように、教育委員長466人のうち、3人 (0.6%) が「1. 全く有益ではない」、34人 (7.3%) が「2. あまり有益ではない」、147人 (31.5%) が「3. どちらとも思わない」、253人 (54.3%) が「4. かなり有益である」、25人 (5.4%) が「5. 全く有益である」と回答した (無回答者4人〈0.9%〉)。

このように、市町村の教育委員長の6割が都道府県教委の市町村教委に対する指導助言等の有効性を認めている。なお、都道府県教委の学力の指導助言の有効性と自治体の人口規模ないし子どもの学力との間にはともに有意な関係 (相関) は認められない。

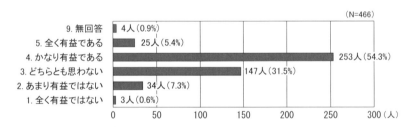

図6-4　都道府県教委の市町村教委に対する指導助言・支援の有効性

⑤ 市町村教育委員会の学力政策の効果性

市町村教育委員会の学力政策の効果性を探るため、「(Q3) 貴殿は、貴教育委員会の学力向上策 (事業) は、全体として効果をあげていると思われますか」と質問したところ、図6-5に示されるように、教育委員長466人のうち、「1.

第6章　市町村教育委員長からみた学力政策と教育委員会制度改革

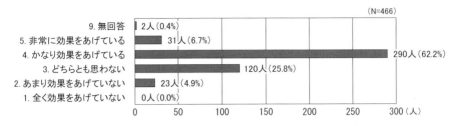

図6-5　市町村教育委員会の学力政策の効果性

全く効果をあげていない」とするもの0人（0.0%）、23人（4.9%）が「2. あまり効果をあげていない」、120人（25.8%）が「3. どちらとも思わない」、290人（62.2%）が「4. かなり効果をあげている」、そして31人（6.7%）が「5. 非常に効果をあげている」と回答した（無回答者2人〈0.4%〉）。

　このように、7割近くの教育委員長は市町村教育委員会の学力政策が効果を上げていると認識している。しかし、他方で3割強の教育委員長は、学力政策の効果を実感していないことになる。ちなみに、教育長は同じ質問に教育委員長よりもやや厳しい評価を与えている（第5章Ⅲ-1-⑮、Q30）。

　なお、市町村教委の学力政策の効果性と自治体の人口規模との間（r=.099, p<.05）、及び市町村教委の学力政策の効果性と子どもの学力との間にはともに正の有意な相関が認められる（r=.283, p<.01）。

⑥ 学力向上策にかかわる教育長のリーダーシップの発揮度

　学力向上策にかかわって市町村教育長がどの程度リーダーシップをとっているかを探るため、「(Q6) 貴殿は、教育長が教育委員会事務局の最高責任者として、学力向上のための施策を展開するうえで、リーダーシップを十分に発揮されていると思われますか」と尋ねたところ、図6-6に示されるとおり、教育委員長466人のうち、2人（0.4%）が「1. 全く発揮していない」、14人（3.0%）が「2. あまり発揮していない」、27人（5.8%）が「3. どちらかといえば発揮していない」、30人（6.4%）が「4. どちらともいえない」、82人（17.6%）が「5. どちらかといえば発揮している」、216人（46.4%）が「6. かなり発揮してい

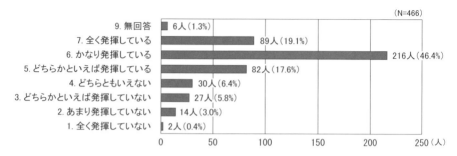

図6-6 学力向上策にかかわる教育長のリーダーシップの発揮度

る」、そして89人（19.1%）が「7. 全く発揮している」と回答した（無回答者6人〈1.3%〉）。このように、8割強の教育委員長は、学力政策の展開にかかわって教育長がリーダーシップを発揮していると認識している。

なお、市町村教育長の学力向上策にかかわるリーダーシップの発揮度と子どもの学力及び自治体の人口規模との関係を検討したところ、子どもの学力との間には相関が認められないものの、市町村教育長のリーダーシップの発揮度と自治体の人口規模との間には正の相関があり、人口規模の大きい自治体の教育委員会ほど、市町村教委の教育長のリーダーシップは発揮されていると認識されている（r=.134, p<.01）。教育長のリーダーシップの発揮度と子どもの学力との間には相関はないものの、教育長のリーダーシップの発揮度と学力政策の効果性（Q3）との間には正の相関が認められる（r=.382, p<.01）。

7 教育委員の役割活動

教育委員が、学力政策の展開にかかわって、どのような役割を果たしているかを探るため、「（Q1）貴殿は、貴教育委員会において、教育委員（委員長を含む）は、学力向上の施策の展開にかかわってどのような役割を果たされていると思われますか」の質問に5段階評価で回答を求めた。その結果、**図6-7**に示されるように、教育委員長466人のうち、258人（55.3%）が「(1) 教育委員は、学力問題に関して会議で何を検討すべきか（議案、検討課題）についてよく提案する」、268人（57.5%）が「(2) 教育委員は、地域住民や保護者の意見や

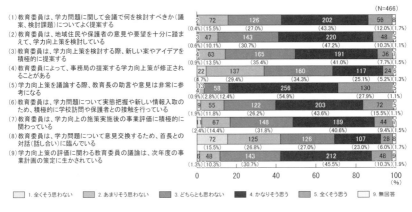

図6-7 教育委員の役割活動

要望を十分に踏まえて、学力向上策を検討している」、227人（48.7%）が「(3)教育委員は、学力向上策を検討する際、新しい案やアイデアを積極的に提案する」、141人（30.3%）が「(4) 教育委員によって、事務局の提案する学力向上策が修正されることがある」、386人（82.8%）が「(5) 学力向上策を議論する際、教育長の発言や意見は非常に参考になる」、275人（59.1%）が「(6) 教育委員は、学力問題について実態把握や新しい情報入手のため、積極的に学校訪問や保護者との接触を行っている」、233人（50.0%）が「(7) 教育委員は、学力向上の施策実施後の事業評価に積極的に関わっている」、135人（29.0%）が「(8) 教育委員は、学力問題について意見交換するため、首長との対話（話し合い）に臨んでいる」、そして260人（55.8%）が「(9) 学力向上策の評価に関する教育委員の議論は、次年度の事業計画の策定に十分に生かされている」と回答した。

このように、「(5) 学力向上策を議論する際、教育長の発言や意見は非常に参考になる」（82.8%）と指摘されるように、学力向上策を議論する際、教育長の発言等は有益とみなされているとともに、教育委員は、「(6) 教育委員は、学力問題について実態把握や新しい情報入手のため、積極的に学校訪問や保護者との接触を行っている」（59.1%）、「(2) 教育委員は、地域住民や保護者の意見や要望を十分に踏まえて、学力向上策を検討している」（57.5%）、「(9) 学力

向上策の評価に関する教育委員の議論は、次年度の事業計画の策定に十分に生かされている」（55.8％）、「（1）教育委員は、学力問題に関して会議で何を検討すべきか（議題、検討課題）についてよく提案する」（55.3％）、「（7）教育委員は、学力向上の施策実施後の事業評価に積極的に関わっている」（50.0％）の項目にみられるように、実態把握や新しい情報入手活動、住民や保護者の要望の施策面への反映、議題の選定、評価活動の面で一定の役割を果たしているといえよう。一方で、教育委員は、事務局提案の学力向上策を修正したり（項目④）、首長との話し合いに臨んだりすること（項目⑧）は少ない。学力向上の政策過程を、㋑課題設定（①、②、⑧）→㋺政策立案（③）→㋩政策決定（④）→㋥政策実施→㋭政策評価（⑦、⑨）の観点からみた場合、㋥政策実施を除く過程で一定の役割を果たしているといえるものの、教育委員が学力政策の形成に積極的にかかわるという意味では、量と質の両面で改善の余地があると思われる。ちなみに、教育長はほぼ同じ質問に、教育委員長よりもやや厳しい評価を与えている（第4章Ⅲ-2-③、Q12）。

　なお、この教育委員の役割活動と自治体の人口規模との関係を検討したところ、「（6）教育委員の積極的な学校訪問」の項目についてのみ両者の間に正の相関が認められるものの（r=105, p<.05）、子どもの学力との間にはどの項目においても有意な関係は認められない。

　ところで、次項（Ⅲ-（一）-3-②）で、この教育委員の役割活動が、他の要因とともに、市町村教委の学力政策の効果性にどのような影響を及ぼすかを検討するため、教育委員の役割活動を示す9つの変数に主成分分析を施し、合成変数を作成した。その結果、固有値1.0以上の主成分として、第1主成分（固有値4.543、寄与率50.478％）のみが検出され、成分行列における各変数の第1主成分への負荷量（.529～.804）はほぼいずれも高いことから、第1主成分をもって、教育委員の役割活動の度合を示す「教育委員の役割活動の活発度」の合成変数とした（主成分分析表省略）。主成分負荷量からみて、第1主成分に最も強い関係を示しているのは「（9）教育委員による学力向上策の評価に関する議論は、次年度の事業計画の策定に十分に生かされている」（.804）、「（2）教育委員は、学力問題に関して会議で何を検討すべきか（起案、検討課題）についてよく提案する」（.785）、「（7）教育委員は、学力向上の施策実施後の事業評価に積極

的に関わっている」(.781) などである。この「教育委員の役割活動の活発度」（合成変数）と自治体の人口規模及び子どもの学力との間にはいずれも有意な関係は認められないが、市町村教委の学力政策の効果性（Q3）との間には正の有意な相関が認められる（r=.342, p<.01）。

2. 市町村教育委員会の組織一般状況と自治体の社会的・財政的状況

次に、子どもの学力や学力政策の効果性の規定要因を検討するにあたって、市町村教育委員会の組織状況と自治体の社会的・財政的状況について触れておきたい。

1 教育委員会の組織状況

(1) 教育長の前職

市町村教育長の前職を探るために、「(Q8) 貴教育委員会の教育長さんは、教育長になる前の主たる職業は、何であったでしょうか。次の中から該当するものを一つお選び下さい」の質問をしたところ、図6-8に示されるように、教育委員長466人のうち、330人（70.8%）が「1. 教職（教員、教頭、校長、指導主事など）、117人（25.1%）が「2. 一般公務員（一般行政職）」、6人（1.3%）が「3. 企業経営者・管理者」、そして10人（2.1%）が「4. その他」と回答した（無回答者3人〈0.6%〉）。教育長の約7割が教職出身者であることがわかる。

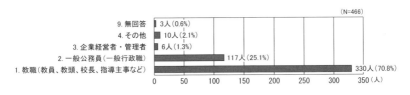

図6-8 教育長の前職

(2) 教育長のリーダーシップ行動

　市町村教育長のリーダーシップ行動を探るため、「(Q7) 貴教育委員会事務局の教育長の日常の職務行動についてお尋ねします。貴殿は、次に掲げる項目が、貴教育委員会の教育長の職務行動をどの程度、的確に説明しているか、5段階評価でお答えください」の質問をしたところ、**図6-9**に示されるように、教育委員長466人のうち、402人（86.2％）が「(1) 事務局職員の意見や提案によく耳を傾ける」（無回答者8人〈1.7％〉）、414人（88.9％）が「(2) 教育委員会会議で教育委員に適切な助言や情報提供を行う」（無回答者5人〈1.1％〉）、363人（77.9％）が「(3) 物事を決めるとき、客観的なデータや根拠を求める」（6

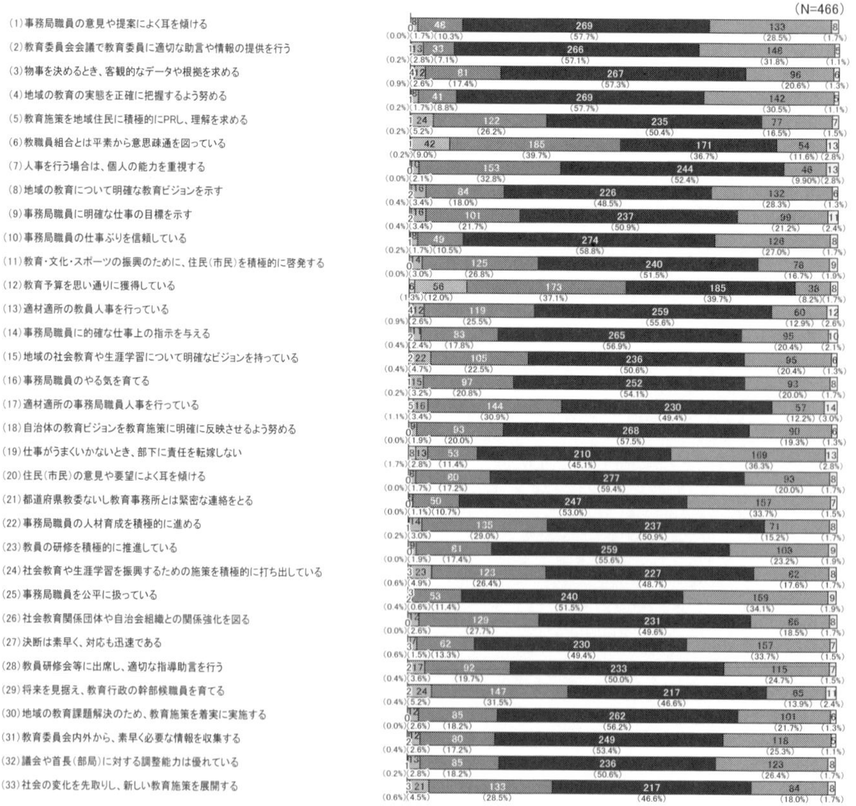

(N=466)

(1)事務局職員の意見や提案によく耳を傾ける
(2)教育委員会会議で教育委員に適切な助言や情報の提供を行う
(3)物事を決めるとき、客観的なデータや根拠を求める
(4)地域の教育の実態を正確に把握するよう努める
(5)教育施策を地域住民に積極的にPRし、理解を求める
(6)教職員組合とは平素から意思疎通を図っている
(7)人事を行う場合は、個人の能力を重視する
(8)地域の教育について明確な教育ビジョンを示す
(9)事務局職員に明確な仕事の目標を示す
(10)事務局職員の仕事ぶりを信頼している
(11)教育・文化・スポーツの振興のために、住民（市民）を積極的に啓発する
(12)教育予算を思い通りに獲得している
(13)適材適所の教員人事を行っている
(14)事務局職員に的確な仕事上の指示を与える
(15)地域の社会教育や生涯学習について明確なビジョンを持っている
(16)事務局職員のやる気を育てる
(17)適材適所の事務局職員人事を行っている
(18)自治体の教育ビジョンを教育施策に明確に反映させるよう努める
(19)仕事がうまくいかないとき、部下に責任を転嫁しない
(20)住民（市民）の意見や要望によく耳を傾ける
(21)都道府県教委ないし教育事務所とは緊密な連絡をとる
(22)事務局職員の人材育成を積極的に進める
(23)教員の研修を積極的に推進している
(24)社会教育や生涯学習を振興するための施策を積極的に打ち出している
(25)事務局職員を公平に扱っている
(26)社会教育関係団体や自治会組織との関係強化を図る
(27)決断は素早く、対応も迅速である
(28)教員研修会等に出席し、適切な指導助言を行う
(29)将来を見据え、教育行政の幹部候補職員を育てる
(30)地域の教育課題解決のため、教育施策を着実に実施する
(31)教育委員会内外から、素早く必要な情報を収集する
(32)議会や首長（部局）に対する調整能力は優れている
(33)社会の変化を先取りし、新しい教育施策を展開する

図6-9　教育長のリーダーシップ行動

人〈1.3%〉）、411人（88.2%）が「(4)地域の教育の実態を正確に把握するよう努める」（無回答者5人〈1.1%〉）、312人（66.9%）が「(5)教育施策を地域住民に積極的にPRし、理解を求める」（無回答者7人〈1.5%〉）、225人（48.3%）が「(6)教職員組合とは平素から意思疎通を図っている」（無回答者13人〈2.8%〉）、290人（62.3%）が「(7)人事を行う場合は、個人の能力を重視する」（無回答者13人〈2.8%〉）、358人（76.8%）が「(8)地域の教育について明確な教育ビジョンを示す」（無回答者6人〈1.3%〉）、336人（72.1%）が「(9)事務局職員に明確な仕事の目標を示す」（無回答者11人〈2.4%〉）、400人（85.8%）が「(10)事務局職員の仕事ぶりを信頼している」（無回答者8人〈1.7%〉）、318人（68.2%）が

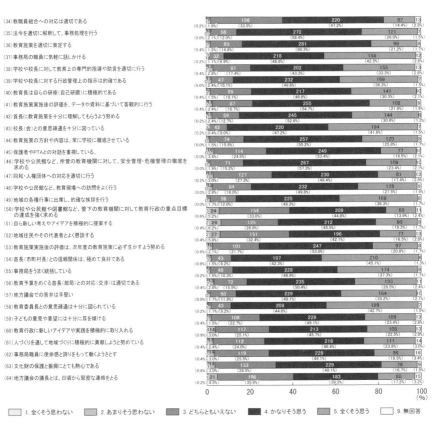

「(11) 教育・文化・スポーツの振興のために、住民（市民）を積極的に啓発する」（無回答者9人〈1.9%〉）、223人（47.9%）が「(12) 教育予算を思い通りに獲得している」（無回答者8人〈1.7%〉）、319人（68.5%）が「(13) 適材適所の教員人事を行っている」（無回答者12人〈2.6〉）、360人（77.3%）が「(14) 事務局職員に的確な仕事上の指示を与える」（無回答者10人〈2.1%〉）、331人〈71.0%〉）が「(15) 地域の社会教育や生涯学習について明確なビジョンを持っている」（無回答者6人〈1.3%〉）、345人（74.1%）が「(16) 事務局職員のやる気を育てる」（無回答者8人〈1.7%〉）、287人（61.6%）が「(17) 適材適所の事務局職員人事を行っている」（無回答者14人〈3.0%〉）、358人（76.8%）が「(18) 自治体の教育ビジョンを教育施策に明確に反映させるよう努める」（無回答者6人〈1.3%〉）、379人（81.4%）が「(19) 仕事がうまくいかないとき、部下に責任を転嫁しない」（無回答者13人〈2.8%〉）、370人（79.4%）が「(20) 住民（市民）の意見や要望によく耳を傾ける」（無回答者8人〈1.7%〉）、404人（86.7%）が「(21) 都道府県教委ないし教育事務所とは緊密な連絡をとる」（無回答者7人〈1.5%〉）、308人（66.1%）が「(22) 事務局職員の人材育成を積極的に進める」（無回答者8人〈1.7%〉）、367人（78.8%）が「(23) 教員の研修を積極的に推進している」（無回答者9人〈1.9%〉）、309人（66.3%）が「(24) 社会教育や生涯学習を振興するための施策を積極的に打ち出している」（無回答者8人〈1.7%〉）、399人（85.6%）が「(25) 事務局職員を公平に扱っている」（無回答者9人〈1.9%〉）、317人（68.1%）が「(26) 社会教育関係団体や自治会組織との関係強化を図る」（無回答者8人〈1.7%〉）、387人（83.1%）が「(27) 決断は素早く、対応も迅速である」（7人〈1.5%〉）、348人（74.7%）が「(28) 教員研修会等に出席し、適切な指導助言を行う」（無回答者7人〈1.5%〉）、282人（60.5%）が「(29) 将来を見据え、教育行政の幹部候補職員を育てる」（無回答者11人〈2.4%〉）、363人（77.9%）が「(30) 地域の教育課題解決のため、教育施策を着実に実施する」（無回答者6人〈1.3%〉）、367人（78.7%）が「(31) 教育委員会内外から、素早く必要な情報を収集する」（無回答者5人〈1.1%〉）、359人（77.0%）が「(32) 議会や首長（部局）に対する調整能力は優れている」（無回答者8人〈1.7%〉）、301人（64.6%）が「(33) 社会の変化を先取りし、新しい教育施策を展開する」（無回答者8人〈1.7%〉）、287人（61.6%）が「(34) 教職員組合への対応は適切である」（無回答

者13人〈2.8%〉）、393（84.4%）が「（35）法令を適切に解釈して、事務処理を行う」（無回答者7人〈1.5%〉）、380人（81.5%）が「（36）教育施策を適切に策定する」（無回答者8人〈1.7%〉）、416人（89.3%）が「（37）事務局の職員に気軽に話しかける」（無回答者12人〈2.6%〉）、357人（76.6%）が「（38）学校や校長に対して教育上の専門的指導や助言を適切に行う」（無回答者13人〈2.8%〉）、401人（86.1%）が「（39）学校や校長に対する行政管理上の指示は的確である」（無回答者7人〈1.5%〉、358人〈76.9%〉）が「（40）教育長は自らの研修（自己研鑽）に積極的である」（無回答者10人〈2.1%〉）、357人（76.6%）が「（41）教育施策実施後の評価を、データや資料に基づいて客観的に行う」（無回答者9人〈1.9%〉）、389人（83.5%）が「（42）首長に教育施策を十分に理解してもらうよう努める」（無回答者6人〈1.3%〉）、414人（88.8%）が「（43）校長（会）との意思疎通を十分に図っている」（無回答者7人〈1.5%〉）、377人（81.0%）が「（44）教育施策の方針や内容は、常に学校に徹底させている」（無回答者8人〈1.7%〉）、326人（69.9%）が「（45）保護者やPTAとの対話を重視している」（無回答者10人〈2.1%〉）、376人（80.7%）が「（46）学校や公民館など、所管の教育機関に対して、安全管理・危機管理の徹底を求める」（無回答者10人〈2.1%〉）、311人（66.8%）が「（47）同和・人権団体への対応を適切に行う」（無回答者13人〈2.8%〉）、360人（77.3%）が「（48）学校や公民館など、教育現場への訪問をよく行う」（無回答者9人〈1.9%〉）、394人（84.6%）が「（49）地域の各種行事に出席し、的確な挨拶を行う」（無回答者8人〈1.7%〉）、274人（58.7%）が「（50）学校や公民館や図書館など、管下の教育機関に対して教育行政の重点目標の達成を強く求める」（無回答者11人〈2.4%〉）、302人（64.8%）が「（51）自ら新しい考えやアイデアを積極的に提案する」（無回答者8人〈1.7%〉）、273人（58.6%）が「（52）地域住民やその代表者とよく懇談する」（無回答者13人〈2.8%〉）、344人（73.8%）が「（53）教育施策実施後の評価は、次年度の教育施策に必ず生かすよう努める」（無回答者8人〈1.7%〉）、407人（87.4%）が「（54）首長（市町村長）との信頼関係は、極めて良好である」（無回答者6人〈1.3%〉）、402人（86.2%）が「（55）事務局をうまく統括している」（無回答者8人〈1.7%〉）、368人（78.9%）が「（56）教育予算をめぐる首長（部局）との対応（交渉）は適切である」（無回答者11人〈2.4%〉）、393人（84.3%）が「（57）地方議会での答弁は手堅い」（無

回答者 10 人〈2.1％〉）、407 人（87.3％）が「（58）教育委員長との意思疎通は十分に図られている」（無回答者 7 人〈1.5％〉）、338 人（72.5％）が「（59）子どもの意見や要望には十分に耳を傾ける」（無回答者 13 人〈2.8％〉）、318 人（68.2％）が「（60）教育行政に新しいアイデアや実践を積極的に取り入れる」（無回答者 13 人〈2.8％〉）、327 人（70.2％）が「（61）人づくりを通して地域づくりに積極的に貢献しようと努めている」（無回答者 14 人〈3.0％〉）、315 人（67.6％）が「（62）事務局職員に使命感と誇りをもって働くようさとす」（無回答者 16 人〈3.4％〉）、307 人（65.8％）が「（63）文化財の保護と振興にとても熱心である」（無回答者 9 人〈1.9％〉）、そして 263 人（56.5％）が「（64）地方議会の議長とは、日頃から緊密な連絡をとる」（無回答者 15 人〈3.2％〉）について「そう思う」と回答した。

　このように、教育委員長は、教育長のリーダーシップ（職務）行動のうち、「（37）事務局の職員に気軽に話しかける」（89.3％）、「（2）教育委員会会議で教育委員に適切な助言や情報提供を行う」（88.9％）、「（43）校長（会）との意思疎通を十分に図っている」（88.8％）、「（4）地域の教育の実態を正確に把握するよう努める」（88.2％）、「（58）教育委員長との意思疎通は十分に図られている」（87.3％）、「（21）都道府県教委ないし教育事務所とは緊密な連絡をとる」（86.7％）、「（1）事務局職員の意見や提案によく耳を傾ける（86.2％）」、「（55）事務局をうまく統括している」（86.2％）、「（39）学校や校長に対する行政管理上の指示は的確である」（86.1％）、「（10）事務局職員の仕事ぶりを信頼している」（85.8％）、「（25）事務局職員を公平に扱っている」（85.6％）、「（49）地域の各種行事に出席し、的確な挨拶を行う」（84.6％）、「（35）法令を適切に解釈して、事務処理を行う」（84.4％）、「（57）地方議会での答弁は手堅い」（84.3％）、そして「（27）決断は素早く、対応も迅速である」（83.1％）の項目を高く評価し、一方「（12）教育予算を思い通りに獲得している」、（47.9％）、「（6）教職員組合とは平素から意思疎通を図っている」（48.3％）、「（64）地方議会の議長とは、日頃から緊密な連絡をとる」（56.5％）、そして「（52）地域住民やその代表者とよく懇談する」（58.6％）の項目については、相対的に低い評価となっている。

　さらに、Ⅲ-（一）-3-②で、この教育長のリーダーシップ行動が他の要因とともに、学力政策の効果性（Q3）にどのような影響を及ぼしているかを検討す

第6章　市町村教育委員長からみた学力政策と教育委員会制度改革

表6-1　教育長のリーダーシップ行動についての主成分分析

変　数	第1主成分	第2主成分	第3主成分	第4主成分	第5主成分	第6主成分
①事務局職員の意見や提案によく耳を傾ける	.684	.330	-.015	.099	-.16	.155
②教育委員会会議で教育委員に適切な助言や情報提供を行う	.689	.249	.047	-.107	-.262	.053
③物事を決めるとき、客観的なデータや根拠を求める	.665	.124	-.070	-.101	-.254	.101
④地域の教育の実態を正確に把握するよう努める	.735	.215	.022	.018	-.195	-.070
⑤教育施策を地域住民に積極的にPRし、理解を求める	.727	-.176	.021	.057	-.169	-.066
⑥職員組合とは平素から意思疎通を図っている	.571	-.031	-.144	.178	.198	.030
⑦人事を行う場合は、個人の能力を重視する	.510	-.015	-.138	-.060	.338	.138
⑧地域の教育について明確な教育ビジョンを示す	.760	-.073	-.126	-.107	-.213	-.125
⑨事務局職員に明確な仕事の目標を示す	.781	.012	-.125	-.213	-.103	.020
⑩事務局職員の仕事ぶりを信頼している	.686	.235	-.056	.068	-.096	.278
⑪教育・文化・スポーツの振興のために、住民（市民）を積極的に啓発する	.741	-.219	-.021	.214	-.111	.082
⑫教育予算を思い通りに獲得している	.627	-.158	.254	-.136	.275	.057
⑬適材適所の教員人事を行っている	.716	-.032	-.114	-.114	.299	.169
⑭事務局職員に的確な仕事上の指示を与える	.789	.056	-.051	-.234	-.077	.083
⑮地域の社会教育や生涯学習について明確なビジョンを持っている	.792	-.160	.005	.015	-.205	.006
⑯事務局職員のやる気を育てる	.794	.086	-.129	-.084	-.111	.258
⑰適材適所の事務局職員人事を行っている	.660	-.075	-.112	-.207	.192	.390
⑱自治体の教育ビジョンを教育施策に明確に反映させるよう努める	.753	-.153	-.041	-.144	-.046	-.022
⑲仕事がうまくいかないとき、部下に責任を転嫁しない	.626	.281	-.015	.028	.014	.122
⑳住民（市民）の意見や要望によく耳を傾ける	.717	.171	.187	.289	-.031	.183
㉑都道府県教委ないし教育事務所とは緊密な連絡をとる	.642	.100	-.025	.108	.277	-.097
㉒事務局職員の人材育成を積極的に進める	.783	-.112	-.129	-.052	.032	.260
㉓教員の研修を積極的に推進している	.722	-.110	-.168	.137	.171	-.024
㉔社会教育や生涯学習を振興するための施策を積極的に打ち出している	.775	-.226	.025	.023	-.158	.083
㉕事務局職員を公平に扱っている	.678	.329	-.044	.119	-.012	.249
㉖社会教育関係団体や自治組織との関係強化を図る	.679	-.163	.033	.329	.022	.080
㉗決断は素早く、対応も迅速である	.772	.174	.063	-.145	.128	-.102
㉘教員研修会等に出席し、適切な指導助言を行う	.725	-.074	-.299	-.017	.146	-.222
㉙将来を見据え、教育行政の幹部候補職員を育てる	.729	-.175	-.185	-.138	.180	.100
㉚地域の教育課題解決のため、教育施策を着実に進める	.839	-.054	.020	-.047	-.094	-.093
㉛教育委員会内外から、素早く必要な情報を収集する	.788	.069	.032	-.144	-.055	-.061
㉜議会や首長（部局）に対する調整能力は優れている	.713	-.018	.419	-.244	.046	.020
㉝社会の変化を先取りし、新しい教育施策を展開する	.786	-.264	.006	-.208	-.051	-.016
㉞教職員組合への対応は適切である	.721	.046	-.092	.094	.162	.099
㉟法令を適切に解釈して、事務処理を行う	.761	.084	-.062	-.177	-.071	-.001
㊱教育施策を適切に策定する	.833	.025	-.089	-.182	-.163	.018
㊲事務局の職員に気軽に話しかける	.668	.364	-.106	.100	.007	.013
㊳学校や校長に対して教育上の専門的指導や助言を適切に行う	.734	.107	-.307	.064	.162	-.273
㊴学校や校長に対する行政管理上の指示は的確である	.767	.194	-.231	-.020	.155	-.202
㊵教育長は自らの研修（自己研修）に積極的である	.789	-.015	-.092	.019	.006	-.141
㊶教育施策実施後の評価を、データや資料に基づいて客観的に行う	.808	-.037	-.085	-.083	-.102	-.067
㊷首長に教育施策を十分に理解してもらうよう努める	.752	-.035	.311	-.119	.018	-.042
㊸校長（会）との意思疎通を十分に図っている	.677	.210	-.032	.228	.206	-.248
㊹教育施策の方針や内容は、常に学校に徹底させている	.782	-.031	-.088	.014	.102	-.181
㊺保護者やPTAとの対話を重視している	.696	-.076	.091	.285	.024	-.017

表6-1　つづき

変　数	第1主成分	第2主成分	第3主成分	第4主成分	第5主成分	第6主成分
㊻学校や公民館など、所管の教育機関に対して、安全管理・危機管理の徹底を求める	**.755**	-.060	.056	.149	-.068	.055
㊼同和・人権団体への対応を適切に行う	**.651**	-.099	-.099	.180	.107	.140
㊽学校や公民館など、教育現場への訪問をよく行う	**.675**	-.047	.008	.114	-.195	-.176
㊾地域の各種行事に出席し、的確に挨拶を行う	**.704**	.090	.002	.277	-.156	-.243
㊿学校や公民館や図書館など、管下の教育機関に対して教育行政の重点目標の達成を強く求める	**.764**	-.247	-.136	-.033	-.107	-.136
51自ら新しい考えやアイデアを積極的に提案する	**.775**	-.247	-.101	-.230	-.021	-.125
52地域住民やその代表者とよく懇談する	**.769**	-.237	.133	.181	-.024	-.072
53教育施策実施後の評価は、次年度の教育施策に必ず生かすよう努める	**.807**	.019	-.089	-.027	-.072	.046
54首長（市町村長）との信頼関係は、極めて良好である	**.643**	.136	.460	-.081	.126	-.139
55事務局をうまく統括している	**.800**	.283	.037	-.093	.055	-.130
56教育予算をめぐる首長（部局）との対応（交渉）は適切である	**.752**	.116	.369	-.195	.146	-.013
57地方議会での答弁は手堅い	**.749**	.197	.126	-.169	.069	-.170
58教育委員長との意思疎通は十分に図られている	**.667**	.231	.189	.057	.026	-.045
59子どもの意見や要望には十分に耳を傾ける	**.732**	-.019	.095	.238	-.008	.096
60教育行政に新しいアイデアや実践を積極的に取り入れる	**.806**	-.226	.070	-.072	-.013	-.063
61人づくりを通して地域づくりに積極的に貢献しようと努めている	**.795**	-.188	.177	.186	-.054	.002
62事務局職員に使命感と誇りをもって働くようさとす	**.804**	-.117	-.001	.102	.039	.092
63文化財の保護と振興にとても熱心である	**.694**	-.167	.130	.179	-.034	.072
64地方議会の議長とは、日頃から緊密な連絡をとる	**.655**	-.182	.332	.084	.161	.042
固有値	34.249	1.749	1.528	1.446	1.274	1.194
寄与率	53.514	2.733	2.387	2.260	1.991	1.866
累積寄与率	53.514	56.247	58.634	60.893	62.884	64.750

注）値は主成分負荷量。絶対値0.5以上のものを太字にした。

るため、教育長のリーダーシップ行動を表す64の変数に主成分分析を施し、合成変数を作成した。その結果、**表6-1**に示されるように、固有値1.0以上の主成分として、第1主成分（固有値34.249、寄与率53.514％）、第2主成分（固有値1.749、寄与率2.733％）、第3主成分（固有値1.528、寄与率2.387％）、第4主成分（固有値1.448、寄与率2.260％）、第5主成分（固有値1.274、寄与率1.991％）、そして第6主成分（固有値1.194、寄与率1.866％）の6つが検出されたが、成分行列における各変数の第1主成分への負荷量（.510～.839）はほぼいずれも高いことから、第1主成分をもって、教育長の職務行動がどの程度遂行されているかを示す「教育長のリーダーシップ発揮度」の合成変数とした。主成分負荷量からみて、第1主成分に最も強い関係を示しているのは、特に「（Q30）教育施策を着実に進める」（.839）、「（Q36）教育施策を適切に策定する」（.833）、「（Q53）施

策実施後の評価は、次年度の教育施策に必ず生かすよう努める」(.807)、「(Q60)教育行政に新しいアイデアや実践を積極的に取り入れる」(.806)、「(Q62)事務局職員に使命感と誇りをもって働くようとす」(.804)、そして「(55)事務局をうまく統括している」(.800)などであることがわかる。なお、この「教育長のリーダーシップ発揮度」(合成変数)と自治体の人口規模及び子どもの学力との間には有意な相関はないが、市町村教委の学力政策の効果性(Q3)との間には有意な相関が認められる(r=.350, p<.001)。

(3) 教育委員長の職務満足度

教育委員長がどの程度自分の職務に満足しているかを探るため、「(Q11)貴殿は、現在の教育委員長の仕事にどの程度満足されていますか」を問うたところ、**図6-10**に示されるように、教育委員長466人のうち、2人(0.4%)が「1. 全く不満足である」、17人(3.6%)が「2. かなり不満足である」、33人(7.1%)が「3. やや不満足である」、103人(22.1%)が「4. どちらともいえない」、129人(27.7%)が「5. やや満足である」、147人(31.5%)が「6. かなり満足である」、そして31人(6.7%)が「7. 全く満足である」と回答した(無回答者4人〈0.9%〉)。

このように、6割強の教育委員長はその職務に満足を感じているが、一方で4割近くの教育委員長は職務に満足を感じていないことになる。なお、教育委員長の職務満足度と子どもの学力との間には正の相関があり、教育委員長の職務満足度が高い教育委員会ほど、子どもの学力は高い(r=.102, p<.05)。また、

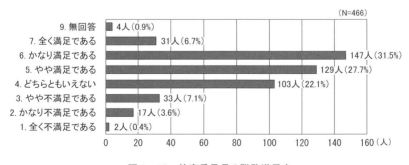

図6-10 教育委員長の職務満足度

教育委員長の職務満足度と自治体の人口規模との間にも正の有意な関係が認められ、人口規模の大きい自治体の教育委員会ほど、教育委員長の職務満足度は高い（r=.101, p<.05）。

(4) 教育委員会の事務局職員のモラール

教育委員会事務局職員の勤労意欲について検討するため、「(Q15) 貴殿は、教育委員会事務局の職員のモラール（勤労意欲）はどの程度高いと思われますか」の質問をしたところ、教育委員長466人のうち、図6-11に示されるように、1人（0.2%）が「1. 全く高くない」、6人（1.3%）が「2. かなり高くない」、13人（2.8%）が「3. やや高くない」、49人（10.5%）が「4. どちらともいえない」、134人（28.8%）が「5. やや高い」、230人（49.4%）が「6. かなり高い」、そして32人（6.9%）が「7. 全く高い」と回答した（無回答者1人〈0.2%〉）。

このように、約8割強の教育委員長が事務局職員の勤労意欲が高いと認識しており、そのうち「かなり高い」、「全く高い」と評価した教育委員長は、5割強であった。事務局職員のモラールは概ね高いと評価されているといえよう。なお、事務局職員のモラールと自治体の人口規模の間には正の相関が認められ、自治体の人口規模の大きい教育委員会ほど事務局職員のモラールは高いと認識されている（r=.205, p<.01）。事務局職員のモラールと子どもの学力との間には統計的に有意な関係は認められない。

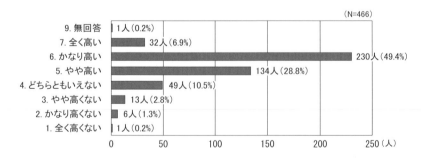

図6-11　教育委員会の事務局職員のモラール

(5) 市町村教育委員会の組織特性

　教育委員会の事務局の組織特性を探るために、「(Q12) 貴教育委員会の組織
特性についてお尋ねします。次の項目は、教育委員会の組織状況について説明
したものです。次の項目がどの程度、貴教育委員会の組織状況にあてはまるで
しょうか。最も当てはまる選択肢の番号に○印をお付け下さい」と質問したと
ころ、**図 6-12** に示されるように、教育委員長 466 人のうち、396 人 (85.0%)
が「(1) 教育委員会の教育ビジョンや方針は、明確に示されている」(無回答者
2 人〈0.4%〉)、378 人 (81.1%) が「(2) 事務局職員は、教育施策の意図と内容を
十分に理解して日々の職務を遂行している」(2 人〈0.4%〉)、289 人 (62.1%) が
「(3) 事務局の職員の専門性は、高い」(無回答者 3 人〈0.6%〉)、306 人 (65.7%)
が「(4) 教育委員会の教育施策の意図と内容は、学校の教職員に十分に理解
されている」(無回答者 1 人〈0.2%〉)、149 人 (32.0%) が「(5) 教育委員会の活
動内容は、保護者や地域住民 (市民) に十分に理解されている」(無回答者 1 人
〈0.2%〉)、313 人 (67.2%) が「(6) 教育施策の展開にあたっては、日頃から首長
(部局) と意思疎通を十分に図っている」(無回答者 2 人〈0.4%〉)、268 人 (57.5%)
が「(7) 職場では、事務局職員の個性や長所が十分に生かされている」(無回答
者 3 人〈0.6%〉)、314 人 (67.4%) が「(8) 事務局の職員は、自分の仕事にやり
甲斐を感じている」(無回答者 5 人〈1.1%〉)、361 人 (77.5%) が「(9) 事務局の
職員は、使命感をもって自分の仕事に取り組んでいる」(無回答者 5 人〈1.1%〉)、
15 人 (3.2%) が「(10) 事務局の職員は、お互いの仕事に無関心である」(無回
答者 4 人〈0.9%〉)、225 人 (48.3%) が「(11) 事務局の職員は、仕事上の悩みを
上司に気軽に相談できる」(無回答者 7 人〈1.5%〉)、181 人 (38.8%) が「(12) 事
務局の職員は、前例にならって仕事をする傾向が強い」(無回答者 6 人〈1.3%〉)、
161 人 (34.5%) が「(13) 職場では、ユニークな発想やアイデアが大事にされ
る」(無回答者 7 人〈1.5%〉)、223 人 (47.9%) が「(14) 教育委員会の活動は、住
民 (市民) から非常に期待されている」(無回答者 2 人〈0.4%〉)、146 人 (31.3%)
が「(15) 事務局の職員は、国や都道府県教委の政策に振り回されながら仕事
をしていると感じている」(無回答者 6 人〈1.3%〉)、309 人 (66.3%) が「(16) 教
育委員会の自己点検報告書は、次年度の教育施策に十分に生かされている」
(無回答者 2 人〈0.4%〉)、177 人 (38.0%) が「(17) 事務局の職員は、研修への参

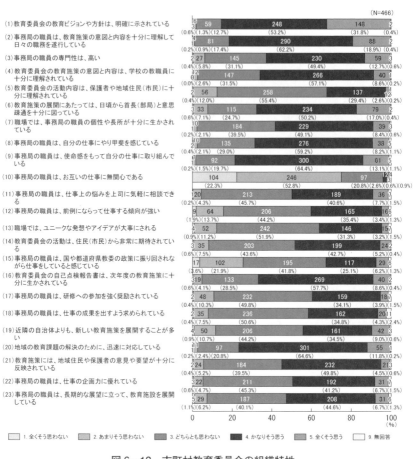

図6-12 市町村教育委員会の組織特性

加を強く奨励されている」(無回答者7人〈1.5%〉)、182人(39.1%)が「(18)事務局の職員は、仕事の成果を出すよう求められている」(無回答者11人〈2.4%〉)、203人(43.5%)が「(19)近隣の自治体よりも、新しい教育施策を展開することが多い」(無回答者3人〈0.6%〉)、356人(76.4%)が「(20)地域の教育課題の解決のために、迅速に対応している」(無回答者1人〈0.2%〉)、253人(54.3%)が「(21)教育施策には、地域住民や保護者の意見や要望が十分に反映されて

いる」（無回答者3人〈0.6%〉）、223人（47.9%）が「(22) 事務局の職員は、仕事の企画力に優れてる」（無回答者7人〈1.5%〉）、そして239人（51.3%）が「(23) 事務局の職員は、長期的な展望に立って、教育施策を展開している」（無回答者6人〈1.3%〉）とそれぞれ回答した。

　このように、「(1) 教育委員会の教育ビジョンや方針は、明確に示されている」（85.0%）、「(2) 事務局の職員は、教育施策の意図と内容を十分に理解して日々の職務を遂行している」（81.1%）、「(9) 事務局の職員は、使命感をもって自分の仕事に取り組んでいる」（77.5%）、「(20) 地域の教育課題の解決のために、迅速に対応している」（76.4%）などについては、特に教育委員長は高く評価をしている一方で、「(12) 事務局の職員は、前例にならって仕事をする傾向が強い」（38.8%）、「(13) 職場では、ユニークな発想やアイデアが大事にされる」（34.5%）、「(5) 教育委員会の教育施策の活動内容は、保護者や地域住民（市民）に十分に理解されている」（32.0%）、「(15) 事務局の職員は、国や都道府県教委の政策に振り回されながら仕事をしていると感じている」（31.3%）、そして「(10) 事務局の職員は、お互いの仕事に無関心である」（3.2%）については相対的に評価が低い。

　次に、教育委員会の組織特性と人口規模との関係を検討すると、「(1) 教育ビジョンの明確化」（r=.285, p<.01）、「(2) 事務局の職員の教育施策の理解」（r=.153, p<.01）、「(3) 事務局の職員の専門性は、高い」（r=.258, p<.01）、「(6) 首長（部局）との意思疎通」（r=.125, p<.01）、「(8) 自分の仕事にやり甲斐」（r=.147, p<.01）、「(9) 使命感をもって仕事に取り組む」（r=.148, p<.01）、「(16) 自己点検報告書が次年度の施策に生かされる」（r=.127, p<.01）、「(17) 研究会等への参加奨励」（r=.121, p<.01）、「(18) 仕事の成果が求められる」（r=.195, p<.01）、「(19) 新しい教育施策の展開」（r=.187, p<.01）、「(20) 迅速な施策の立案、実施」（r=.158, p<.01）、「(22) 事務局の職員は、仕事の企画力に優れている」（r=.163, p<.01）、そして「(23) 事務局の職員は、長期的な展望に立って、教育施策を展開」（r=.135, p<.01）の13項目との間で正の相関が認められる。また、教育委員会の組織特性と子どもの学力との関係を検討すると、「(3) 事務局の職員の専門性は、高い」（r=.099, p<.05）、「(4) 学校の教職員の教育施策の理解」（r=.155, p<.01）、「(6) 首長（部局）との意思疎通」（r=.125, p<.01）、「(10) 事務局の職員

表6-2　教育委員会の組織特性についての主成分分析

変　　数	第1 主成分	第2 主成分	第3 主成分	第4 主成分
①教育委員会の教育ビジョンや方針は、明確に示されている	**.663**	-.124	.360	-.194
②事務局の職員は、教育施策の意図と内容を十分に理解して日々の職務を遂行している	**.717**	-.237	.351	.098
③事務局の職員の専門性は、高い	**.695**	-.294	.268	.262
④教育委員会の教育施策の意図と内容は、学校の教職員に十分に理解されている	**.653**	-.012	.417	-.110
⑤教育委員会の活動内容は保護者や地域住民（市民）に十分に理解されている	**.674**	.140	.151	-.262
⑥教育施策の展開にあたっては、日頃から首長(部局)と意思疎通を十分に図っている	**.644**	-.001	-.006	-.273
⑦職場では、事務局職員の個性や長所が十分に生かされている	**.744**	-.157	-.030	.237
⑧事務局の職員は、自分の仕事にやり甲斐を感じている	**.772**	-.182	-.080	.276
⑨事務局の職員は、使命感をもって自分の仕事に取り組んでいる	**.738**	-.266	-.047	.307
⑩事務局の職員は、お互いの仕事に無関心である	-.492	.422	.271	.144
⑪事務局の職員は、仕事上の悩みを上司に気軽に相談できる	**.587**	.060	-.294	.217
⑫事務局の職員は、前例にならって仕事をする傾向が強い	-.443	.200	**.502**	.221
⑬職場では、ユニークな発想やアイデアが大事にされる	**.640**	.197	-.323	-.026
⑭教育委員会の活動は、住民（市民）から非常に期待されている	**.611**	.271	-.048	-.268
⑮事務局の職員は、国や都道府県教委の政策に振り回されながら仕事をしていると感じている	-.383	.320	.096	**.535**
⑯教育委員会の自己点検報告書は、次年度の教育施策に十分に生かされている	**.619**	.311	.120	.024
⑰事務局の職員は、研修への参加を強く奨励されている	**.590**	.403	.-.019	.121
⑱事務局の職員は、仕事の成果を出すよう求められている	.435	**.553**	-.095	.136
⑲近隣の自治体よりも、新しい教育施策を展開することが多い	**.585**	.172	.072	-.196
⑳地域の教育課題の解決のために、迅速に対応している	**.711**	.028	.085	-.026
㉑教育施策には、地域住民や保護者の意見や要望が十分に反映されている	**.700**	.234	.032	-.085
㉒事務局の職員は、仕事の企画力に優れている	**.782**	-.085	-.166	.129
㉓事務局の職員は、長期的な展望に立って、教育施策を展開している	**.782**	.033	-.184	.075
固有値	9.619	1.401	1.158	1.076
寄与率	41.821	6.093	5.035	4.679
累積寄与率	41.821	47.915	52.950	57.628

注）値は主成分負荷量。絶対値0.5以上のものを太字にした。

は、お互いの仕事に無関心である」（r=-.095, p<.05)、「(15) 国の施策等に振り回される」（r=-.121, p<.05)、「(20) 地域の教育課題の解決のために、迅速に対応」（r=.098, p<.05）の6つの項目との間で有意な相関が認められる。

　さらに、Ⅲ-（一）-3-②において、この教育委員会事務局の組織特性が、他の要因とともに、学力政策の効果性にどのような影響を及ぼしているかを検討するため、教育委員会事務局の組織特性を表す23の変数に主成分分析を施し、合成変数を作成した。その結果、**表6-2**に示されるように、固有値1.0以上を基準にすると、第1主成分（固有値9.619、寄与率41.821％）と第2主成分（固有値1.401、寄与率6.093％）と第3主成分（固有値1.158、寄与率5.035）と第4主成分（固有値1.076、寄与率4.679）の4つを検出したが、成分行列をみると、各変数のもつ第1主成分への負荷量（-.383〜.782）は高く、他方、各変数の第2主成分への負荷量（-.001〜.553）、第3主成分への負荷量（-.006〜.417）、第4主成分への負荷量（-.024〜.535）がいずれも小さく、解釈も困難であることから、第1主成分をもって、教育委員会事務局の活動の健全性、活性度を表す「教育委員会の組織健康」[2]の合成変数とした。主成分負荷量からみて、第1主成分に最も強い関係を示しているのは「㉒職員は、仕事の企画力に優れている」（.882）、「㉓職員は、長期的な展望に立って、教育施策を展開している」（.782）、「⑧職員は、自分の仕事にやり甲斐を感じている」（.772）、「⑦職員の個性や長所が生かされる」（.744）、「⑨職員は、使命感をもって自分の仕事に取り組んでいる」（.738）、「②職員は、教育施策の意図と内容を十分に理解して日々の職務を遂行している」（.717）などであることがわかる。なお、教育委員会の組織特性「教育委員会の組織健康」（合成変数）と自治体の人口規模との間には、統計的に有意な関係が認められ、人口規模の大きい自治体の教育委員会ほど教育委員会の組織健康度は高くなっている一方（r=.166, p<.01)、子どもの学力との間には統計的に有意な関係は認められない[3]。

(6) 市町村教育委員会の指導行政の効果性

　市町村教育委員会の指導行政が十分に機能しているかを探るため、「(Q16) 貴殿は、貴教育委員会の学校に対する指導行政は十分に効果を上げていると思われますか」という質問をしたところ、**図6-13**に示されるように、教育委員

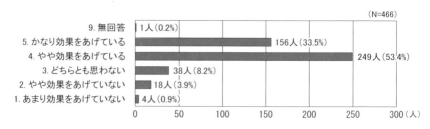

図6-13 市町村教育委員会の指導行政の効果性

長466人のうち、4人（0.9％）が「1. あまり効果をあげていない」、18人（3.9％）が「2. やや効果をあげていない」、38人（8.2％）が「3. どちらとも思わない」、249人（53.4％）が「4. やや効果をあげている」、そして156人（33.5％）が「5. かなり効果をあげている」と回答した（無回答者1人〈0.2％〉）。このように約8割強の教育委員長が学校に対する指導行政が機能していると認識している。

なお、学校に対する教育委員会の指導行政の効果性と自治体の人口規模との関係を検討すると、両者の間には正の相関があり（r=.126, p<.01）、人口規模の大きい自治体ほど、教育委員会の学校に対する指導行政の効果性は高く評価されている。また、学校に対する指導行政の効果性と子どもの学力との間にも正の相関が認められ（r=.136, p<.01）、学校に対する指導行政の効果性を高く評価する教育委員会ほど、子どもの学力は高い。

(7) 地方自治体における公立小学校の就学援助受給率

各自治体の公立小学校の子どもの貧困度を探るため、「（Q22）平成25年度（又は最新）の貴自治体の公立小学校における就学援助受給率は、おおよそ次のどれに該当するでしょうか」と尋ねたところ、教育委員長466人のうち、77人（16.5％）が「①5％未満」、139人（29.8％）が「②5％以上10％未満」、101人（21.7％）が「③10％以上15％未満」、39人（8.4％）が「④15％以上20％未満」、41人（8.8％）が「⑤20％以上」と回答した（無回答者69人〈14.8％〉）。このように約17％の自治体には「15％以上（④＋⑤）」の就学援助受給者がいることになる。

なお、自治体の小学校の就学援助受給率と人口規模との間には、正の相関が認められ（r=.215, p<.01）、人口規模の大きい自治体ほど小学校の就学援助受給

率は高い。他方、就学援助受給率と子どもの学力との間には負の相関が認められ（r=-.168, p<.01）、自治体の小学校の就学援助受給率が高いほど、子どもの学力が低い。

② 地方自治体の社会的・財政的状況

(1) 家庭特性

　家庭での生活状況や保護者の学校への姿勢等を把握するために、「(Q9) 貴自治体の小学校のご家庭の保護者の様子（全体的な印象）についてお尋ねします。次の (1) ～ (6) のご家庭・保護者の状況について、貴殿がどのように感じておられるか、最も当てはまる選択肢の番号に○印をお付け下さい」と回答を求めたところ、**図6-14**に示されるように、教育委員長466人のうち、221人（47.4%）が「(1) 家庭での子どものしつけや生活習慣の形成はしっかりできている」（無回答者4人〈0.9%〉）、187人（40.1%）が「(2) 家庭での学習習慣の形成はしっかりできている」（無回答者4〈0.9%〉）、340人（72.9%）が「(3) 保護者の子どもの教育への関心は、高い」（無回答者4人〈0.9%〉）、350人（75.1%）が「(4) 保護者は、『おらが学校』という意識（愛着心）をもっている」（無回答者6人〈1.3%〉）、347人（74.5%）が「(5) 保護者の学校への信頼は厚い」（無回答者1人〈0.2%〉）、そして304人（65.2%）が「(6) 保護者はPTA活動や子ども会活動に積極的に参加している」（無回答者2人〈0.4%〉）と回答した。

　このように、教育委員長は、「(4) 保護者は、『おらが学校』という意識（愛着心）をもっている」（75.1%）や「(5) 保護者の学校への信頼は厚い」（74.5%）など、保護者の学校に対する信頼感・愛着心については概ね高く評価する一方、「(2) 家庭での学習習慣の形成はしっかりできている」（40.1%）や「(1) 家庭での子どものしつけや生活習慣の形成はしっかりできている」（47.4%）など、家庭での生活・学習習慣の状況についてはやや厳しく（低く）評価しているようである。ちなみに、教育長は、同じ質問に対して「家庭での生活習慣」や「しつけに」関しては教育委員長よりもやや厳しく評価しているが、全体として概ね同じような回答傾向を示している（第5章Ⅲ-1-③、Q2）。

　なお、この家庭特性と自治体の人口規模との関係を検討したところ、「(2)

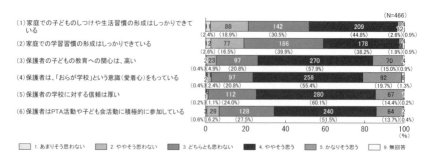

図6-14 家庭特性

家庭での学習習慣の形成」(r=.144, p<.01)、「(3) 保護者の子どもの教育への高い関心」(r=.110, p<.05)、「(6) PTA活動や子ども会活動への積極的参加」(r=-.135, p<.01) との間には有意な相関が認められた。また、家庭特性と子どもの学力との関係を検討したところ、「(1) 家庭での子どものしつけ」(r=.247, p<.01)、「(2) 家庭での学習習慣の形成」(r=.261, p<.01)、「(3) 保護者の子どもの教育への関心」(r=.260, p<.01)、「(4) 保護者の学校への愛着心」(r=.141, p<.01)、「(5) 保護者の学校への信頼」(r=.137, p<.01)、「(6) PTA活動や子ども会活動への積極的参加」(r=.162, p<.01) との間には有意な相関が認められる。

ところで、Ⅲ-(一)-3-①・②において、この家庭特性が、他の要因とともに、子どもの学力「(Q19) 小学校国語Bの成績(平均正答率)」等にどのような影響を及ぼしているかを検討するため、家庭特性を表す6つの変数に主成分分析を施し、合成変数を作成したところ、**表6-3**に示されるように、固有値1.0以上の主成分として、第1主成分(固有値3.317、寄与率55.287%)のみが検出され、成分行列における各変数の第1主成分への負荷量(.696〜.794)はいずれも高いことから、第1主成分をもって、家庭の生活習慣や学校への好感度を示す「家庭環境の良好性」の合成変数とした。主成分負荷量からみて、第1主成分に最も強い関係を示しているのは「(2) 家庭での学習習慣の形成」(.794)や「(1) 家庭での子どものしつけ」(.784)や「(5) 保護者の学校への信頼」(.747)であることがわかる。この家庭特性(家庭環境の良好性)(合成変数)と自治体の人口規模との間には有意な関係はないものの、子どもの学力との間には正の相

第6章　市町村教育委員長からみた学力政策と教育委員会制度改革

表6-3　家庭特性についての主成分分析

変　数	第1主成分
①家庭での子どものしつけや生活習慣の形成はしっかりできている	.784
②家庭での学習習慣の形成はしっかりできている	.794
③保護者の子どもの教育への関心は、高い	.705
④保護者は、「おらが学校」という意識（愛着心）をもっている	.729
⑤保護者の学校に対する信頼は厚い	.747
⑥保護者はPTA活動や子ども会活動に積極的に参加している	.696
固有値	3.317
寄与率	55.287
累積寄与率	55.287

注）値は主成分負荷量。絶対値0.5以上のものを太字にした。

関が認められる（r=.276, p<.276）。

(2) 住民特性

自治体の住民（市民）特性を把握するため、「(Q10) 貴自治体の住民（市民）の様子についてお尋ねします。貴自治体では、次の (1) ～ (6) の項目について、住民（市民）の様子がどの程度当てはまるか、該当する選択肢の番号に○印をお付け下さい」の質問をしたところ、**図6-15**に示されるように、教育委員長466人のうち、330人（70.8％）が「(1) 住民（市民）は、地域の伝統行事や自治会活動やボランティア活動に積極的に参加している」（無回答者2人〈0.4％〉）、331人（71.0％）が「(2) 住民（市民）は、困ったときはお互いに助け合う」（無回答者3人〈0.6％〉）、425人（91.2％）が「(3) 住民（市民）は、子どもを温かく

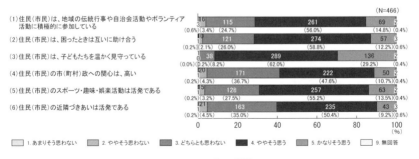

図6-15　住民特性

205

見守っている」(無回答者2人〈0.4%〉)、272人(58.3%)が「(4) 住民(市民)の市(町村)政への関心は、高い」(無回答者2人〈0.4%〉)、320人(68.7%)が「(5) 住民(市民)のスポーツ・趣味・娯楽活動は活発である」(無回答者2人〈0.4%〉)、そして278人(59.6%)が「(6) 住民(市民)の近隣づきあいは活発である」(無回答者3人〈0.6%〉)とそれぞれ回答した。

　このように、「(3) 住民(市民)は、子どもを温かく見守っている」(91.2%)、「(2) 住民(市民)は、困ったときはお互いに助け合う」(71.0%)、「(1) 住民(市民)は、地域の伝統行事や自治会活動やボランティア活動に積極的に参加している」(70.8%)を中心に、教育委員長は自治体の住民(市民)の間に絆や社会的結びつきがあると評価している。ちなみに、教育長も同じ質問に概ね同様の回答をしている(第5章III-1-④、Q3)。

　なお、自治体の住民特性と人口規模との関係を検討したところ、「5. スポーツ・趣味・娯楽活動は活発である」(r=.096, p<.05)との間では正の相関が認められる。その一方で「6. 近隣づきあいは活発である」(r=-.149, p<.01)との間には負の相関が認められ、小さい自治体ほど、近隣づきあいが活発であると認識されている。また、自治体の住民(市民)特性と子どもの学力との関係を検討したところ、「3. 子どもたちを温かく見守る」(r=.112, p<.05)と「5. 市(町村)政への関心は、高い」(r=.109, p<.05)の2項目の間で正の相関が認められる。

　ところで、III-(一)-3-②において、この住民特性が他の要因とともに、学力政策の効果性(Q3)にどのような影響を及ぼしているかを検討するため、住民の特性を表す6つの変数に主成分分析を施し、合成変数を作成した。その結果、**表6-4**に示されるように、固有値1.0以上の主成分として、第1主成分(固有値3.483, 寄与率58.058%)のみが検出され、成分行列における各変数の第1主成分への負荷量(.699〜.822)はいずれも高いことから、第1主成分をもって、住民(市民)の社会的ネットワーク、結びつきを表す「住民の絆」の合成変数とした。主成分負荷量からみて、第1主成分に最も強い関係を示しているのは「②困ったときのお互いの助け合い」(.822)や「③子どもたちを温かく見守る」(.779)や「①伝統行事等への積極的参加」(.775)であることがわかる。この住民特性(住民の紐帯特性)(合成変数)と自治体の人口規模及び子どもの学力との間にはいずれも有意な相関は認められない[4]。

表6-4 住民特性についての主成分分析

変　数	第1主成分
①住民（市民）は、地域の伝統行事や自治会活動やボランティア活動に積極的に参加している	**.775**
②住民（市民）は、困ったときは互いに助け合う	**.822**
③住民（市民）は、子どもたちを温かく見守っている	**.779**
④住民（市民）の市（町村）政への関心は、高い	**.722**
⑤住民（市民）のスポーツ・趣味・娯楽活動は盛んである	**.699**
⑥住民（市民）の近隣づきあいは、盛んである	**.768**
固有値	3.483
寄与率	58.058
累積寄与率	58.058

注）値は主成分負荷量。絶対値0.5以上のものを太字にした。

(3) 地方自治体の財政力指数

地方自治体の財政的な豊かさを探るため、「（Q20）平成25年度（又は最新）の自治体の財政力指数は、次のどれに該当するでしょうか」と尋ねたところ、教育委員長466人のうち、49人（10.5%）が「①0.0以上0.2未満」、112人（24.0%）が「②0.2以上0.4未満」、90人（19.3%）が「③0.4以上0.6未満」、64人（13.7%）が「④0.6以上0.8未満」、71人（15.2%）が「⑤0.8以上1.0未満」、そして15人（3.2%）が「⑥1.0以上」とそれぞれ回答した（無回答者65人〈13.9%〉）。なお、自治体の財政力指数と人口規模との関係をみると、正の相関が認められるものの（r=.583, p<.001）、自治体の財政力指数と子どもの学力の間には統計的に有意な関係は認められない。

(4) 地方自治体の一般会計予算に占める教育予算の割合

平成25年度の各自治体の一般会計予算に占める教育予算の割合（Q21）を尋ねたところ、教育委員長466人のうち、46人（9.9%）が「①7.0%未満」、98人（21.0%）が「②7.0%以上9.0%未満」、103人（22.1%）が「③9.0%以上11.0%％未満」、72人（15.5%）が「④11.0%以上13.0%未満」、28人（6.0%）が「⑤13.0%以上15.0%未満」、21人（4.5%）が「⑥15.0%以上17.0%未満」、9人（1.9%）が「⑦17.0%以上19.0%未満」、そして20人（4.3%）が「⑧19.0%以上」と回答した（無回答者69人〈14.8%〉）。このように教育予算の占める割合は

「③ 9.0％以上 11.0％％未満」（103 人〈22.1％〉）の自治体において最も多く、次に「② 7.0％以上 9.0％未満」（98 人〈21.0％〉）と続く。なお、自治体の教育予算の割合と人口規模及び子どもの学力との間には統計的に有意な関係は認められない。ちなみに自治体の教育予算の占める割合と財政力指数（Q20）との間には正の相関がある（r=.167, p<.01）。

3. 子どもの学力と市町村教育委員会の学力政策の効果性を規定する要因の検討

　子どもの学力「(Q22) 小学校国語 B の成績（平均正答率)」や教育委員会の学力政策の効果性を規定する要因は何であろうか。本項では、前項で取り上げた小学校の組織特性、家庭特性、住民特性、教育委員会の組織特性（組織健康）などの諸要因が子どもの学力や教育委員会の学力政策の効果性にどのように影響を与えている（効いている）かを検討する。

① 子どもの学力を規定する要因

　ここでは、まず子どもの学力を規定する諸要因について検討する。子どもの学力を説明（規定）する要因は何であろうか。すでに検討した市町村ごとの「全国学力・学習状況調査」の「小学校国語 B」の成績（Ⅲ-（一）-1-①）を従属変数とし、これにどのような要因（独立変数）が影響を与えている（効いている）かを検討する。この従属変数（子どもの学力、Q19）が 3 値の順序尺度なので、順序ロジットによる分析を行う。ここで取り上げる要因（独立変数）は、これまでの検討の過程で子どもの学力「（小学校国語 B）の成績」に影響（相関）があったと思われる変数（項目）である。具体的には、①市町村教委の学力政策の学校・保護者等への影響度（「学力政策の好影響度」合成変数、Q5）、②市町村教委の学力政策の効果性（Q3）、③市町村教委の指導行政の効果性（Q16）、④教育委員長の職務満足度（Q11）、⑤家庭特性（合成変数、Q9）、⑥公立小学校の就学援助受給率（Q22）の 6 変数（項目）を独立変数として取り上げ、順序ロ

第6章　市町村教育委員長からみた学力政策と教育委員会制度改革

表6-5　子どもの学力を被説明変数とする順序ロジスティック回帰分析の結果

説明変数（独立変数）	回帰係数 （標準誤差）	Exp(B) オッズ比	95%信頼区間	
			上限	下限
市町村教委の学力政策の影響度（Q5、合成変数）	-.179(.133)	0.836	-.439	.081
市町村教委の学力政策の効果性（Q3）	.786(.204)***	2.195	.387	1.185
市町村教委の指導行政の効果性（Q16）	-.103(.170)	0.902	-.435	.230
教育委員長の職務満足度（Q11）	-.017(.097)	0.983	-.206	.173
家庭特性要因（Q9、合成変数）	.641(.139)***	1.898	.368	.914
就学援助受給率（Q22）	-.278(.088)**	0.757	-.450	-.105
第1閾値	.991(.991)			
第2閾値	2.670(1.000)**			
観察数	341			
疑似決定係数（Nagelkerke2乗）	.182			
対数尤度	686.038			

***p<.001　**p<.01　*p<.05　従属変数：子どもの学力（Q22）

ジスティック回帰分析を行った。

その結果は、**表6-5**のとおりである。これによると、モデルの当てはまりの良さを表す指標（-2対数尤度）やモデルの予測値と観測値の適合度を表す指標や平行線の検定の数値も良い。子どもの学力を規定する変動をどの程度説明するかを示す疑似決定係数（重回帰分析における決定係数〈R^2〉に相当）は、.182であり、全体としての説明力（規定力）は極めて小さいものの、取り上げた変数の中では「市町村教委の学力政策の効果性」（β=.786, p<.001）や「家庭特性要因」（β=.641, p<.001）が最も学力を規定しており、「就学援助受給率」（β=-.278, p<.01）も子どもの学力に影響を与えていることがわかる（オッズ比参照）。子どもの学力の変動を少ししか説明できないが、この分析結果をみるかぎり、この中では市町村教委の学力政策の効果性や家庭特性要因が子どもの学力に最も大きく影響を与えていることになり、市町村教委の学力政策が首尾よく展開されているかどうかが子どもの学力に影響を与えており、各自治体の学力政策の在り方が問われよう。また、これまでどおり、家庭への指導が施策的にも重要であることが示唆される。就学援助受給率も子どもの学力に影響を与えており、子どもの貧困対策の重要性が改めて認識されよう。なお、教育長のリーダーシップ行動や教育委員会の組織特性（組織健康）は子どもの学力には影響を与えていないことになる（Ⅲ-（一）-2-①-（2）・（5）を参照）。

② 市町村教育委員会の学力政策の効果性を規定する要因

　ここでは、市町村教育委員会の学力向上策の効果性を規定する諸要因について検討する。市町村教委の学力向上策の効果性を説明（規定）する要因は何であろうか。すでにⅢ-（一）-1-⑤で検討した市町村教委の学力向上策の効果性（Q3）を従属変数とし、これにどのような要因（独立変数）がどの程度影響を与えている（効いている）かを検討する。ここで取り上げる要因（独立変数）は、これまでの検討の過程で市町村教委の学力向上策の効果性に影響（相関）があったと思われる変数（項目）である。具体的には、①学力政策に対する教職員の理解度（Q2）、②都道府県教委の指導助言の有効性（Q4）、③事務局職員のモラール（Q15）、④市町村教委の指導行政の効果性（Q16）、⑤自治体の財政力指数（Q20）、⑥教育委員の役割活動（Q1、合成変数）、⑦教育長のリーダーシップ行動（Q7、合成変数）、⑧家庭特性（Q9、合成変数）、⑨住民特性（Q10、合成変数）、そして⑩自治体の人口規模（F1）の10変数（項目）を独立変数として取り上げ、重回帰分析を行った。その結果は、**表6-6**のとおりである。これによると、市町村教育委員会の学力政策の効果性を規定する変動をどの程度説明するかを示す（調整済み）決定係数（R^2）は、.328であり、全体としての説明力（規定力）はそれほど高くないが、取り上げた変数の中では「学力政策に対する教職員の理解度」（β=.348, p<.001）が最も学力政策の効果性を規定しており、次いで「市町村教委の指導行政の効果性」（β=.174, p<.001）であり、「都道府県教委の指導助言の有効性」（β=.134, p<.01）や「教育委員の役割活動（の活発さ）」（β=.136, p<.01）も影響を与えていることがわかる。このように、市町村教委の学力向上策の効果性に「学力政策に対する教職員の理解度」が影響を与えていることは、教委が学力向上策について学校の教職員に十分に理解を求めておくことの必要性を示唆しているほか、市町村教委の指導行政や都道府県教委の有効な指導助言の重要性も指摘されてよい。さらに市町村教委における教育委員の役割活動（の活発さ）も市町村教委の学力政策を成功に導く一つの要素とも考えられる。なお、本調査結果をみるかぎり、市町村教育長のリーダーシップ行動は市町村教委の学力向上策の効果性に影響を与えていないことになる[5]。

第6章　市町村教育委員長からみた学力政策と教育委員会制度改革

表6-6　市町村教委の学力政策の効果性を被説明変数とする重回帰分析

説明変数	β	r
学力政策に対する教職員の理解度	.348***	.506***
市町村教委の指導行政の効果性	.174***	.407***
都道府県教委の指導行政の有効性	.134**	.291***
教育委員の役割活動（の活発さ）	.136**	.369***
R^2	.336***	
Adj. R^2	.328***	
N	331	

β：標準偏回帰係数　　r：相関係数
***p<.001　　**p<.01　　*p<.05

（二）教育委員長からみた教育委員会制度の実態と制度改革の方向性

　本調査では、市町村教育委員会の学力政策についてのみならず、教育委員会の問題点や制度改革等についても尋ねている。ここでは、1990年代後半以降の地方分権化と規制緩和を基本原理とする教育行財政改革によって、教育委員会がどのように変容してきたのか、その変容の実態と教育委員会の問題点及びその制度改革の方向性について、教育委員長はどのように認識していたのかを考察する。

① 1990年代後半以降の教育委員会の変容

　まず、1990年代後半以降の地方分権化と規制緩和を基調とする一連の教育行財政改革によって教育委員会がどのように変わったのか、その変容の全体像を把握するため、「(Q18) 1998（平成10）年9月21日の中央教育審議会答申『今後の地方教育行政の在り方について』以降の一連の教育行財政改革によって、貴教育委員会の教育行政はどのように変化したと思われますか」の質問に5段階評価で回答を求めた。その結果は、**図6-16**に示されるとおりである。教育委員長466人のうち、207人（44.4％）が「(1) 自治体の特性を生かして、特色ある教育施策を展開できるようになった」（無回答者13人〈2.8％〉）、172人（36.9％）が「(2) 教育委員会の政策立案能力が向上した」（無回答者15人

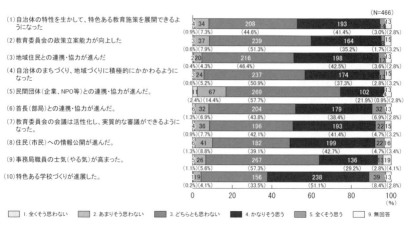

図6−16 市町村教育委員会の変容

〈3.2%〉)、215人(46.1%)が「(3)地域住民との連携・協力が進んだ」(無回答者13人〈2.8%〉)、187人(40.1%)が「(4)自治体のまちづくり、地域づくりに積極的にかかわるようになった」(無回答者15人〈3.2%〉)、106人(22.8%)が「(5)民間団体(企業、NPO等)との連携・協力が進んだ」(無回答者13人〈2.8%〉)、211人(45.3%)が「(6)首長(部局)との連携・協力が進んだ」(無回答者13人〈2.8%〉)、215人(46.1%)が「(7)教育委員会の会議は活性化し、実質的な審議ができるようになった」(無回答者15人〈3.2%〉)、221人(47.4%)が「(8)住民(市民)への情報公開が進んだ」(無回答者16人〈3.4%〉)、149人(32.0%)が「(9)事務局職員の士気(やる気)が高まった」(無回答者19人〈4.1%〉)、277人(59.5%)が「(10)特色ある学校づくりが進展した」(無回答者13人〈2.8%〉)と回答した。

このように、教育委員長は、1990年代後半以降の一連の改革によって、ある一定の変化のあったことを認識していることがうかがえる。とりわけ「(10)特色ある学校づくりが進展した」(59.5%)、「(8)住民(市民)への情報公開が進んだ」(47.4%)、「(3)地域住民との連携・協力が進んだ」(46.1%)、「(7)教育委員会の会議は活性化し、実質的な審議ができるようになった」(46.1%)、「(6)首長部局との連携・協力が進んだ」(45.3%)、「(1)地域の特性を生かし

第6章　市町村教育委員長からみた学力政策と教育委員会制度改革

て、特色ある教育施策を展開できるようになった」（44.4％）、そして「（4）自
治体のまちづくり、地域づくりに積極的にかかわるようになった」（40.1％）な
ど、近年の重要な行政活動領域である程度の進展のあったことが看取できる。
しかし、教育委員会の変容を明確に評価（肯定）しなかった教育委員会も約半
数いることや、教育委員会の変容に関して10項目の合計平均値が3.00ポイン
ト以下の教育委員会が28.6％（125自治体）を占めていることを勘案すると、近
年の一連の行財政改革の影響をあまり受けていない教育委員会も一定程度存在
することがうかがえる[6]。ちなみに、教育長もほぼ同様の質問に対して個別
には多少の違いはあるものの、総じて同じような回答傾向を示している（第1
章Ⅲ-1-[1]、Q37）。

　なお、教育委員会の変容と人口規模との関係を検討したところ、「（1）自治
体の特性を生かして、特色ある教育施策を展開できるようになった」（r=.191,
p<.01）、「（2）教育委員会の政策立案能力は向上した」（r=188, p<.01）、「（3）地
域住民との連携・協力が進んだ」（r=.176, p<.01）、「（4）自治体のまちづくり、
地域づくりに積極的にかかわるようになった」（r=.101, p<.05）、「（5）民間団体
（企業、NPO等）との連携・協力が進んだ」（r=.104, p<.05）、「（6）首長（部局）と
の連携・協力が進んだ」（r=.177, p<.01）、「（7）教育委員会の会議は活性化し、
実質的な審議ができるようになった」（r=.173, p<.01）、「（8）住民（市民）への情
報公開が進んだ」（r=.218, p<.01）、「（9）事務局職員の士気（やる気）が高まった」
（r=.151, p<.01）、そして「（10）特色ある学校づくりが進展した」（r=.124, p<.01）
のすべての項目において正の有意な関係が認められる。このように、教育委員
会の変容（改革）は、人口規模の大きい自治体の教育委員会ほど、進んでいる
ことが示されている。

　さらに、次章（第7章）において、近年の教育委員会の変容が、どんな要因
によって影響を受けているかを検討するため、教育委員会の変容の程度を表す
10の変数に主成分分析を施し、合成変数を作成した。その結果、**表6-7**に示
されるように、固有値1.0以上を基準にすると、第1主成分（固有値5.792、寄
与率57.922％）のみを検出し、成分行列をみると、各変数のもつ第1主成分へ
の負荷量（.650〜.828）は高いので、第1主成分をもって、教育委員会の変容の
程度を表す「教育委員会の変容度」の合成変数とした。主成分負荷量からみ

213

表6-7　教育委員会の変容についての主成分分析

変　数	第1主成分
①自治体の特性を生かして、特色ある教育施策を展開できるようになった	**.748**
②教育委員会の政策立案能力が向上した	**.818**
③地域住民との連携・協力が進んだ	**.773**
④自治体のまちづくり、地域づくりに積極的に関わるようになった	**.779**
⑤民間団体（企業、NPO等）との連携・協力が進んだ	**.650**
⑥首長（部局）との連携・協力が進んだ	**.752**
⑦教育委員会の会議は活性化し、実質的な審議ができるようになった	**.764**
⑧住民（市民）への情報公開が進んだ	**.707**
⑨事務局職員の士気（やる気）が高まった	**.828**
⑩特色ある学校づくりが進展した	**.776**
固有値	5.792
寄与率	57.922
累積寄与率	57.922

注）値は主成分負荷量。絶対値 0.5 以上のものを太字にした。

て、第1主成分に最も強い関係を示しているのは「⑨職員の士気（やる気）が高まった」（.828）、「②政策立案能力の向上」（.818）、「④まちづくりへの積極的参加」（.779）などであることがわかる。この「教育委員会の変容度」（合成変数）と自治体の人口規模との間には正の相関が認められ、人口規模の大きい自治体の教育委員会ほど、近年の教育委員会の変容の度合も大きいことがわかる（r=.208, p<.01）[7]。

② 教育委員会会議の活性化策

　教育委員会がどのような活性化策を講じているかを探るため、「（Q14）貴教育委員会では、教育委員会の活性化策として会議の持ち方や運営方法についてどの程度工夫をされているでしょうか」と5段階評価で尋ねたところ、**図6-17**に示されるように、教育委員長466人のうち、239人（51.3％）が「（1）開催回数をできるだけ増やすなどし、委員による議論の機会を最大限に確保する」（無回答者7人〈1.5％〉）、348人（74.7％）が「（2）十分な審議が行われるよう案件を事前に教育委員に説明（資料配布）する」（無回答者2人〈0.4％〉）、56人（12.0％）が「（3）地域住民ができるだけ傍聴しやすいように、夜間開催な

第6章　市町村教育委員長からみた学力政策と教育委員会制度改革

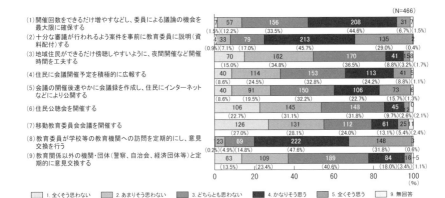

図6-17　教育委員会会議の活性化策

ど開催時間を工夫する」(無回答者8人〈1.7%〉)、154人(33.0%)が「(4) 住民に会議開催予定を積極的に広報する」(無回答者5人〈1.1%〉)、179人(38.4%)が「(5) 会議の開催後速やかに会議録を作成し、住民にインターネットなどにより公開する」(無回答者6人〈1.3%〉)、57人(12.3%)が「(6) 住民公聴会を開催する」(無回答者10人〈2.1%〉)、86人(18.5%)が「(7) 移動教育委員会会議を開催する」(無回答者11人〈2.4%〉)、370人(79.4%)が「(8) 教育委員が学校等の教育機関への訪問を定期的にし、意見交換を行う」(無回答者3人〈0.6%〉)、そして100人(21.4%)が「(9) 教育関係以外の機関・団体・(警察・自治会・経済団体等)と定期的に意見交換する」(無回答者5人〈1.1%〉)とそれぞれ回答した。

　このように、「(8) 教育委員が学校等の教育機関への訪問を定期的にし、意見交換を行う」(79.4%)、「(2) 十分な審議が行われるよう案件を事前に教育委員に説明(資料配布)する」(74.7%)、「(1) 開催回数をできるだけ増やすなどし、委員による議論の機会を最大限に確保する」(51.3%) などを中心に、教育委員会の活性化策を積極的に講じている一方、「(6) 住民公聴会を開催する」(12.3%) や「(7) 移動教育委員会会議を開催する」(18.5%) などの試みは、2割以下にとどまっている。

　なお、教育委員会の活性化策と人口規模との関係を検討したところ、「(1) 開催回数をできるだけ増やすなどし、委員による議論の機会を最大限に確保す

表 6-8　教育委員会会議の活性化策についての主成分分析

変　数	第 1 主成分	第 2 主成分
①開催回数をできるだけ増やすなどし、委員による議論の機会を最大限確保する	**.634**	.200
②十分な審議が行われるよう案件を事前に教育委員に説明（資料配付）する	.491	**.601**
③地域住民ができるだけ傍聴しやすいように、夜間開催など開催時間を工夫する	**.724**	-.274
④住民に会議の開催予定を積極的に広報する	**.748**	.141
⑤会議の開催後速やかに会議録を作成し、住民にインターネットなどにより公開する	**.680**	.226
⑥住民公聴会を開催する	**.720**	-.440
⑦移動教育委員会会議を開催する	**.636**	-.271
⑧教育委員が学校等の教育機関への訪問を定期的にし、意見交換を行う	.397	**.521**
⑨教育関係以外の機関・団体（警察、自治会、経済団体等）と定期的に意見交換する	**.652**	-.307
固有値	3.694	1.181
寄与率	41.043	13.117
累積寄与率	41.043	54.161

注）値は主成分負荷量。絶対値 0.5 以上のものを太字にした。

る」（r=.170, p<.01）、「(2) 十分な審議が行われるよう案件を事前に教育委員に説明（資料配布）する」（r=.308, p<.01）、「(4) 住民に会議開催予定を積極的に広報する」（r=.279, p<.01）、「(5) 会議の開催後速やかに会議録を作成し、住民にインターネットなどにより公開する」（r=.453, p<.01）、「(7) 移動教育委員会会議を開催する」（r=.099, p<.05）、そして「(8) 教育委員が学校等の教育機関への訪問を定期的にし、意見交換を行う」（r=.105, p<.05）の 6 項目で正の相関が認められ、概して自治体の人口規模の大きい教育委員会ほど会議の改善が進んでいるようである。

　さらに、第 7 章において、教育委員会会議の活性化の試みの程度（度合）が、どのような要因によって影響を受けているかを検討するため、教育委員会会議の活性化の程度を示す 9 の変数に主成分分析を施し、合成変数を作成した。その結果、**表 6-8** に示されるように、固有値 1.0 以上を基準にすると、第 1 主成分（固有値 3.694、寄与率 41.043％）と第 2 主成分（固有値 1.181、寄与率 13.117％）の 2 つを検出したが、成分行列をみると、各変数のもつ第 2 主成分への負荷量（.397 ～ .748）は高く、他方、各変数の第 2 主成分への負荷量（.141 ～ .601）がい

ずれも小さく、解釈も困難であることから、第1主成分をもって、教育委員会会議の活性化の程度を表す「教育委員会の活性化度」の合成変数とした。主成分負荷量からみて、第1主成分に最も強い関係を示しているのは「④会議の開催予定の積極的な広報」(.748)、「③開催時間の工夫」(.724)、「⑥住民公聴会の開催」(.720) などであることがわかる。この「教育委員会の活性化度」(合成変数) と自治体の人口規模との間には正の相関が認められる (r=.260, p<.01) [8]。

③ 職務領域別の教育長のリーダーシップの発揮度

　市町村教育長がその職務 (仕事) の領域ごとにどのようにリーダーシップを発揮しているかを探るため、「(Q13) 貴殿は、教育長が次の職務事項について、教育長としてどの程度リーダーシップを発揮していると思われますか」の質問をしたところ、**図6-18** に示されるように、教育委員長466人のうち、358人 (76.9%) が「(1) 教員人事」(無回答者8人〈1.7%〉)、266人 (57.0%) が「(2) 事務局の職員人事」(無回答者9人〈1.9%〉)、313人 (67.2%) が「(3) 教職員研修」(無回答者8人〈1.7%〉)、329人 (70.6%) が「(4) 学校・社会教育施設等の建設や施設設備の整備」(無回答者6人〈1.3%〉)、314人 (67.4%) が「(5) 社会教育の推進」(無回答者7人〈1.5%〉)、313人 (67.1%) が「(6) 生涯学習の推進」(無回答者7人〈1.5%〉)、410人 (88.0%) が「(7) 学校教育の推進」(無回答者8人〈1.7%〉)、348人 (74.6%) が「(8) 教育予算の獲得」(無回答者10人〈2.1%〉)、307人 (65.8%) が「(9) 文化財の保護と推進」(無回答者7人〈1.5%〉)、384人 (82.4%) が「(10) 教育委員会会議での情報の提供や助言」(無回答者7人〈1.5%〉)、329人 (70.6%) が「(11) 地域の教育ビジョンの設定」(無回答者10人〈2.1%〉)、349人 (74.9%) が「(12) 教員評価」(無回答者12人〈2.6%〉)、そして291人 (62.4%) が「(13) 教育事務の自己点検評価の原案の策定」(無回答者17人〈3.6%〉) の各領域においてリーダーシップを発揮していると回答した。

　このように、教育長は、「(7) 学校教育の推進」(88.0%)、「(10) 教育委員会会議での情報の提供や助言」(82.4%)、「(1) 教員人事」(76.9%)、「(12) 教員評価」(74.9%)、そして「(4) 学校・社会教育施設等の建設や施設設備の整備」(70.6%) を中心にその指導力を発揮しており、他方、「(2) 事務局の職員人事」

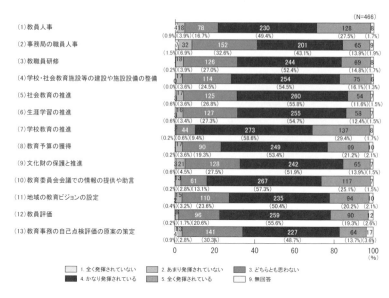

図6-18 職務領域別の教育長のリーダーシップの発揮度

(57.0%) の指導力については相対的に低いことがわかる。

なお、教育長のリーダーシップと人口規模との関係を検討したところ、「(1) 教員人事」(r=.111, p<.05)、「(2) 事務局の職員人事」(r=.269, p<.01)、そして「(3) 教職員研修」(r=.188, p<.01) の3項目において、有意な正の相関が認められる[9]。

4 教育委員会の会議の形骸化

市町村教育委員会の会議の形骸化について教育委員長がどのように認識しているかを探るため、「(Q23)『教育委員会の会議は、実質的審議は行われず、形骸化している』と批判されることがありますが、貴殿は、貴教育委員会の現状からみて、この批判(主張)にどのようなご意見(賛成、反対)をお持ちですか」と質問したところ、図6-19に示されるように、教育委員長466人のうち、122人(26.2%)が「1. 全く賛成しない」、134人(28.8%)が「2. かなり賛成し

第6章 市町村教育委員長からみた学力政策と教育委員会制度改革

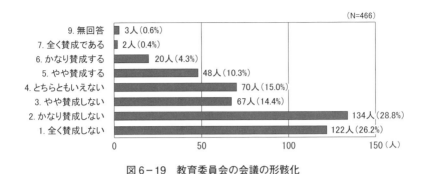

図6-19 教育委員会の会議の形骸化

ない」、67人（14.4％）が「3. やや賛成しない」、70人（15.0％）が「4. どちらともいえない」、48人（10.3％）が「5. やや賛成する」、20人（4.3％）が「6. かなり賛成する」、そして2人（0.4％）が「7. 全く賛成する」と回答した（無回答者3人〈0.6％〉）。

このように、約7割の教育委員長が「教育委員会の会議が形骸化している」との意見に反対しており（カテゴリー①、②、③）、そのうち55％の教育委員長が「教育委員会会議が形骸化」の意見に強く反対している（カテゴリー①、②）。一方で、教育委員会会議の形骸化の意見（主張）に明確に反対しなかった教育委員長は約3割を占めている。なお、教育委員会の会議の形骸化と自治体の人口規模との間には統計的に負の相関が認められ、人口規模が大きい自治体の教育委員長ほど、教育委員会の会議の形骸化の主張を支持していない（$r = -.119$, $p < .05$）[10]。

5 教育委員会制度の問題点

教育委員長が、当時の教育委員会のどこに問題があると認識していたのかを探るため、「（Q17）貴殿は、現行の教育委員会制度についてどこに問題があるとお考えでしょうか」（18項目）と5段階評価で回答を求めたところ、**図6-20**に示されるように、教育委員長466人のうち、69人（14.8％）が「（1）住民の教育要求を行政に反映できていない」（無回答者11人〈2.4％〉）、191人（41.0％）が「（2）教委事務局の指導主事の不足」（無回答者6人〈1.3％〉）、76人（16.3％）

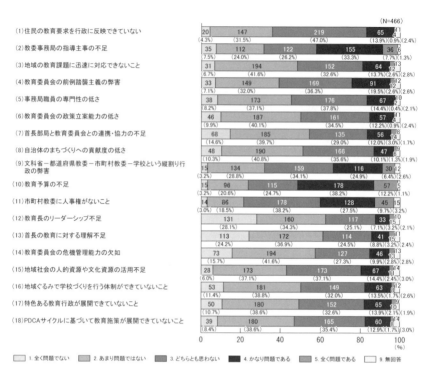

図 6-20　教育委員会制度の問題点

が「(3) 地域の教育課題に迅速に対応できないこと」(無回答者13人〈2.8%〉)、103人(22.1%)が「(4) 教育委員会の前例踏襲主義の弊害」(無回答者12人〈2.6%〉)、69人(14.8%)が「(5) 事務局職員の専門性の低さ」(無回答者10人〈2.1%〉)、61人(13.1%)が「(6) 教育委員会の政策立案能力の低さ」(無回答者11人〈2.4%〉)、70人(15.0%)が「(7) 首長部局と教育委員会との連携・協力の不足」(無回答者8人〈1.7%〉)、53人(11.4%)が「(8) 自治体のまちづくりへの貢献度の低さ」(無回答者9人〈1.9%〉)、146人(31.3%)が「(9) 文部省―都道府県教委―市町村教委―学校という縦割り行政の弊害」(無回答者12人〈2.6%〉)、235人(50.4%)が「(10) 教育予算の不足」(無回答者5人〈1.1%〉)、173人(37.2%)が「(11) 市町村教委に人事権がないこと」(無回答者15人〈3.2%〉)、48人(10.3%)が「(12) 教育長のリーダーシップ不足」(無回答者10人〈2.1%〉)、

56 人（12.0％）が「(13) 首長の教育に対する理解不足」（無回答者 11 人〈2.4％〉）、59 人（12.7％）が「(14) 教育委員会の危機管理能力の欠如」（13 人〈2.8％〉）、78 人（16.8％）が「(15) 地域社会の人的資源や文化資源の活用不足」（無回答者 14 人〈3.0％〉）、71 人（15.2％）「(16) 地域ぐるみで学校づくりを行う体制ができていないこと」（無回答者 12 人〈2.6％〉）、75 人（16.0％）が「(17) 特色ある教育行政が展開できていないこと」（無回答者 9 人〈1.9％〉）、そして 68 人（14.6％）「(18) PDCA サイクルに基づいて教育施策が展開できていないこと」（無回答者 14 人〈3.0％〉）と回答した。

　このように、教育委員長は教育委員会制度の大きな問題点として、まずは「(10) 教育予算の不足」（50.4％）と「(2) 教委事務局の指導主事の不足」（41.0％）を、続いて「(11) 市町村教委に人事権がないこと」（37.2％）や「(9) 縦割り行政の弊害」（31.3％）を挙げており、財政や人事行政にかかわる問題を指摘している。これらの問題は、教育委員会制度自体に起因する問題というよりも、教育委員会だけでは解決し難い、外因的な問題（財政・人事問題）で苦慮していることがうかがえる。ちなみに、教育長は、ほぼ同様の質問に対して「教委事務局スタッフ（指導主事等）の不足」や「教育予算の不足」などに関しては教育委員長よりも問題性をより厳しく捉えているが、全体として概ね同じような回答傾向を示している（第 1 章Ⅲ-3-１、Q42）。

　なお、教育委員会制度の問題点と自治体の人口規模との関係を検討すると、「(2) 教委事務局の指導主事の不足」（r=－.099, p<.05）、「(3) 地域の教育課題に迅速に対応できていないこと」（r=－.140, p<.01）、「(5) 事務局職員の専門性の低さ」（r=－.199, p<.01）、「(6) 教育委員会の政策立案能力の低さ」（r=－.172, p<.01）、「(7) 首長部局と教育委員会との連携・協力の不足」（r=－.122, p<.01）、「(8) 自治体のまちづくりへの貢献度の低さ」（r=－.102, p<.05）、「(12) 教育長のリーダーシップ不足」（r=－.172, p<.01）、「(13) 首長の教育に対する理解不足」（r=－.174, p<.01）、「(14) 教育委員会の危機管理能力の欠如」（r=－.195, p<.01）、「(15) 地域社会の人的資源や文化資源の活用不足」（r=－.162, p<.01）、「(16) 地域ぐるみで学校づくりを行う体制ができていないこと」（r=－.158, p<.01）、「(17) 特色ある教育行政が展開できていないこと」（r=－.107, p<.01）、そして「(18) PDCA サイクルに基づいて教育施策が展開できていないこと」（r=－.184, p<.01）

表6-9　教育委員会制度の問題についての主成分分析

変　数	第1主成分	第2主成分
①住民の教育要求を行政に反映できていない	.680	.133
②教委事務局の指導主事の不足	.502	.440
③地域の教育課題に迅速に対応できていないこと	.789	.057
④教育委員会の前例踏襲主義の弊害	.764	.141
⑤事務局職員の専門性の低さ	.786	.033
⑥教育委員会の政策立案能力の低さ	.813	-.022
⑦首長部局と教育委員会との連携・協力の不足	.799	-.096
⑧自治体のまちづくりへの貢献度の低さ	.773	-.075
⑨文科省-都道府県教委-市町村教委-学校という縦割り行政の弊害	.548	.529
⑩教育予算の不足	.548	.529
⑪市町村教委に人事権がないこと	.567	.555
⑫教育長のリーダーシップ不足	.769	-.300
⑬首長の教育に対する理解不足	.785	-.302
⑭教育委員会の危機管理の能力の欠如	.814	-.251
⑮地域社会の人的資源や文化資源の活用不足	.746	-.084
⑯地域ぐるみで学校づくりを行う体制ができていないこと	.769	-.206
⑰特色ある教育行政が展開できていないこと	.823	-.133
⑱PDCAサイクルに基づいて教育施策が展開できていないこと	.831	-.148
固有値	9.873	1.308
寄与率	54.851	7.267
累積寄与率	54.851	62.118

注）値は主成分負荷量。一つの因子に絶対値0.5以上の因子負荷量を示し、他の因子ではそれ未満の負荷量を示す項目を太字にした。

の13項目のすべてにおいて負の相関が認められ、したがって自治体の人口規模が小さい教育委員会（教育委員長）ほど、これらの項目について問題視されている。

　さらに、第7章において、教育委員会制度の問題が、どのような要因によって影響を受ける（規定される）かを検討するため、教育委員会の問題の程度を表す18の変数に主成分分析を施し、合成変数を作成した。その結果、**表6-9**に示されるように、固有値1.0以上を基準にすると、第1主成分（固有値9.873、寄与率54.851％）と第2主成分（固有値1.308、寄与率7.267％）の2つを検出したが、成分行列をみると、各変数のもつ第1主成分への負荷量（.502～.831）は高く、他方、各変数の第2主成分への負荷量（-.022～.555）がいずれも小さく、解釈も困難であることから、第1主成分をもって、教育委員会制度の問題を表

す「教育委員会の問題性」の合成変数とした。主成分負荷量からみて、第1主成分に最も強い関係を示しているのは「⑱ PDCA サイクルに基づいて教育施策が展開できていないこと」(.831)、「⑰特色ある教育行政が展開できていないこと」(.823)、「⑭危機管理能力の欠如」(.814)、「⑥政策立案能力の低さ」(.813)であることがわかる。この「教育委員会の問題性」(合成変数)と自治体の人口規模との間には負の相関が認められ、人口規模の小さい自治体の教育委員長ほど教育委員会の問題性を指摘する傾向がある (r=-.158, p<.01)[11]。

⑥ 教育委員会制度の改革の方向性

教育委員長が、当時の教育委員会の制度改革についてどのように考えていたのかを探るため、「(Q24) 今年 (2015年) の 4 月 1 日より、総合教育会議や新教育長の設置を骨子とした新しい教育委員会制度がスタートしますが、貴殿は、現行 (これまで) の教育員会制度をどのように評価されているでしょうか」の質問をしたところ、**図 6-21** に示されるように、教育委員長 466 人のうち、327 人 (70.2%) が「(1) 現行の教育委員会制度は、運用上の改善や機能上の充実を図りつつ、維持されるべきである」、118 人 (25.3%) が「(2) 現行の教育委員会制度は、問題も多くあり、今回の改革のように抜本的改革が必要である」、そして 9 人 (1.9%) が「(3) 現行の教育委員会制度は、制度疲労が著しいため、教育事務を首長部局に移し、廃止されるべきである」と回答した (無回答者 12 人 〈2.6%〉)。

このように、約 7 割の教育委員長が「現行の教育委員会制度は、運用・機能上の改善を図りつつも、維持すべき」と考えており、抜本的な制度改革を必要

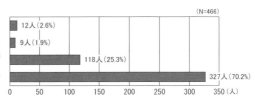

図 6-21　教育委員会制度の改革の方向性

とする者は4分の1程度で、教育委員会制度の廃止を主張する者は2%以下にとどまっている。ちなみに、質問の仕方が少し異なるものの、教育長（415人）も、その約7割が「現行の教育委員会制を維持し、運用上の改善を図っていくこと」を支持している（第1章Ⅲ-3-②-(2)、Q41）。なお、教育委員会制度の改革の方向性と自治体の人口規模との間には統計的に有意な関係は認められない（分割表は省略）。

(三) 市町村教育委員会の人口規模の影響に関する若干の検討

　近年、自治体の人口が減少する中、自治体の人口規模がその行政活動や政策にどのような影響を与えるかが注目されている。また、今後、さらなる人口減少化時代の到来に向け、自律的で、効率的な自治体運営を図る観点から、市町村教育委員会の適正規模の問題にも注目しておく必要がある。

　ここでは、このような問題意識から、教育委員長の質問紙調査をもとに、自治体の人口規模と市町村教育委員会の行政活動や学力政策との関係について若干の整理、考察を行う。まず、これまでの検討から、自治体の人口規模と市町村教育委員会の行政活動や政策との関係を整理すると、**表6-10**のようになる。

　この表からも、自治体の人口規模は教育委員会の行政活動や政策の諸側面に影響を与えていることが推察される。すなわち、「①人口規模が大きいほど、市町村教委の学力政策に対する学校の教職員の理解度は高い（Q2）」、「②人口規模が大きいほど、市町村教委の学力政策の効果性は高い（Q3）」、「③人口規模が大きいほど、市町村教委の学力政策の学校、家庭等への（好ましい）影響は強い（Q5）」、「⑤人口規模が大きいほど、教育委員長の職務満足度は高い（Q11）」、「⑨人口規模が大きいほど、市町村教委の事務局職員のモラールは高い（Q15）」、「④人口規模が大きいほど、学力政策に関する教育長のリーダーシップは発揮される（Q6）」、「⑦人口規模が大きいほど、職務領域別の教育長のリーダーシップは発揮される（Q13）」、「⑧人口規模が大きいほど、市町村教育委員会の会議の活性化策は進展する（Q14）」、「⑩人口規模が大きいほど、市町村教委の学校に対する指導行政の効果性は高い（Q16）」、「⑪人口規模

第6章　市町村教育委員長からみた学力政策と教育委員会制度改革

表6-10　地方自治体の人口規模と諸変数との関係

	（1）自治体の人口規模と正の相関をもつ変数（質問項目）
①	（Q 2）市町村教委の学力政策に対する教職員の理解度
②	（Q 3）市町村教委の学力政策の効果性
③	（Q 5）市町村教委の学力政策の影響（合成変数）
④	（Q 6）学力政策における市町村教育長のリーダーシップの発揮度
⑤	（Q11）教育委員長の職務満足度
⑥	（Q12）教育委員会の組織特性（組織健康度）（合成変数）
⑦	（Q13）職務別の教育長のリーダーシップの発揮度（合成変数））
⑧	（Q14）教育委員会の会議の活性化策の進展度（合成変数）
⑨	（Q15）事務局職員のモラール（勤労意欲）の高さ
⑩	（Q16）市町村教委の学校に対する指導助言の効果性
⑪	（Q18）教育委員会制度の変容（変化）度（合成変数）
⑫	（Q20）自治体の財政力指数
⑬	（Q22）小学校の就学援助受給率
	（2）自治体の人口規模と負の相関をもつ変数（質問項目）
①	（Q17）教育委員会制度の問題（合成変数）
②	（Q23）市町村教委の会議の形骸化
	（3）自治体の人口規模と相関のない変数（質問項目）
①	（Q 1）教育委員の役割活動（合成変数）
②	（Q 4）都道府県教委の市町村教委に対する学力政策上の指導助言の有効性
③	（Q 7）教育長の行政行動（合成変数）
④	（Q 9）家庭・保護者特性（合成変数）
⑤	（Q10）住民特性（住民の絆）（合成変数）
⑥	（Q19）子どもの学力
⑦	（Q21）自治体一般会計予算に占める教育予算の割合
⑧	（F 5）教育委員長の勤務年数

が大きいほど、近年の行財政改革に伴う市町村教育委員会の変容（変革）が進む（Q18））」、「⑫人口規模が大きいほど、自治体の財政力指数は大きい（Q20）」、そして「⑥人口規模が大きいほど、市町村教育委員会の（組織特性としての）組織健康度は高い（Q6）」、「(2)-①人口規模が大きいほど、市町村教委の制度的問題は低く認識される（Q17）」、そして「(2)-②人口規模が大きいほど、市町村教育委員会の会議の形骸化の認識が小さい（Q23）」など、人口規模が大きいことのメリットは大きいようである。もちろん、反面、「⑬人口規模が大きいほど、公立小学校の就学援助受給率が高い（Q22）」という自治体の人口規模の大きさがもたらす負の側面（デメリット）もあるが、単相関係数をみるかぎり、全体としては自治体の人口規模が大きいことは教育委員会の活動行政（組織・

225

運営活動）や政策に好影響を与えていることが推察される。なぜ、そうなのか。それには、前章でも少し触れたように、人口規模の大きい自治体の教育委員会では、地域の多様な教育課題にも対応できる人的・組織的・財政的能力を備えていることが考えられよう。

　ただ、自治体の人口規模と教育委員会の行政活動や政策との関係は、単相関のデータをもとにしており、疑似相関の可能性もあるので、自治体の人口規模が教育委員会の行政活動や政策等にどのような影響を与えるかについては、他の変数をも含めた多面的な検討が必要である。この点については、次章で少し検討する。

IV. 総　　括

　以上、地方教育行政の責任の一端を担う教育委員長が、市町村教育委員会の学力政策をどのように捉えていたのかを探るとともに、子どもの学力や学力政策の効果性を規定する要因についても検討した。最後に、本調査で明らかになったことを総括して、結びとしたい。

　第一に、III–（一）–1–③で検討したように、教育委員長の立場からみると、市町村教育委員会の一連の学力向上策は学校や保護者や教育委員会に対して肯定的な影響を及ぼしていると認識されている。すなわち、市町村教育委員会の一連の学力向上策によって、「(4) 教職員の授業改善への取り組みが積極的になった」（79.6%）、「(14) 教職員が教育課題に組織的、計画的に取り組むようになった」（74.3%）、「(5) 教職員が自分の学校の教育責任を自覚するようになった」（66.5%）、「(6) 子どもの授業への取り組みがより積極的になった」（63.5%）など、教職員の学校教育への取り組みに好影響を与えているとともに、「(10) 市町村教委と学校の連携・協力」（82.7%）、「(12) 家庭や地域社会との連携・協力」（82.0%）、「(10) 市町村教委と学校との連携・協力」（82.7%）、「(16) 教育委員会の指導行政」（66.7%）、「(18) 都道府県教委と市町村教委との連携・協力」（56.4%）の重要性についての認識が深まるなど、意識の変容が看取され

る。その一方で、「(9) 教職員間の絆やつながりが希薄となった」(4.1％)、「(1)一部の教科のみが重視されるようになった」(9.9％)、「(7) 学力や学習意欲の高い子、低い子の差が大きくなった」(16.9％) など、社会で一般に懸念される学力向上策の悪影響については、それほど大きく問題視されていないようである。市町村教育委員長の立場からみるかぎり、第4章Ⅲ-2-②で検討した市町村教育長の場合と同じく、市町村教育委員会の講じている学力向上策は、概ね各方面に好影響を与えているものと評価されているといえよう。ちなみに人口規模の大きい自治体の教育委員会ほど、概して教育委員会が実施する一連の学力向上策はより肯定的に評価されている。

　第二に、市町村教育委員会（狭義）は、学力政策の展開過程において一定程度の役割を果たしているものの、その政策形成機能を高めるためには、まだ改善の余地があると考えられる。Ⅲ-(一)-1-⑦で検討したように、教育委員の役割活動においては、「(6) 教育委員は、学力問題について実態把握や新しい情報入手のため、積極的に学校訪問や保護者との接触を行っている」(59.1％)、「(2) 教育委員は、地域住民や保護者の意見や要望を十分に踏まえて、学力向上策を検討している」(57.5％)、「(9) 教育委員による学力向上策の評価に関する議論は、次年度の事業計画の策定に十分に生かされている」(55.8％)、「(1)教育委員は、学力問題に関して会議で何を検討すべきか（議題、検討課題）についてよく提案する」(55.3％)、「(7) 教育委員は、学力向上の施策実施後の事業評価に積極的に関わっている」(50.0％) と指摘されているように、実態把握や新しい情報入手活動、住民や保護者の要望の施策面への反映、議題の選定、評価活動の面で一定程度の役割を果たしているといえよう。その一方で、教育委員は、事務局提案の学力向上策を修正したり（項目4）、首長との話し合いに臨んだりすること（項目8）は少ないようである。その意味で、学力向上の政策過程を、㋑課題設定（①、②、⑧）→㋺政策立案（③）→㋩政策決定（④）→㊁政策実施→㋭政策評価（⑦、⑨）の観点からみた場合、㊁政策実施を除く過程で一定程度の役割を果たしているものの、本調査結果をみるかぎり、教育委員が学力政策の形成（立案、決定）に積極的にかかわるという意味では依然として改善の余地はありそうである。また、教育委員長の立場からみた場合、「(5)学力向上策を議論する際、教育長の発言や意見は非常に参考になる」(82.8％)

と指摘されており、学力向上策を議論する際、教育長の果たす役割の大きさも看過できない。

　第三に、子どもの学力を規定する要因についてである。Ⅲ-（一）-3-①で検討したように、子どもの学力を規定する変動をどの程度説明するかを示す疑似決定係数（重回帰分析における決定係数〈R^2〉に相当）は、.182であり、全体としての説明力（規定力）は極めて小さいものの、取り上げた変数の中では「市町村教委の学力政策の効果性」（$\beta = .786$, $p < .001$）や「家庭特性要因」（$\beta = .641$, $p < .001$）が最も学力を規定しており、「就学援助受給率」（$\beta = -.278$, $p < .01$）も子どもの学力に影響を与えていることがわかる。子どもの学力の変動を少ししか説明できないが、この分析結果をみるかぎり、この中では「市町村教委の学力政策の効果性」や「家庭特性要因」が子どもの学力に最も大きく影響を与えていることになり、市町村教委の学力政策が首尾よく展開されているかどうかが子どもの学力を規定しており、各自治体の学力政策の在り方が問われよう。また、これまでどおり、家庭に対する指導が施策的にも重要であることが示唆される。就学援助受給率も子どもの学力に影響を与えており、子どもの貧困対策の重要性が改めて認識されよう。なお、教育長のリーダーシップや教育委員会の組織特性は直接的に子どもの学力には影響を与えていないことになる（Ⅲ-（一）-2-①-（2）・（5）を参照）。

　第四に、市町村教委の学力政策の効果性とそれを規定する要因についてである。Ⅲ-（一）-1-⑤で検討したように、7割近くの教育委員長は市町村教育委員会の学力向上策が効果を上げていると認識している。しかし、その一方で3割強の教育委員長は、政策の効果を少なくとも実感できないでいる。なお、市町村教委の学力政策の効果性と子どもの学力との間には正の有意な相関が認められた（$r = .283$, $p < .01$）。

　また、この市町村教委の学力政策の効果性を規定する要因は何であろうか。Ⅲ-（一）-3-②で検討した結果によると、市町村教育委員会の学力政策の効果性を規定する変動をどの程度説明するかを示す（調整済み）決定係数（R^2）は、.328であり、全体としての説明力（規定力）はそれほど高くないものの、取り上げた変数の中では「学力政策に対する教職員の理解度」（$\beta = .348$, $p < .001$）が最も学力を規定しており、次いで「市町村教委の指導行政の効果性」（$\beta = .174$, p<.001）であり、「都道府県教委の指導助言の有効性」（β =.134, p<.01）や「教育委員の役割活動（の活発さ）」（β =.136, p<.01）も影響を与えていることがわかる。このように、市町村教委の学力向上策の効果性に「学力政策に対する教職員の理解度」が影響を与えていることは、教委が学力向上策について学校の教職員に十分に理解を求めておくことの必要性を示唆しているほか、市町村教委の指導行政や都道府県教委の有効な指導助言の重要性が指摘されてよい。さらに市町村教委における教育委員の役割活動の積極性も市町村教委の学力政策を成功に導く一つの要素とも考えられる。なお、本調査結果をみるかぎり、教育長のリーダーシップは市町村教委の学力向上策の効果性には影響を与えていないことになる。

　第五に、自治体の人口規模が教育委員会の行政活動（組織・運営活動）や政策にどのような影響を与えるかについてである。本章では、自治体の人口規模が教育委員会の行政活動や組織活動等にどのような影響を及ぼすかについても検討した。その結果は、Ⅲ-（三）で考察したように、教育委員長調査をみるかぎり、自治体の人口規模と教育委員会にかかわる多くの変数との間で統計的に有意な相関が認められ、自治体の人口規模が教育委員会の行政活動や組織活動等に影響を与えることが推察されよう。これについての検討は、さらに第7章で行われる。

　第六に、教育委員長が当時の教育委員会制度の現状や問題点や改革の方向性等についてどのように認識しているかについてである。

　まず、近年の一連の教育行財政改革によって教育委員会がどのように変わったのか、その変容の全体像について、教育委員長は、1990年代後半以降の一連の改革によって、「(10) 特色ある学校づくりが進展した」（59.5%）、「(8) 住民（市民）への情報公開が進んだ」（47.4%）、「(3) 地域住民との連携・協力が進んだ（46.1%）」などの行政領域を中心に、一定程度の変化があったと認識しており、また、この教育委員会の変容（変化）の度合は、人口規模の大きい自治体の教育委員会ほど大きいことが示されている（Ⅲ-（二）-①）。しかし、その一方で約半数の教育委員会においてこのような変容が（教育委員長によって）実感できていないことも事実であり、近年の行財政改革による教育委員会の変容は必ずしも十分ではないことをうかがわせる。

次に、教育委員会（狭義）の活性化策がどのように講じられているかについては、「(8) 教育委員が学校等の教育機関への訪問を定期的にし、意見交換を行う」(79.4%)、「(2) 十分な審議が行われるよう案件を事前に教育委員に説明（資料配布）する」(74.7%)、「(1) 開催回数をできるだけ増やし、委員による議論の機会を最大限に確保する」(51.3%) などを中心に、教育委員会の活性化策が講じられているが、全体としてみた場合、この活性化策は必ずしも十分ではないと考えられる。この活性化策は、人口規模の大きい自治体の教育委員会ほど進んでいる（Ⅲ-（二）-②）。

　教育委員会の会議の形骸化については、約7割の教育委員長が「教育委員会の会議が形骸化している」との意見に反対し、そのうち55%の教育委員長が強く反対していることからすると、多くの教育委員会の教育委員長は会議の形骸化を否定していることになる（Ⅲ-（二）-④）。なお、人口規模が大きい自治体の教育委員長ほど、教育委員会の会議の形骸化の主張に反対している。

　教育委員長は、教育委員会制度の大きな問題点として、「(10) 教育予算の不足」(50.4%) と「(2) 教委事務局の指導主事の不足」(41.0%) を、続いて「(11) 市町村教委に人事権がないこと」(37.2%) や「(9) 縦割り行政の弊害」(31.3%) を挙げており、市町村教育委員会自身では解決し難い、財政や人事行政にかかわる問題を指摘していることは注目されよう [12]（Ⅲ-（二）-⑤）。なお、教育委員会制度の問題点と自治体の人口規模との間には、18項目中13項目において負の相関が認められ、自治体の人口規模が小さい教育委員会ほど、これらの項目の問題性が強く認識されている。

　最後に、教育委員会制度の今後の改革の方向性については、約7割の教育委員長が「現行の教育委員会制度は、運用上の改善や機能上の充実を図りつつ、維持すべき」とし、教育委員会制度の廃止に賛成する者は約2%にとどまっており、教育委員長は、その大多数が当時の教育委員会制度を支持している（Ⅲ-（二）-⑥）。なお、教育委員会制度の改革の方向性と人口規模との間には統計的に有意な関係は認められない。

　以上のように、教育委員長の立場からすると、市町村教育委員会の学力政策は学校の教育活動や教育委員会の活動に概ね良い影響を与えていると肯定的に評価されているといえよう。また、子どもの学力は教育長のリーダーシップ

行動や教育委員会の組織特性（組織健康）よりも、市町村教委の学力政策や家庭特性や経済要因（就学援助受給率）によって影響を受けていることが看取できる。

　他方、1990年代後半以降の一連の行財政改革によって、教育委員会はある一定程度の変容（変化）を遂げつつあることが認められるも、ある一定の割合で自己変容力の乏しい教育委員会も存在すること、また教育委員会制度の問題として「教育予算の不足」や「縦割り行政の弊害」など、市町村教育委員会自身では解決し難い財政や人事行政にかかわる問題も存在することなどが指摘される。しかし、多くの教育委員長が教育委員会の会議の形骸化を否定するとともに、今後の制度改革の在り方として教育委員会制度の維持を支持していたことは注目される。

注

(1)「4. かなりそう思う」＋「5. 全くそう思う」の合計（％）を、肯定的評価の割合とみなす統計処理を他の質問項目（「(Q1) 教育委員の役割活動」、「(Q7) 教育長のリーダーシップ行動因」、「(Q9) 家庭・保護者特性」、「(Q10) 住民特性」、「(Q12) 市町村教育委員会の組織特性」、「(Q13) 職務領域別の教育長のリーダーシップ行動」、「(Q14) 教育委員会の活性化策」、「(Q17) 教育委員会制度の問題点」、「(Q18) 教育委員会の変容」）でも行っている。

(2) 教育委員会の組織特性の尺度（質問項目）は、M・B・マイルズの組織健康の概念を参考に筆者が作成したものである。M・B・マイルズによると、組織健康とは、組織が健康的である状態のことで、それは、組織が長期にわたって環境に適切に対処し、絶えずその生存及び対処能力を発展、拡大させていく状態をさす。このような組織健康を実現するための基準として、M・B・マイルズは、組織健康の10次元（課業達成にかかわる3つの次元、内部統合にかかわる3つの次元、そして組織の変化や成長にかかわる4つの次元）を提唱するが、筆者は、この10次元を参考にしながら、教育委員会の組織特性（健康度）を測る尺度（23項目）を作成した（詳しくは、拙著『現代アメリカ教育行政学の研究—行動科学的教育行政学の特質と課題—』多賀出版、1995年、194-200頁を参照されたい）。

(3) なお、この教育委員会の組織特性（合成変数「組織健康」）と教育委員会の学力政策の効果性（Q3）との間には正の相関（r=.365, p<.001）が認められる。

(4) なお、住民特性（住民の絆）と市町村教委の学力政策の効果性（Q3）との間には正の相

関が認められる（r=.190, p<.01)。

(5) 教育長のリーダーシップの尺度として、質問項目 Q7 の代わりに、Q6 を使って重回帰分析を行うと、市町村教委の学力政策を規定する要因として、「学力政策に対する教職員の理解度」（β =312, p<.001)、「教育長のリーダーシップ行動（Q6)」（β =.199, p<.001)、「市町村教委の指導行政の効果性」（β =.145, p<.05)、「都道府県教委の指導助言の有効性」（β =.133, p<.01) などが挙げられる（調整済み決定係数〈R^2〉=.332)。

(6) 教育委員会の変容の 10 項目の合計平均値に基づく自治体の度数分布表の統計量は、（N=437, 平均値 =3.376, 中央値 =3.400, 最頻値 =3.00, 標準偏差 =.538) である。

(7) 教育委員会の変容の各項目と子どもの学力との間及び教育委員会の変容（合成変数）と子どもの学力との間にはともに有意な相関は認められない。

(8) 教育委員会の活性化策の各項目と子どもの学力との間及び教育委員会の活性化策（合成変数）と子どもの学力との間にはともに有意な相関は認められない。

(9) ちなみに、領域別の教育長のリーダーシップと子どもの学力との間にはどの項目においても有意な関係は認められない。

(10) なお、教育委員会の会議の形骸化と子どもの学力との間にも負の相関があり、教育委員会の会議の形骸化を認めない教育委員長の教育委員会ほど、子どもの学力は高い（r= -.113, p<.05)。

(11) なお、「教育委員会制度の問題性」（合成変数）と子どもの学力との間には有意な相関は認められない。

(12) 本章Ⅲ-（二)-⑤では、教育委員会制度の問題点（Q17, 18 項目）を、分析上、多くの変数を縮約するため、主成分分析を用いて合成変数を導き出したが、教育委員会制度の問題点がどんな因子で構成されているか、あるいは教育委員会制度の問題にかかわる個々の変数に共通して潜在していると考えられる共通因子を導き出すために、因子分析を行うこともできる。

　そこで、教育委員会制度の問題に潜在する共通の因子を探るため、教委制度の問題点（18 項目）に因子分析（主因子法、バリマックス回転）を施すと、第 1 因子（固有値 9.873, 寄与率 54.851%) と第 2 因子（固有値 1.308, 寄与率 7.267%) が析出された。この 2 つの因子は、全分散中約 62.1% を占め、十分な説明力をもっていると考えられる。第 1 因子で高い因子負荷量を示す項目は、「⑬首長の教育に対する理解不足」(.800)、「⑭危機管理能力の欠如」(.791)、「⑫教育長のリーダーシップ不足」(.773)、「⑱ PDCA サイクルに基づく施策展開ができていないこと」(.743)、「⑰特色ある教育行政が展開できていないこと」など、14 項目である。これらの項目は、どちらかというと教育委員会制度自体にかかわる問題であるため、この第 1 因子を「内因性問題」に関する因子と命名できる。他方、第 2 因子で高い因子負荷量を示す項目は、「⑪市町村教委に人事権がないこと」(.684)、「⑨縦

第6章　市町村教育委員長からみた学力政策と教育委員会制度改革

割り行政の弊害」（.639）、「⑩教育予算の不足」（.617）、そして「②指導主事の不足」（.495）
の4項目である。これらの項目は、人事・財政や縦割り行政にかかわる事柄で、教育委員
会だけでは解決できない問題であると考えられるため、この第2因子を「外因性問題」に
関する因子と命名することができよう。このようにしてみると、教育委員会制度の問題に
は、内因性問題と外因性問題の2つがあることを確認できる。

第7章

市町村教育長のリーダーシップ行動の研究

―教育委員会の組織特性（組織健康）や組織・運営活動に及ぼす影響の検討―

I. はじめに

　本章では、市町村教育長のリーダーシップ行動を測定する尺度を構成し、その測定尺度に基づいて教育長のリーダーシップ行動が教育委員会の組織特性（組織健康）や組織・運営活動にどのような影響を及ぼすかを検討する。市町村教育長のリーダーシップ（指導性）の評定は、教育委員長によって行われる。

　市町村教育長のリーダーシップの研究は、1980年代後半以降の、教育行政の規制緩和、分権改革が推進される中で教育長の果たす役割がますます大きくなるにつれて、その重要性が増してきている。とりわけ、2014（平成26）年の教育委員会の制度改革の断行によって、教育長は教育委員会の代表者として、また事務局の統括者として、名実ともに教育政策の形成、実施、評価に大きな役割を果たすようになり、地方教育行政のリーダーとしての力量がますます問われている。その意味で、教育長のリーダーシップがどのようなもので、それが教育委員会の組織・運営活動等にどのような影響を及ぼすかを検討することは重要である。なお、本章は、前章の調査研究の続編として位置づけられ、本論は、前章の分析結果や考察内容を踏まえながら展開される。また、本章で使う調査データは、教育委員会の制度改革前に収集したものである。

　ところで、教育長の職務特性やリーダーシップにかかわる研究は、すでに国内でもいくつか行われている。例えば、堀和郎・加治佐哲也「教育委員・教育長の特性の比較分析―市町村教育委員会に関する全国調査に基づいて―」（1989年）は、市町村教育委員会の住民統制機構としての実態と課題を明らかにするため、教育委員と教育長の諸特性（個人特性、リクルート特性、社会的心理的特性、職務意識、情報行動、職務遂行行動）を比較検討している[1]。

　加治佐哲也『教育委員会の政策過程に関する実証的研究』（1998年）は、わが国教育委員会の政策過程の実態と特質と課題を、大規模な全国調査をもとに実証的に明らかにし、その知見の一つとして、教育長の学校教育の専門性の高低によって、市町村教育委員会の学校に対する影響（効果）の与え方にそれほどの差異は生じないことなどを指摘している[2]。

露口健司の「教育長のリーダーシップが校長及び学校組織に及ぼす影響について」(2001年)は、市町村教育長のリーダーシップが校長や学校組織(文化)にどのような影響を及ぼすかを検討し、①教育長のリーダーシップは教育、政治、管理、過干渉の4つの次元を析出できること、②教育長の管理的リーダーシップが校長の「目標共有化」や「授業支援」や「研修促進」のリーダーシップにポジティブな影響を及ぼしていることなどを明らかにしている[3]。

佐々木幸寿『市町村教育長の専門性に関する研究』(2006年)は、教育長の職務権限や職務実態及びそのリーダーシップの実態等の検討を通して、市町村教育長の専門的指導性の特質を明らかにしたもので、その知見の一つとして、教育長に求められる資質には実務的スキル、コンセプツアルなスキル、組織経営スキル、能動的対人スキル、そして受動的対人スキルがあり、その中で最も重視されているのがコンセプツアルなスキルであると指摘している[4]。

拙著『市町村教育長のリーダーシップに関する研究』(2007年)は、市町村教育長のリーダーシップの在り方を探る研究の一環として、教育長の職務活動の実態や特質及び彼らに求められる職務遂行能力とは何かを面接調査や質問紙調査をもとに検討し、教育長の出身職業によって彼らの職務遂行能力の面で持ち味(得意、不得意)があることや、教育長に求められる資質能力(職務遂行能力)として、ビジョン設定能力、政治的対応能力、教育的指導能力が重要であることなどを明らかにしている[5]。

本研究は、これらの研究を念頭に置きつつも、市町村教育長のリーダーシップ行動がどのような因子で構成され、それが教育委員会の組織特性(組織健康)や組織・運営活動にどのような影響を及ぼすかを検討する。主な検討課題は、次のとおりである。

①市町村教育長のリーダーシップ行動はどのような因子から構成されているのか。
②市町村教育長の出身職業によって、そのリーダーシップ行動に違いはあるのか。
③教育委員会の組織特性(組織健康)がどのような因子から構成されているのか。

④市町村教育長のリーダーシップ行動が教育委員会の組織特性や組織・運営
　活動（事務局職員のモラール・教育委員会の会議の活性化など）にどのような影
　響を与えるのか。

II．調査方法

① 調査対象

　調査対象は、全国市町村の教育委員長 1000 人であり、有効回答者数は 466
人で、有効回収率は 46.6％ である。回答者の性別は男性 80.3％（374 人）、女
性 19.1％（89 人）、無回答者 0.6％（3 人）で、年齢別の割合は、45－49 歳 2.4％
（11 人）、50－54 歳 5.6％（26 人）、55－59 歳 9.2％（43 人）、60－64 歳 19.1％（89
人）、65－69 歳 32.6％（152 人）、70 歳以上 28.7％（134 人）、無回答者 2.4％（11
人）である。教育委員長の勤務年数（通算）の割合は、1 年未満 19.1％（89 人）、
1 年以上－2 年未満 15.5％（72 人）、2 年以上－4 年未満 24.5％（114 人）、4 年以
上－6 年未満 13.7％（64 人）、6 年以上－8 年未満 14.4％（67 人）、8 年以上－10
年未満 4.5％（21 人）、10 年以上－12 年未満 2.6％（12 人）、12 年以上 4.5％（21
人）、そして無回答者 1.3％（6 人）である。また、自治体の人口規模別の割合
は、5000 人未満 13.1％（61 人）、5000 人以上－1 万人未満 12.9％（60 人）、1 万
人以上－3 万人未満 28.1％（131 人）、3 万人以上－5 万人未満 12.9％（60 人）、5
万人以上－10 万人未満 17.4％（81 人）、10 万人以上－20 万人未満 8.6％（40 人）、
20 万人以上－30 万人未満 2.1％（10 人）、30 万人以上 4.7％（22 人）、そして無
回答 0.2％（1 人）である。

② 調査期間

　2015（平成 17）年 2 月中旬～3 月上旬。

第7章　市町村教育長のリーダーシップ行動の研究

③ 調査手続

　市町村教育委員長が、教育委員会を代表する立場から、教育委員会の学力政策や制度改革をどのように捉えているのか、また、子どもの学力と学力政策の効果性を規定する要因とは何かを探るため、①市町村教育委員会の学力政策の実態（9項目）、②子どもの学力の向上に影響を与える要因（家庭特性、住民特性、教育委員会組織特性、教育長の職務行動など）（8項目）、③子どもの学力の指標（平成26年度「学力調査・学習状況調査」の「小学校国語Bの成績」（1項目）、④教育委員会制度の制度改革（6項目）、そして⑤教育委員長及び自治体の基本属性（年齢、勤務年数、性別、人口規模）（5項目）にかかわる29項目からなる「教育委員会の学力政策に関する教育委員長の意識調査」を作成し、郵送法で調査を実施した。調査対象の1000人の教育委員長は、文部科学省『全国教育委員会一覧』（文教協会、2014年10月）を活用し、約1700人の教育委員長の中から無作為で抽出された（東京都23区及び学校組合等を除く）。本章は、この質問紙調査の質問項目のうち、主に教育長の職務行動（Q7）や教育委員会の組織特性（Q12）などを使い、教育長のリーダーシップ行動が教育委員会の組織特性や組織・運営活動にどのような影響を及ぼしているかを検討する。

III.　結果及び考察

　教育長のリーダーシップ行動がどのような影響を及ぼすのかを検討するため、①教育長のリーダーシップ行動を示す64質問項目（Q7）についての因子分析、②市町村教育委員会事務局の組織特性（組織健康）を示す23項目（Q12）についての因子分析、③教育長のリーダーシップと教育委員会事務局の組織特性との関係の検討、そして④教育長のリーダーシップ行動と教育委員会の組織・運営活動（事務局職員のモラール・教育委員会の会議の活性化度・教育委員会の変容）との関係の検討という4つのステップをとることとする。

① 教育長のリーダーシップ行動の因子分析結果

　まず、因子分析にあたっては、主因子法によって「最小の固有値が1.00以上」という基準で因子を抽出した後、バリマックス回転を行った。最初の因子分析で、共通性が低く、因子負荷量も小さくどの因子にも属さない項目（⑥、⑦、㉞、㊽）があったので、これらの項目を除き、再度、同様の方法で因子分析を施した。その結果は、**表7-1**に示されるとおりである。同一項目で2つ以上の因子に負荷量が重なるものが少なく、解釈可能性の高いと思われる6因子解を採用した。この6つの因子は、全分散中約62.5％を占め、十分な説明力をもっていると思われる。

　次に、原則として、一つの因子に.400以上の因子負荷量を示し、他の因子ではそれより低い負荷量を示す項目をリストアップして、因子解釈を行う。

　第1因子で高い因子負荷量を示す項目は、「（Q61）人づくりを通して地域づくりに貢献しようと努めている」(.628)、「（Q52）地域住民やその代表者とよく懇談する」(.579)、「（Q26）社会教育関係団体や自治会組織との関係強化を図る」(.573)、「（Q11）教育・文化・スポーツの振興のために、住民（市民）を積極的に啓発する」(565) など14項目であった。そこで、この第1因子を「地域住民への対応」に関する因子と命名した。

　第2因子で高い因子負荷量を示す項目は、「（Q8）地域の教育について明確な教育ビジョンを示す」(.605)、「（Q51）自ら新しい考えやアイデアを積極的に提案する」(.601)、「（Q33）社会の変化を先取りし、新しい教育施策を展開する」(.579)、「（Q36）教育施策を適切に策定する」(.563)、「（Q50）学校や公民館や図書館など、管下の教育機関に対して、教育行政の重点目標の達成を強く求める」(.559) など、17項目であった。第2因子を「教育ビジョンの明確化と現実化」に関する因子と命名した。

　第3因子で高い因子負荷量を示す項目は、「（Q1）事務局職員の意見や提案によく耳を傾ける」(.603)、「（Q25）事務局職員を公平に扱っている」(.595)、「（Q10）事務局職員の仕事ぶりを信頼している」(.570)、そして「（Q37）事務局の職員に気軽に話しかける」(.551) など、12項目であった。第3因子を「事務局職員への配慮」に関する因子と命名した。

表7−1　教育長のリーダーシップ行動の因子分析結果

質問項目（変数）	因子負荷量						
	I	II	III	IV	V	VI	h^2
(61)人づくりを通して地域づくりに積極的に貢献しようと努めている	**.628**	.314	.254	.372	.191	.170	.729
(52)地域住民やその代表者とよく懇談する	**.579**	.353	.185	.296	.245	.164	.669
㉖社会教育関係団体や自治会組織との関係強化を図る	**.573**	.208	.251	.167	.219	.192	.547
⑪教育・文化・スポーツの振興のために、住民（市民）を積極的に啓発する	**.565**	.359	.271	.142	.183	.215	.622
㊺保護者やPTAとの対話を重視している	**.544**	.219	.288	.223	.262	.102	.556
(59)子どもの意見や要望には十分に耳を傾ける	**.529**	.217	.352	.240	.220	.172	.586
(63)文化財の保護と振興にとても熱心である	**.506**	.253	.251	.263	.145	.219	.522
(62)事務局職員に使命感と誇りをもって働くようさとす	**.500**	.296	.305	.259	.258	.341	.680
㊻学校や公民館など、所管の教育機関に対して、安全管理・危機管理の徹底を求める	**.484**	.295	.360	.240	.203	.201	.591
㉔社会教育や生涯学習を振興するための施策を積極的に打ち出している	**.483**	.469	.267	.232	.124	.252	.659
(64) 64地方議会の議長とは、日頃から緊密な連絡をとる	**.467**	.169	.134	.451	.140	.231	.541
㊾地域の各種行事に出席し、的確な挨拶を行う	**.430**	.287	.401	.183	.337	−.030	.576
㊼同和・人権団体への対応を適切に行う	**.426**	.225	.263	.141	.239	.264	.451
㉓教員の研修を積極的に推進している	**.421**	.284	.241	.147	.385	.288	.568
⑧地域の教育について明確な教育ビジョンを示す	.276	**.605**	.343	.185	.243	.105	.664
(51)自ら新しい考えやアイデアを積極的に提案する	.289	**.601**	.118	.283	.323	.288	.726
㉝社会の変化を先取りし、新しい教育施策を展開する	.344	**.579**	.152	.332	.208	.299	.720
㊱教育施策を適切に策定する	.241	**.563**	.454	.257	.224	.253	.761
㊿学校や公民館や図書館など、管下の教育機関に対して、教育行政の重点目標の達成を強く求める	.397	**.559**	.185	.179	.292	.199	.662
⑮地域の社会教育や生涯学習について明確なビジョンを持っている	.453	**.515**	.328	.228	.150	.173	.683
⑱自治体の教育ビジョンを教育施策に明確に反映させるよう努める	.297	**.514**	.249	.287	.212	.243	.601
㊶教育施策実施後の評価を、データや資料に基づいて客観的に行う	.325	**.508**	.350	.243	.301	.203	.677
⑨事務局職員に明確な仕事の目標を示す	.186	**.503**	.389	.250	.241	.316	.659
⑤教育施策を地域住民に積極的にPRし、理解を求める	.436	**.496**	.273	.223	.169	.069	.593
㉚地域の教育課題解決のため、教育施策を着実に実施する	.376	**.481**	.340	.332	.289	.188	.717
(60)教育行政に新しいアイデアや実践を積極的に取り入れる	.443	**.463**	.167	.354	.270	.264	.707
㉟法令を適切に解釈して、事務処理を行う	.203	**.446**	.415	.282	.254	.230	.609
(53)教育施策実施後の評価は、次年度の教育施策に必ず生かすよう努める	.348	**.423**	.417	.214	.278	.254	.661
⑭事務局職員に的確な仕事上の指示を与える	.184	**.421**	.414	.304	.226	.393	.680
㉛教育委員会内外から、素早く必要な情報を収集する	.246	**.402**	.388	.361	.281	.233	.636
㊵教育長は自らの研修（自己研修）に積極的である	.350	**.401**	.323	.247	.389	.182	.633
①事務局職員の意見や提案によく耳を傾ける	.262	.188	**.603**	.187	.209	.165	.574
㉕事務局職員を公平に扱っている	.277	.142	**.595**	.175	.215	.221	.576
⑩事務局職員の仕事ぶりを信頼している	.277	.210	**.570**	.162	.141	.263	.562
㊲事務局の職員に気軽に話しかける	.212	.161	**.551**	.187	.329	.153	.759
②教育委員会会議で教育委員に適切な助言や情報提供を行う	.182	.373	**.538**	.272	.138	.108	.541
⑳住民（市民）の意見や要望によく耳を傾ける	.500	.110	**.523**	.281	.146	.116	.650

表7-1　つづき

質問項目（変数）	因子負荷量						
	I	II	III	IV	V	VI	h²
④地域の教育の実態を正確に把握するよう努める	.258	.382	**.523**	.262	.235	.023	.610
⑯事務局職員のやる気を育てる	.287	.363	**.517**	.173	.152	.431	.720
�555事務局をうまく統括している	.183	.264	**.512**	.408	.414	.182	.736
⑲仕事がうまくいかないとき、部下に責任を転嫁しない	.217	.179	**.476**	.217	.221	.166	.429
③物事を決めるとき、客観的なデータや根拠を求める	.205	.410	**.452**	.176	.140	.168	.492
㊽教育委員長との意思疎通は十分に図られている	.286	.179	**.425**	.365	.251	.082	.498
㊺教育予算をめぐる首長（部局）との対応（交渉）は適切である	.234	.210	.338	**.674**	.189	.227	.755
㉜議会や首長（部局）に対する調整能力は優れている	.245	.317	.244	**.672**	.067	.206	.719
㊼首長（市町村長）との信頼関係は、極めて良好である	.255	.159	.289	**.627**	.195	.033	.605
㊷首長に教育施策を十分に理解してもらうよう努める	.340	.363	.274	**.544**	.158	.126	.659
㊻地方議会での答弁は手堅い	.165	.311	.383	**.475**	.355	.148	.645
⑫教育予算を思い通りに獲得している	.311	.242	.116	**.455**	.167	.259	.471
㉗決断は素早く、対応も迅速である	.188	.269	.368	**.440**	.400	.260	.664
㊳学校や校長に対して教育上の専門的指導や助言を適切に行う	.252	.297	.308	.117	**.660**	.188	.732
㊴学校や校長に対する行政管理上の指示は的確である	.194	.294	.392	.209	**.598**	.217	.727
㉘教員研修会等に出席し、適切な指導助言を行う	.275	.385	.190	.141	**.531**	.277	.639
㊸校長（会）との意思疎通を十分に図っている	.333	.144	.354	.247	**.513**	.029	.582
㊹教育施策の方針や内容は常に学校に徹底させている	.353	.385	.266	.264	**.457**	.175	.652
㉑都道府県教委ないし教育事務所とは緊密な連絡をとる	.314	.137	.274	.252	**.416**	.194	.466
⑰適材適所の事務局職員人事を行っている	.237	.229	.271	.225	.139	**.597**	.609
㉒事務局職員の人材育成を積極的に進める	.388	.330	.334	.179	.198	**.530**	.723
㉙将来を見据え、教育行政の幹部候補職員を育てる	.302	.432	.165	.211	.337	**.506**	.650
⑬適材適所の教員人事を行っている	.268	.256	.256	.263	.322	**.433**	.566
因子分散	7.760	7.735	7.721	5.597	4.998	3.694	37.505
寄与率（%）	12.934	12.891	12.869	9.329	8.330	6.157	62.510

注）主因子法、バリマックス回転による。一つの因子に絶対値 0.40 以上の因子負荷量を示し、他の因子ではそれ未満の負荷量を示す項目を太字にした。

　第4因子で高い因子負荷量を示す項目は、「(Q56) 教育予算をめぐる首長（部局）との対応（交渉）は適切である」(.674)、「(Q32) 議会や首長（部局）に対する調整能力は優れている」(.672)、「(Q54) 首長（市町村長）との信頼関係は、極めて良好である」(.627)、そして「(Q42) 首長に教育施策を十分に理解してもらうよう努める」(.544)、など、7項目であった。第4因子を「首長（部局）・議会への対応」に関する因子と命名した。

　第5因子で高い因子負荷量を示す項目は、「(Q38) 学校や校長に対して教育上の専門的指導や助言を適切に行う」(.660)、「(Q39) 学校や校長に対する行政管理上の指示は的確である」(.598)、「(Q28) 教員研修会等に出席し、適切な指

導助言を行う」(.531)、そして「(Q43) 校長（会）との意思疎通を十分に図っている」(.513) など、6項目であった。第5因子を「学校・校長への専門的指導助言」に関する因子と命名した。

第6因子で高い因子負荷量を示す項目は、「(Q17) 適材適所の事務局職員人事を行っている」(.597)、「(Q22) 事務局職員の人材育成を積極的に進める」(.530)、「(Q29) 将来を見据え、教育行政の幹部候補職員を育てる」(.506)、そして「(Q13) 適材適所の教員人事を行っている」(.433) の4項目であった。第6因子を「事務局職員等の人材育成」に関する因子と命名した。なお、教育長のリーダーシップ行動の尺度の信頼係数をクロンバック α 係数によって確認したところ、第1因子（ α =.947）、第2因子（ α =.967）、第3因子（ α =.933）、第4因子（ α =.907）、第5因子（ α =.900）、そして第6因子（ α =.870）であった。

ところで、教育長の出身職業によって、教育長のリーダーシップ行動に差異があるのだろうか。教育長のリーダーシップ行動の下位尺度（因子）を従属変数として、一方、教育長の出身職業を独立変数として T 検定を行った。その結果、教育長のリーダーシップの第3因子「事務局職員への配慮」(t (383) =2.073, p<.05) と第4因子「首長（部局）・議会への対応」(t (383) =5.772, p<.001) と第5因子「学校・校長への専門的指導助言」(t (383)=5.894, p<.001) においてその平均値に有意差が認められる [6]。すなわち、教職出身の教育長は、行政職出身の行政職よりも、「学校・校長への専門的指導助言」についてより積極的である一方、「事務局職員への配慮」や「首長（部局）・議会への対応」に関してはより消極的であるといえそうである。このように出身職業によって教育長のリーダーシップ行動に差異があるのは興味深い [7]。

② 教育委員会の組織特性（組織健康）の因子分析結果

まず、教育委員会の組織特性（組織健康）の因子分析にあたっては、主因子法によって「最小の固有値が1.00以上」という基準で因子を抽出した後、バリマックス回転を行った。最初の因子分析で、共通性が低く、因子負荷量も小さくどの因子にも属さない項目⑪があったので、この項目を除き、再度因子分析を行った。その結果は、**表7-2** に示されるとおりである。そして同一項目

243

表7−2 教育委員会の組織特性（組織健康）の因子分析結果

質問項目	因子負荷量				
	I	II	III	IV	h^2
⑰事務局の職員は、研修への参加を強く奨励されている	**.607**	.243	.172	.054	.460
⑱事務局の職員は、仕事の成果を出すよう求められている	**.571**	.125	.060	.001	.346
㉑教育施策には、地域住民や保護者の意見や要望が十分に反映されている	**.534**	.188	.335	.286	.515
㉓事務局の職員は、長期的な展望に立って、教育施策を展開している	**.528**	.430	.126	.434	.668
⑯教育委員会の自己点検報告書は、次年度の教育施策に十分に生かされている	**.523**	.209	.321	.105	.431
⑬職場では、ユニークな発想やアイデアが大事にされる	**.497**	.203	.125	.370	.441
⑭教育委員会の活動は住民（市民）から非常に期待されている	**.487**	.083	.287	.318	.342
⑲近隣の自治体よりも、新しい教育施策を展開することが多い	**.403**	.162	.302	.251	.342
⑳地域の教育課題の解決のために、迅速に対応している	**.399**	.306	.359	.313	.479
⑨事務局の職員は、使命感をもって自分の仕事に取り組んでいる	.247	**.661**	.216	.317	.646
③事務局の職員の専門性は、高い	.181	**.645**	.390	.163	.627
⑧事務局の職員は、自分の仕事にやり甲斐を感じている	.333	**.634**	.205	.327	.663
⑦職場では、事務局の職員の個性や長所が十分に生かされている	.333	**.552**	.227	.327	.574
㉒事務局の職員は、仕事の企画力に優れている	.440	**.514**	.125	.452	.677
①教育委員会の教育ビジョンや方針は、明確に示されている	.219	.283	**.603**	.238	.548
④教育委員会の教育施策の意図と内容は、学校の教職員に十分に理解されている	.293	.264	**.580**	.166	.520
②事務局の職員は、教育施策の意図と内容を十分に理解して日々の職務を遂行している	.188	.537	**.559**	.165	.662
⑤教育委員会の活動内容は保護者や地域住民（市民）に十分に理解されている	.419	.127	**.463**	.317	.507
⑩事務局の職員は、お互いの仕事に無関心である	−.040	−.281	−.166	**−.491**	.349
⑫事務局の職員は、前例にならって仕事をする傾向が強い	−.163	−.174	−.052	**−.469**	.280
⑥教育施策の展開にあたっては、日頃から首長（部局）と意思疎通を十分に図っている	.344	.181	.321	**.420**	.431
⑮事務局の職員は、国や都道府県教委の政策に振り回されながら仕事をしていると感じている	−.040	−.106	−.225	**−.408**	.230
因子分散	3.340	2.938	2.301	2.243	10.822
寄与率（％）	15.180	13.356	10.459	10.202	49.197

注）主因子法、バリマックス回転による。一つの因子に絶対値 0.40 以上の因子負荷量を示し、他の因子ではそれ未満の負荷量を示す項目を原則として太字にした。項目⑩、⑫、⑮は逆転項目である。

　で2つ以上の因子に負荷量が重なるものが少なく、解釈可能性の高いと思われる4因子解を採用した。この4つの因子は、全分散中約49.2％を占め、ある一定程度の説明力をもっていると思われる。

　次に、原則として、一つの因子に.400以上の因子負荷量を示し、他の因子ではそれより低い負荷量を示す項目をリストアップして、因子解釈を行う。

　第1因子で高い因子負荷量を示す項目は、「（Q17）事務局の職員は、研修への参加を強く奨励されている」（.607）、「（Q18）事務局の職員は、仕事の成果を出すよう求められている」（.571）、「（Q21）教育施策には、地域住民や保護者の

意見や要望が十分に反映されている」（.534）、「（Q23）事務局職員は、長期的な展望に立って、教育施策を展開している」（.528）、「（Q16）教育委員会の自己点検報告書は、次年度の教育施策に十分に生かされている」（.523）、そして「（Q13）職場では、ユニークな発想やアイデアが大事にされる」（.497）など9項目であった。第1因子を「変革性（応答性）」に関する因子と命名した。

　第2因子で高い因子負荷量を示す項目は、「（Q9）事務局の職員は、使命感をもって自分の仕事に取り組んでいる」（.661）、「（Q3）事務局の職員の専門性は、高い」（.645）、「（Q8）事務局の職員は、自分の仕事にやり甲斐を感じている」（.634）、「（Q7）職場では、事務局の職員の個性や長所が十分に生かされている」（.552）、「（Q22）事務局の職員は、仕事の企画力に優れている」（.514）の5項目であった。第2因子を「職員の使命感・モラール」に関する因子と命名した。

　第3因子で高い因子負荷量を示す項目は、「（Q1）教育委員会の教育ビジョンや方針は、明確に示されている」（.603）、「（Q4）教育委員会の教育施策の意図と内容は、学校の教職員に十分に理解されている」（.580）、「（Q2）事務局の職員は、教育施策の意図と内容を十分に理解して日々の職務を遂行している」（.559）、そして「（Q5）教育委員会の活動内容は保護者や地域住民（市民）に十分に理解されている」（.463）の4項目であった。第3因子を「教育ビジョンの共有化」に関する因子と命名した。

　第4因子で高い因子負荷量を示す項目は、「（Q10）事務局の職員は、お互いの仕事に無関心である」（−.491）、「（Q12）事務局の職員は、前例にならって仕事をする傾向が強い」（−.469）、「（Q6）教育施策の展開にあたっては、日頃から首長（部局）と意思疎通を十分に図っている」（.420）、そして「（Q15）事務局の職員は、国や都道府県教委の政策に振り回されながら仕事をしていると感じている」（−.408）の4項目であった。第4因子を「主体性（自律性）」に関する因子と命名した。なお、教育委員会の組織特性の尺度の信頼係数をクロンバックα係数によって確認したところ、第1因子（α=.862）、第2因子（α=.886）、第3因子（α=.812）、そして第4因子（α=.622）であった。

　ところで、この教育委員会の組織特性は教育長の職業別出身によって違いがあるのであろうか。これを検討するため、教育委員会の組織特性の下位尺

度（因子）を従属変数、他方、教育長の出身職業を独立変数として T 検定を行ったところ、教育委員会の組織特性の第 2 因子「職員の使命感・モラール」（t (423) =2.904, p<.01）と第 3 因子「教育ビジョンの共有化」（t (423) =2.745, p<.01）に関してその平均値に有意差が認められた [8]。すなわち、教育長が教職出身の教育委員会のほうが、教育長が行政職出身の教育委員会よりも、「職員の使命感・モラール」が高く、「教育ビジョンの共有化」もより図られていると考えられる。

③ 教育長のリーダーシップ行動と教育委員会の組織特性（組織健康）との関係の検討

次に、教育長のリーダーシップ行動と教育委員会の組織特性（組織健康）との関係を明らかにするため、上述した教育長のリーダーシップ行動の下位尺度（因子）と教育委員会の組織特性の下位尺度（因子）がどのような関係にあるかを検討した。教育長のリーダーシップ行動は、教育委員会の組織特性に影響を及ぼしているのであろうか。

ここでは、教育長のリーダーシップ行動も含めて、それ以外にどのような要因が教育委員会の組織特性に影響を及ぼしているかを併せて検討する。このため、教育委員会の組織特性（4 因子）を従属変数とし、これに教育長のリーダーシップ行動（6 因子）を含む、どのような要因（独立変数）がどの程度影響を与えている（効いている）かを検討する。ここで取り上げる要因（独立変数）は、教育長のリーダーシップ行動（6 因子）以外に、第 6 章で検討した変数の中で、教育委員会の組織特性に影響（相関）があると思われる変数（項目）である。なお、教育長のリーダーシップ行動（6 因子）と教育委員会組織特性（4 因子）との間にはすべての因子間で相関（-.136～.707）があることを確認している。

まず、教育委員会の組織特性の下位尺度「変革性（応答性）」（第 1 因子）を被説明変数とする重回帰分析を行う。説明変数（独立変数）は、第 6 章で検討した変数の中で教育委員会の組織特性と関係（相関）のあった変数（項目）であり、具体的には、教育長のリーダーシップ行動（6 因子）のほか、①家庭特性（合成変数、Q9）、②住民特性（合成変数、Q10）、③教育委員長の職務満足度

表7-3 教育長のリーダーシップ行動と教育委員会の組織特性（組織健康）との関係の検討

説明変数／被説明変数	教育委員会の組織特性（組織健康）			
	1. 変革性	2. 職員の使命感・モラール	3. 教育ビジョンの共有化	4. 主体性（自律性）
1. 地域住民への対応	.301***		.189***	.197***
2. 教育ビジョンの明確化と現実化	.258***	.114*	.186***	
3. 事務局職員への配慮		.256***		.105*
4. 首長（部局）・議会への対応	.132**		.094*	.150**
5. 学校・校長への専門的指導助言		.159***	.121**	
6. 事務局職員等の人材育成	.217***	.337***		.156**
7. 家庭特性（Q9）		.134**	.210***	.144**
8. 住民特性（Q10）	.168***			
9. 教育委員長の職務満足度（Q11）			.197***	
10. 教育委員会制度の問題性（Q17）				-.219***
11. 自治体の人口規模（F1）		.137**		
R^2	.354***	.336***	.318***	.308***
Adj. R^2	.344***	.325***	307***	.296***
N	354	354	354	354

β：標準偏回帰係数　　r：相関係数
***p<.001　**p<.01　*p<.05

（Q11）、④教育委員会制度の問題性（合成変数、Q17）、そして⑤自治体の人口規模（F1）の5変数（項目）を独立変数[9]として取り上げ、ステップワイズ法による重回帰分析を行った。その結果は、**表7-3**のとおりである。

これによると、教育委員会の組織特性の「変革性」を規定する変動をどの程度説明するかを示す（調整済み）決定係数（R^2）は、.344であり、全体としての説明力（規定力）は一定程度認められ、取り上げた変数の中では、教育長のリーダーシップ行動の「地域住民への対応」（β=.301, p<.001）、「教育ビジョンの明確化と現実化」（β=.258, p<.001）、「事務局職員等の人材育成」（β=.217, p<.001）、そして「首長（部局）・議会への対応」（β=.132, p<.01）の順で教育委員会の組織特性の「変革性」を規定しており、「住民特性」（β=.168, p<.001）も影響を与えていることがわかる。この分析結果をみるかぎり、全体として教育長のリーダーシップ行動（4因子）は教育委員会の組織特性（「1. 変革性」）に影響を及ぼしていることが理解できる。また、住民特性（住民の絆）が教育委員会の組織特性の下位尺度（因子）「変革性」に影響を与えており、社会関係資本の観点からみるとき興味深いものがある。

次に、教育委員会の組織特性の下位尺度「事務職員の使命感・モラール」
（第2因子）を被説明変数とする重回帰分析を行う。説明変数（独立変数）は、
第6章で検討した変数の中で教育委員会の組織特性と関係（相関）のあると思
われる変数（項目）であり、具体的には、教育長のリーダーシップ行動（6因
子）のほか、①家庭特性（合成変数、Q9）、②住民特性（合成変数、Q10）、③教育
委員長の職務満足度（Q11）、④教育委員会制度の問題性（合成変数、Q17）、そ
して⑤自治体の人口規模（F1）の5変数（項目）を独立変数として取り上げ、
ステップワイズ法による重回帰分析を行った。表7-3にみられるように、教
育委員会の組織特性の「事務職員の使命感・モラール」を規定する変動をど
の程度説明するかを示す（調整済み）決定係数（R^2）は、.325であり、全体とし
ての説明力（規定力）は一定程度認められ、取り上げた変数の中では、教育長
のリーダーシップ行動の「事務局職員等の人材育成」（β =.337, p<.001）、「事務
局職員への配慮」（β =.256, p<.001）、「学校・校長への専門的指導助言」（β =.159,
p<.001）、そして「教育ビジョンの明確化と現実化」（β =.114, p<.05）の順で教育
委員会の組織特性の「事務局職員の使命感・モラール」を規定しており、この
ほか「自治体の人口規模」（β =.137, p<.01）や「家庭特性」（β =.134, p<.01）も影
響を与えていることがわかる。このように、全体として教育長のリーダーシッ
プ行動（4因子）が教育委員会の組織特性「事務局職員の使命感・モラール」
に影響を及ぼしていることが理解できる。
　教育委員会の組織特性の下位尺度「教育ビジョンの共有化」（第3因子）を被
説明変数とする重回帰分析を行う。説明変数（独立変数）は、第6章で検討し
た変数の中で教育委員会の組織特性と関係（相関）のあると思われる変数（項
目）であり、具体的には、教育長のリーダーシップ行動（6因子）のほか、①家
庭特性（合成変数、Q9）、②住民特性（合成変数、Q10）、③教育委員長の職務満
足度（Q11）、④教育委員会制度の問題性（合成変数、Q17）、そして⑤自治体の
人口規模（F1）の5変数（項目）を独立変数として取り上げ、ステップワイズ
法による重回帰分析を行った。その結果、表7-3にみられるように、教育委
員会の組織特性の「教育ビジョンの共有化」を規定する変動をどの程度説明
するかを示す（調整済み）決定係数（R^2）は、.307であり、全体としての説明力
（規定力）はある一定程度認められ、取り上げた変数の中では、教育長のリー

ダーシップ行動の「教育ビジョンの明確化と現実化」（β =.186, p<.001）、「地域住民への対応」（β =.189, p<.001）、「学校・校長への専門的指導助言」（β =.121, p<.01）、そして「首長（部局）・議会への対応」（β =.094, p<.05）の順で教育委員会の組織特性の「教育ビジョンの共有化」を規定しており、このほか「家庭特性」（β =.210, p<.001）や「教育委員長の職務満足度」（β =.197, p<.001）も影響を与えていることがわかる。このように、教育長のリーダーシップ行動（4因子）は教育委員会の組織特性「教育ビジョンの共有化」に影響を及ぼしていることが看取できる。

　最後に、教育委員会の組織特性（組織健康）の下位尺度「主体性（自律性）」（第4因子）を被説明変数とする重回帰分析を行う。説明変数（独立変数）は、第6章で検討した変数の中で教育委員会の組織特性と関係（相関）のあると思われる変数（項目）であり、具体的には、教育長のリーダーシップ行動（6因子）のほか、①家庭特性（合成変数、Q9）、②住民特性（合成変数、Q10）、③教育委員長の職務満足度（Q11）、④教育委員会制度の問題性（合成変数、Q17）、そして⑤自治体の人口規模（F1）の5変数（項目）を独立変数として取り上げ、ステップワイズ法による重回帰分析を行った。その結果、表7-3に示されるように、教育委員会の組織特性の「主体性（自律性）」を規定する変動をどの程度説明するかを示す（調整済み）決定係数（R^2）は、.296であり、全体としての説明力（規定力）はある程度認められ、取り上げた変数の中では、教育長のリーダーシップ行動の「地域住民への対応」（β =.197, p<.001）、「首長（部局）・議会への対応」（β =.150, p<.01）、「事務局職員等の人材育成」（β =.156, p<.01）、そして「事務局職員への配慮」（β =.105, p<.05）の順で教育委員会の組織特性の「主体性（自律性）」を規定しており、このほかに「家庭特性」（β =.144, p<.01）が影響を与えていることがわかる。また、「教育委員会制度の問題性」（β =-.219, p<.001）も阻害要因として教育委員会の組織特性「主体性（自律性）」に影響を及ぼしている。このように、教育長のリーダーシップ行動（4因子）が教育委員会の組織特性「主体性（自律性）」に影響を及ぼしているのが理解できる。

　以上のように、教育長のリーダーシップ行動は、全体としてみた場合（6因子のうち4因子）、教育委員会の組織特性（組織健康）に影響を与えているといえよう。

④ 教育長のリーダーシップ行動と教育委員会の組織・運営活動（事務局職員の モラール・教育委員会の会議の活性化・教育委員会の変容）との関係の検討

　ここでは、引き続き、教育長のリーダーシップ行動を含めて、どのような要因が教育委員会の組織・運営活動（事務局職員のモラール・教育委員会会議の活性化・教育委員会の変容）に影響を及ぼしているかを検討する。このため、教育委員会の組織・運営活動（事務局職員のモラール・教育委員会会議の活性化・教育委員会の変容）を従属変数（被説明変数）とし、これに教育長のリーダーシップ行動（6因子）を含む、どのような要因（独立変数）がどの程度影響を与えている（効いている）かを検討する。

　まず、事務局職員のモラールを被説明変数とする重回帰分析を行う。説明変数（独立変数）は、第6章で検討した変数の中で事務局職員のモラールと関係（相関）のあると思われる変数（項目）であり、具体的には、教育長のリーダーシップ行動（6因子）[10]のほか、①家庭特性（合成変数、Q9）、②住民特性（合成変数、Q10）、③教育委員会制度の問題性（合成変数、Q17）、④自治体の財政力指数（Q20）、そして⑤自治体の人口規模（F1）の5変数（項目）を独立変数として取り上げ[11]、ステップワイズ法による重回帰分析を行った。その結果は、**表7-4**のとおりである。これによると、事務局職員のモラールを規定する変動をどの程度説明するかを示す（調整済み）決定係数（R^2）は、.404であり、全体としての説明力（規定力）は十分にあり、取り上げた変数の中では、教育長のリーダーシップ行動の「事務局職員等の人材育成」（β =298, p<.001）、「事務局職員への配慮」（β =.209, p<.001）、「教育ビジョンの明確化と現実化」（β =.121, p<.01）、「地域住民への対応」（β =.120, p<.01）、「学校・校長への専門的指導助言」（β =.109, p<.05）、そして「首長（部局）・議会への対応」（β =.089, p<.05）の順で事務局職員のモラールを規定しており、「家庭特性」（β =.151, p<.01）や「自治体の人口規模」（β =.128, p<.01）も影響を与えていることがわかる。また、「教育委員会制度の問題性」（β = -.127, p<.01）も阻害要因として事務局職員のモラールに影響を及ぼしていることが理解できる。このように、教育長のリーダーシップ行動は、すべての下位尺度（因子）で事務局職員のモラールに影響を及ぼしているといえよう。

第7章　市町村教育長のリーダーシップ行動の研究

表7-4　教育長のリーダーシップ行動等が教育委員会の組織運営活動に及ぼす影響

説明変数 ＼ 被説明変数	1. 事務局職員の モラール	2. 教育委員会会議の活性化	3. 教育委員会の変容
1. 地域住民への対応	.120**	.218***	.221***
2. 教育ビジョンの明確化と現実化	.121**	.203***	.112*
3. 事務局職員への配慮	.209***		
4. 首長（部局）・議会への対応	.089*		.102*
5. 学校・校長への専門的指導助言	.109*		
6. 事務局職員等の人材育成	.298***	.165***	.174***
7. 家庭特性（Q9）	.151**		
8. 住民特性（Q10）		.271***	.176***
9. 教育委員会制度の問題性（Q17）	- .127*		- .156**
10. 教委の指導行政の効果性（Q16）			.147**
11. 自治体の財政力指数（Q20）			
12. 自治体の人口規模（F1）	.128**	.237***	.200***
R^2	.421***	.349***	.450***
Adj. R^2	.404***	.339***	.436***
N	322	332	310

β：標準偏回帰係数　　r：相関係数
***p<.001　**p<.01　*p<.05

　次に、教育委員会の会議の活性化（合成変数、Q14）を被説明変数（従属変数）とする重回帰分析を行う。説明変数（独立変数）は、第6章で検討した変数の中で教育委員会会議の活性化と関係（相関）のあると思われる変数（項目）であり、具体的には、教育長のリーダーシップ行動（6因子）のほか[12]、①家庭特性（合成変数、Q9）、②住民特性（合成変数、Q10）、③自治体の財政力指数（Q20）、そして④自治体の人口規模（F1）の4変数（項目）を独立変数[13]として取り上げ、ステップワイズ法による重回帰分析を行った。その結果は、**表7-4**に示されるとおりである。これによると、教育委員会会議の活性化を規定する変動をどの程度説明するかを示す（調整済み）決定係数（R^2）は、.339であり、全体としての説明力（規定力）はある程度十分にあり、取り上げた変数の中では、教育長のリーダーシップ行動の「地域住民への対応」（β=.218,p<.001）、「教育ビジョンの明確化と現実化」（β=.203, p<.001）、そして「事務局職員等の人材育成」（β=.165, p<.001）の順で教育委員会会議の活性化を規定しており、このほか「住民特性」（β=.271, p<.001）や「自治体の人口規模」（β=.237, p<.001）も影響を与えていることがわかる。このように、教育長のリー

ダーシップ行動は、3つの下位尺度（次元）で教育委員会の会議の活性化に影響を与えているのが看取される。

　最後に、教育委員会の変容（合成変数、Q18）を被説明変数とする重回帰分析を行う。説明変数（独立変数）は、第6章で検討した変数の中で教育委員会の変容と関係（相関）のあると思われる変数（項目）であり、具体的には、教育長のリーダーシップ行動（6因子）[14]のほか、①家庭特性（合成変数、Q9）、②住民特性（合成変数、Q10）、③教育委員会の指導行政の効果性（Q16）、④教育委員会の問題性（合成変数、Q17）、⑤自治体の財政力指数（Q20）、そして⑥自治体の人口規模（F1）の6変数（項目）[15]を独立変数として取り上げ、ステップワイズ法による重回帰分析を行った（表7-4参照）。その結果によると、教育委員会の変容を規定する変動をどの程度説明するかを示す（調整済み）決定係数（R^2）は、.436であり、全体としての説明力（規定力）は十分にあり、取り上げた変数の中では、教育長のリーダーシップ行動の「地域住民への対応」（β =.221, p<.001）、「事務局職員等の人材育成」（β =.174, p<.001）、「教育ビジョンの明確化と現実化」（β =.112, p<.05）、そして「首長（部局）・議会への対応」（β =.102, p<.05）の順で教育委員会の変容を規定しており、このほか「自治体の人口規模」（β =.200, p<.001）や「住民特性」（β =.176, p<.001）や「教育委員会の指導行政の効果性」（β =.147, p<.01）も影響を与えていることがわかる。また、教育委員会制度の問題性（β = -.156, p<.01）も阻害要因として教育委員会の変容に影響を及ぼしていることが看取される。

　このように、教育長のリーダーシップ行動は、総じて教育委員会の変容にも影響を与えているといえよう。また、教育委員会の変容に「住民特性」や自治体の人口規模も影響を与えており、社会関係資本、教育委員会の適正規模という観点からも注目される。

IV. 総　括

　以上、市町村教育長のリーダーシップ行動がどのような因子で構成され、そ

第7章　市町村教育長のリーダーシップ行動の研究

れが教育委員会の組織特性（組織健康）や組織・運営活動にどのような影響を及ぼすかを検討してきた。最後に、本調査結果から明らかになったことを総括して、結びとしたい。

　第一に、市町村教育長の日常の職務行動を示す教育長のリーダーシップ行動（64項目）がどのような因子で構成されているかを検討（因子分析）したところ、Ⅲ−□で触れたように、市町村教育長のリーダーシップ行動は、①「地域住民への対応」、②「教育ビジョンの明確化と現実化」、③「事務局職員への配慮」、④「首長（部局）・議会への対応」、⑤「学校・校長への専門的指導助言」、そして⑥「事務局職員等の人材育成」の6つの因子で構成されていることが明らかにされた。市町村教育長のリーダーシップ行動が6つの因子で構成されていることが明確にされたことは、教育長のリーダーシップ行動の基本的性格を理解するうえで極めて有意義である。

　筆者はかねてから、教育長のリーダーシップは大きくは3つの方向で発揮され、それらを一つに束ねるのが教育ビジョンの設定であると主張してきたが[16]、本調査結果は、ある意味で、このことを裏付けているようにも思われる。すなわち、教育長のリーダーシップは、①「教育」（「学校・校長への専門的指導助言」）、②「管理」（「事務局職員への配慮」・「事務局職員等の人材育成」）、③「政治」（「地域住民への対応」・「首長（部局）・議会への対応」）の3つの方向に向けて発揮され、それらを束ねるのが「ビジョンの設定」（「教育ビジョンの明確化と現実化」）ということになろう。また、教育長のリーダーシップ行動の一つの重要な要素として「事務局職員等の人材育成」が析出され、それが教育委員会の組織特性や組織・運営活動等に影響を与えていることも注目される（表7-3・4参照）。

　第二に、教育委員会の組織特性（組織健康）（23項目）がどのような因子で構成されているかを検討（因子分析）したところ、Ⅲ−②で触れたように、教育委員会の組織特性は、①「変革性（応答性）」、②「職員の使命感・モラール」、③「教育ビジョンの共有化」、そして④「主体性（自律性）」の4つの因子から構成されていることが明らかにされた。本研究では、教育委員会の組織特性を、M・B・マイルズの提唱した「組織健康」なる概念を使って捉えようとしたものであり、この組織健康なる概念は、組織の健全性を表し、組織が長期に

わたって環境に適切に対処し、その対処能力を発展、拡大していく能力のことをさすと考えられている[17]。筆者は、組織が健康（健全）であるための基準として「組織健康の10次元」を参考にしながら、教育委員会の組織の健康度（状態）を測る測定用具（23質問項目）を作成した。この測定用具を使って教育委員会の組織特性（組織健康）を調査したところ、上述のように教育委員会の組織特性（組織健康）を構成する要素として4つの因子が析出された。特に興味深いのは、教育委員会の組織特性（組織健康）を捉える一つの次元（因子）として、国、都道府県教育委員会、あるいは首長（部局）との主体的関係性（自律性）を示す次元（第4因子）が導き出されたことである。実は、第6章Ⅲ-（二）-⑤でも検討したように、国や都道府県教委や首長（部局）との間の主体的関係性の在りようは、時として教育委員会制度の問題を起こす要因ともなっている。教育委員会の組織特性（組織健康）の概念は、今後、教育委員会の組織開発などを推進するうえでも有効な概念であると考える。

　第三に、Ⅲ-③・⑤・⑥・⑦で検討したように、教育長のリーダーシップ行動は、教育委員会の組織特性（組織健康）や事務局職員のモラールや教育委員会の会議の活性化など、教育委員会の組織・運営活動等に影響を与えることが示されたことである[18]。教育長のリーダーシップ行動の教育委員会の組織運営に与える影響の大きいことが改めて看取される。また、教育長のリーダーシップ行動の教育委員会の組織特性や組織・運営活動に与える影響の分析の中で、教育長のリーダーシップ行動とともに、家庭特性や住民特性や自治体の人口規模の影響が指摘されたことは注目される。教育委員会（の活動）は家庭や地域社会から独立しては存在しないことを示しており、広い意味で地域社会のもつ社会関係資本の重要性が再認識でき、教育政策上、研究上も注目される。加えて教育委員会の組織・運営活動への影響要因の一つとして自治体の人口規模も挙げられており、教育委員会の適正規模の問題と絡んで今後も注視していく必要がある。

注

（1）堀和郎・加治佐哲也「教育委員・教育長の特性の比較分析—市町村教育委員会に関する

第 7 章　市町村教育長のリーダーシップ行動の研究

　　全国調査に基づいて―」『宮崎大学教育学部紀要（教育科学）』65 号、1989 年、27‐51 頁。

(2)　加治佐哲也『教育委員会の政策過程に関する実証的研究』（多賀出版、1998 年）。

(3)　露口健司の「教育長のリーダーシップが校長及び学校組織に及ぼす影響について」『日本教育行政学会年報』第 27 号、2001 年、112‐125 頁。

(4)　佐々木幸寿『市町村教育長の専門性に関する研究』（風間書房、2006 年）。

(5)　拙著『市町村教育長のリーダーシップに関する研究』（多賀出版、2007 年）。なお、このほか、日渡円は、全国の市町村教育長への質問紙調査をもとに、教育長の行動を対人行動と対課題行動の 2 つの軸を設けて 4 つのタイプに類型化し、その一つ「変革・統率タイプ」の教育長の特徴やその形成過程を分析している（日渡円「教育委員会制度改革と教育長の経験と知識・能力の関係―兵庫教育大学調査から―」『日本教育事務学会年報』第 1 巻、2014 年、48‐54 頁）。

(6)　教育長のリーダーシップ行動に関する 3 下位尺度の因子スコアの合計平均値は、第 3 因子（教職出身者 −.0432、行政職出身者 .1666）、第 4 因子（教職出身者 −.1370、行政職出身者 .4257）、そして第 5 因子（教職出身者 .1661、行政職出身者 −.4028）である。

(7)　筆者は、拙著、前掲書（2007 年）で「行政職出身者の方が教職出身者よりも議員との接触により積極的である」（100 頁）と指摘した。

(8)　教育委員会の組織特性に関する 2 下位尺度の因子スコアの合計平均値は、第 2 因子（教職出身者 .0778、行政職出身者 −.1853）、第 3 因子（教職出身者 .0615、行政職出身者 −.1836）である。

(9)　教育委員会の組織特性（合成変数、Q12）と①家庭特性（合成変数、Q9）（r=.523, p<.01）、②住民特性（合成変数、Q10）（r=.515, p<.01）、③教育委員長の職務満足度（Q11）（r=.506, p<.01）、④教育委員会制度の問題性（合成変数、Q17）（r=.564, p<.01）、そして⑤自治体の人口規模（F1）（r=.166, p<.01）との間には統計的に有意な相関が認められる。

(10)　教育長のリーダーシップ行動（6 因子）と事務局職員のモラールとの間にはすべての下位尺度（因子）間において有意な正の相関が認められる。とりわけ、教育長のリーダーシップ行動の第 3 因子「事務局職員への配慮」（r=.514, p<.001）・第 6 因子「人材育成」（r=.543, p<.001）と事務局職員のモラールとの間にはやや高い相関が認められる。

(11)　事務局職員のモラールと①家庭特性（合成変数、Q9）（r=.349, p<.01）、②住民特性（合成変数、Q10）（r=.334, p<.01）、③教育委員会制度の問題性（合成変数、Q17）（r=−.382, p<.01）、④自治体の財政力指数（Q20）（r=.153, p<.01）、そして⑤自治体の人口規模（F1）（r=.205, p<.01）との間には統計的に有意な相関が認められる。

(12)　教育長のリーダーシップ行動の下位尺度（6 因子）と教育委員会会議の活性化（度）との間には、第 3 因子を除くすべての下位尺度（因子）間において有意な正の相関が認められる（第 1 因子（r=.316, p<.01）、第 2 因子（r=.294, p<.01）、第 4 因子（r=.120, p<.05）、

第5因子（r=.116, p<.05）、第6因子（r=.278, p<.01）である。

(13) 教育委員会会議の活性化と、①家庭特性（合成変数、Q9）（r=.263, p<.01）、②住民特性（合成変数、Q10）（r=.299, p<.01）、③自治体の財政力指数（Q20）（r=.190, p<.01）、そして④自治体の人口規模（F1）（r=.260, p<.01）との間には統計的に有意な相関が認められる。

(14) 教育長のリーダーシップ行動の下位尺度（6因子）と教育委員会の変容（合成変数、Q14）との間には、第5因子を除くすべての下位尺度（因子）間において有意な正の相関が認められる（第1因子〈r=.361, p<.01〉、第2因子〈r=.301, p<.01〉、第3因子〈r=.196, p<.01〉、第4因子〈r=.212, p<.01〉、第6因子〈r=.338, p<.01〉）。

(15) 教育委員会の変容と、①家庭特性（合成変数、Q9）（r=.384, p<.01）、②住民特性（合成変数、Q10）（r=.368, p<.01）、③教育委員会の指導行政の効果性（Q16）（r=.393, p<.01）、④教育委員会の問題性（合成変数、Q17）（r=－.472, p<.01）、⑤自治体の財政力指数（Q20）（r=.137, p<.01）、そして⑥自治体の人口規模（F1）（r=.208, p<.01）の変数（項目）との間には統計的に有意な相関が認められる。

(16) 拙著、前掲書（2007年）293-294頁及び拙著『現代アメリカ教育行政学の研究―行動科学的教育行政学の特質と課題―』（多賀出版、1995年）、343-344頁を参照されたい。

(17) 拙著、前掲書（1995年）196-200頁。

(18) この他、教育委員長の職務満足度（Q11）を被説明変数とする重回帰分析を行ったところ、教育委員長の職務満足度を規定する変動をどの程度説明するかを示す（調整済み）決定係数（R^2）は、.283であり、全体としての説明力（規定力）は大きいとはいえないが、取り上げた変数の中では「教育長のリーダーシップ行動」（β =.391, p<.001）が最も教育委員長の職務満足度を規定しており、次いで「家庭特性」（β =.138, p<.01）であり、そして「教育委員会の問題性」（β =－.128, p<.05）も影響を与えていた。また、教育委員会の指導行政の効果性（Q16）を被説明変数とする重回帰分析を行ったところ、教育委員会の指導行政の効果性を規定する変動をどの程度説明するかを示す（調整済み）決定係数（R^2）は、.451であり、全体としての説明力（規定力）は十分にあると考えられ、取り上げた変数の中では「教育長のリーダーシップ行動」（β =.371, p<.001）が最も教育委員会の指導行政の効果性を規定しており、次いで「家庭特性」（β =.227, p<.001）や「事務局職員のモラール」（β =.224, p<.001）であり、そして「自治体の財政力指数」（β =.112, p<.01）も影響を与えていた。これらからも、教育長のリーダーシップ行動の教育委員会の組織・運営活動への影響の大きさが看取される。

終 章

市町村教育委員会の制度改革と学力政策

―得られた知見と今後の課題―

前章まで、市町村教育委員会の制度改革と学力政策についての実態と今後の課題などを中心に市町村教育長や教育委員長、自治体の長への質問紙調査をもとに検討してきた。最後に、これまでの検討結果を、①市町村教育委員会の制度改革と、②市町村教育委員会の学力政策の２つの観点からどのような知見が得られたかを総括し、結びとしたい。

1.　市町村教育委員会の実態と制度改革
　　―第１章、第２章、第３章、第６章Ⅲ－（二）を中心に―

　市町村教育長調査（2012〈平成24〉年11月、第１章）や市町村長調査（2013〈平成25〉年１月、第２・３章）や教育委員長調査（2015〈平成26〉年２月、第６章Ⅲ－（二））をもとに市町村教育委員会の1990年後半以降の変容の実態や制度改革の方向性について検討してきたが、その結果、おおよそ、次のようなことが明らかにされた。

　第一に、教育長調査、市町村長調査、教育委員長調査をみるかぎり、その評価には濃淡があるものの、全体としては、1990年代後半の教育行財政改革によって、教育委員会が、「（3）地域住民との連携・協力」（教育長53.7%、首長54.0%、教育委員長46.1%）、「（6）首長部局との連携・協力」（教育長49.9%、首長43.8%、教育委員長45.3%）、「（1）地域の教育課題に即した独自の教育施策の展開」（教育長48.7%、首長42.3%、教育委員長44.4%）、「（7）教育委員会の会議の活性化」（教育長43.2%、首長31.1%、教育委員長46.1%）、そして「（10）学校の自律的経営に向けた改革」（教育長42.1%、首長27.3%、教育委員長59.5%）などの領域を中心に、その行政活動に一定程度の変容（変革）のあったことが指摘できよう（第１章Ⅲ－1－①、第２章Ⅲ－1－①、第６章Ⅲ－（二）－①）（百分率は、各項目に肯定的に回答した人の割合を指す）。また、教育長調査（第１章）や首長調査（第２章）で明らかにされたように、教育委員会の会議も、会議の持ち方や運営方法に新しい工夫を行い、実質的な審議と意思決定が行われるよう努力されつつあり（第１章Ⅲ－1－③、第２章Ⅲ－2）[1]、教育委員会の教育振興基本計画の策定や自己点検評価報告書の作成も行政活動によい効果を生みつつあるようである（第１章Ⅲ－1－

　　　　　　　　　　　　　　　　終 章　市町村教育委員会の制度改革と学力政策

[2])。

　以上のことを総合的に勘案すると、近年、体罰問題やいじめへの不適切な対
応をめぐって教育委員会の機能低下・機能不全が指摘されるものの、教育行財
政改革をうけて教育委員会も一定の変容（変革）を遂げつつあることが理解で
きよう。しかし、その一方で、教育委員会の変容の実態を詳しくみると、改革
に積極的に取り組んでいる教育委員会と、そうでない「気になる」教育委員会
の存在も浮かび上がってくる。近年の教育行財政改革によっても教育委員会の
変容を実感できていない教育委員会は、2〜3割程度あると考えられる[(2)]。教
育委員会の形骸化・機能不全が叫ばれる昨今、この「気になる」教育委員会の
変容（変革）をどう促すかが大きな課題となる。

　第二に、1990年代後半以降の教育委員会の変容を説明する要因として、教
育長調査（第1章Ⅲ-2）では「地域住民の絆（社会関係資本）」、「教委による学校
支援の効果」、「教育委員の研修効果」、「自治体の人口規模」、そして「首長部
局との連携・協力」などが挙げられ、一方、教育委員長調査（第7章Ⅲ-[4]）で
は「教育長のリーダーシップ行動（「地域住民への対応」・「事務局職員等の人材育
成」・「教育ビジョンの明確化」・「首長（部局）・議会への対応」の4次元）のほか、
「自治体の人口規模」、「住民特性」、「教育委員会の指導行政の効果性」、そして
「教育委員会制度の問題性」が挙げられており、今後の教育委員会の変容（変
革）の方略（策）を考えるうえで興味深いものがある。両調査では投入された
説明変数が全く同じではないため、同日に論じることはできないが、しかし、
それでも両者に共通して教育委員会の変容を規定する変数（要因）として、自
治体の人口規模や地域住民の絆（社会関係資本）・住民特性が挙げられており、
教育委員会の適正規模や自治体の社会関係資本の充実の観点から教育委員会の
変容（変革）の問題を捉えることの重要性を示唆している[(3)]。これは、教育委
員会が地域住民の絆（社会関係資本）によっても影響を受けることを示唆する
もので、「教育委員会が地域を育てると同時に、地域も教育委員会を育てる」
という双方向の関係づくりが重要といえよう。教育委員会は、本来、学校教育
や社会教育（文化・スポーツ事業など）を通して、あるいは子どもを媒介にして、
住民間の絆・ネットワークづくり（社会関係資本の蓄積）に深くかかわっている。
教育委員会は教育（人づくり）や絆づくりの面から地域づくり（まちづくり）に

貢献していくことが求められる。

　第三に、第1章、第3章、そして第6章で検討したように、教育長、首長、そして教育委員長は、教育委員会制度の大きな問題として、「(2) 教委事務局スタッフの不足」（教育長68.0％、首長29.8％、教育委員長41.0％）、「(10) 教育予算の不足」（教育長62.2％、首長32.1％、教育委員長50.4％）、「(11) 全市町村教委に人事権のないこと」（教育長38.3％、首長29.5％、教育委員長37.2％）、「(9) 縦割り行政の弊害」（教育長29.4％、首長39.8％、教育委員長31.3％）など、財政や人事権や縦割り行政にかかわる事柄を挙げる。その一方で、「(12) 教育長のリーダーシップ不足」（教育長11.1％、首長5.3％、教育委員長10.3％）、「(8) 自治体のまちづくりへの貢献度の低さ」（教育長6.7％、首長10.8％、教育委員長11.4％）、「(3) 教育委員の自覚・使命感の欠如」（教育長9.2％、首長11.0％、教育委員長―）、「(4) 事務局職員の志・使命感の欠如」（教育長7.5％、首長11.8％、教育委員長―）、「(7) 首長部局と教育委員会との連携・協力の不足」（教育長9.6％、首長14.8％、教育委員長15.0％）、「(1) 住民の教育要求を行政に反映できていない」（教育長14.2％、首長16.1％、教育委員長14.8％）など、教育委員会制度それ自体にかかわる問題については、教育委員会制度の大きな問題点として認識していないことが理解できる（百分率は各項目に肯定的に回答した割合を指す）。このように、教育委員会制度の問題は、教育委員会制度に直接にかかわる内因性問題と、財政や人事など教育委員会独自では解決できない外因性問題の2つに分けて考えることができ[4]、教育長らは外因性問題のほうをより問題視していることがわかる。そして興味深いのは、この外因性問題にかかわる事柄は、第7章Ⅲ-[2]の検討でみられるように、教育委員会の組織特性（組織健康）の主体性（自律性）を構成する因子項目とも重なっており、したがって時にはこの外因性問題が教育委員会の組織特性の主体性を阻害する要因ともなる可能性を示している（第1章Ⅲ-3-[1]、第3章Ⅲ-1-[1]、第6章Ⅲ-（二）-[5]）。

　第四に、当時の教育委員会の制度改革の方向性に関して、大多数の教育長（7割）、教育委員長（約7割）、そして首長（6割強）は、教育委員会の廃止ではなく、現行の教育委員会制度を維持しつつ、その運用上・機能上の改善を図ることを望んでいたことを指摘しておきたい。まず、教育長に関しては、第1章Ⅲ-3-[2]-(1)で検討したように、教育長の大多数（約9割）が教育（行政）の

終章　市町村教育委員会の制度改革と学力政策

政治的中立性の確保が重要であると認識しており、もし、教育委員会が廃止され、教育事務が首長部局に移された場合、「教育の政治的中立性」のほか、「教育の継続性・安定性」や「教育行政における専門性」、「住民統制」の確保が難しくなるとの懸念を示している。このため、今後の教育委員会制度改革にあたっては、大多数（7割）の教育長が現行制度を維持したうえで、運用上・機能上の改善を図ることを支持しており、教育委員会の廃止を支持する者はほんのわずかであった（Ⅲ-3-②-(2)）。他方、教育委員長に関しては、その約7割が「現行の教育委員会制度は、運用上の改善や機能上の充実を図りつつ、維持すべき」とし、教育委員会制度の廃止に賛成する者は約2%にとどまっており、教育委員長も、大多数が当時の教育委員会制度を支持していた（第6章Ⅲ-(二)-⑥)）。

　そして首長に関しては、第3章Ⅲ-2-①で検討したように、今後、教育委員会制度をどのように改革すべきかについて、6割強（65.0%）が現行制度を維持したうえで、運用上の改善や機能上の改善を図ることを支持し、改革をする場合でも、約2割（20.8%）の首長が生涯学習や文化・スポーツの事務を首長部局に移し、教育委員会は学校教育事務だけに限定することに賛成していた。教育委員会制度の廃止論者は7.3%と極めて少数であり、当時一部の行政学者や首長によって、教育委員会制度の「廃止論」が声高に唱えられていたが、実際には、多くの首長は教育委員会制度の廃止ではなく、現行制度を維持しつつ、運用上もしくは機能上の改変（改善）を求めていたことを指摘しておきたい。

　また、首長が教育の政治的中立性についてどのように認識していたかというと、第3章Ⅲ-2-②で検討したように、大多数（約8割）の首長が教育（行政）の政治的中立性は守られるべきであると認識しており（Q34）、実際にも、9割近くの首長は「教育の自律性や政治的中立性に配慮しながら、教育委員会に対応している」（Q25）と回答している。しかしこれが、教育委員会を廃止して、教育事務を首長部局に移した場合どうなるかというと、約4割の首長は、「教育の政治的中立性」の確保が困難になると捉えている（Q32、2-(3)）。しかも、教育事務が首長部局に移った場合、半数以上の首長が権限内なので教育の内容等にも積極的に発言していくと回答している（Q17、2-(5)）。このことは、従来の教育委員会制度が曲がりなりにも教育の政治的中立性を確保するうえで

抑止力として機能していたことを示している。加えて、教育事務が首長部局
に移された場合、これまで以上に効果的に教育施策を樹立し、実施できるかと
いうと、「実施できる」と肯定的に回答した首長は2割弱にとどまり、「できな
い」と否定的に回答した首長が4割（41.6%）を占めていたことは注目されよう
（Q16、2-(4)）。教育委員会制度の廃止論が一部の首長やマスコミで大きく取り
上げられたものの、地方自治体の長は、当時、総じて現行の教育委員会制度を
肯定的に評価し、冷静にみていたようである。

　以上のようにみてくると、確かに、近年いじめ事件に対する教育委員会の対
応の仕方をめぐって、教育委員会の形骸化・機能不全が指摘され、あるいは総
合行政の一環として教育行政を推進すべきという立場から、教育委員会の廃止
やその抜本的改革が議論されてきたが、しかし、これらの調査結果をみるかぎ
り、少なくとも教育長、首長、教育委員長という行政責任者の立場からは教育
委員会制度を積極的に廃止するという意見はみられない。行政委員会としての
教育委員会の制度的装置を失うならば、教育の独立性（政治的中立性）の確保
が困難になるとの懸念（思い）や、現行の教育委員会制度に対する一定程度の
信頼があったためとも考えられる（第2章Ⅲ-2-④）。実際、1990年代後半以降
の一連の教育行財政改革で、教育委員会も十分ではないものの、自らその変革
（変容）を図ってきた（第1章Ⅲ-1-①）。今後、保護者や学校（校長、教師）をも
含めたさらなる検討を必要とするが、これらの調査結果をみるかぎり、戦前の
教育行政の反省の上に立って、教育の独立性ないし政治的中立性を担保する制
度的仕組みとして創設された教育委員会制度は、大きな問題を抱えながらも、
少しずつではあるが改革への歩みを続けてきたようにも思われる。

　新しい時代にふさわしい地方教育行政制度をどうするのか。合議制の執行
機関（行政委員会）としての教育委員会を廃止し、教育の独立性（政治的中立性）
よりも教育行政の効率性・迅速性・総合性を優先させるのか、あるいは両者を
包含できる新たな制度設計が可能なのか、その動向が注目されてきた。結局
のところ、2014（平成26）年6月の教育委員会制度改革により、行政委員会と
しての教育委員会を残しつつも、首長と教育長の権限を強化し、行政の総合化
と教育委員会の責任体制の明確化をいちだんと進める形で決着が図られた。検
討してきたように、社会の変化に対応できない教育委員会も一定程度数存在し

ていることを考えると、なぜ、教育委員会が社会環境の変化に組織（システム）として対応できず、形骸化し、機能不全に陥るのか、あるいは教育委員会が地域の教育課題に応えるために、有効な教育施策を迅速に樹立し、実施できないのか、今後ともその原因を組織論的・政策学的に解明していく必要がある。

2. 市町村教育委員会の学力政策
—第4章、第5章、第6章Ⅲ－（一）、第7章を中心に—

　第4章以降で、市町村教育委員会の学力政策がどのように展開されてきたのか、その実態や影響及び子どもの学力やその政策に及ぼす影響要因について検討してきたが、その結果、明らかになったことを簡単に総括したい。

　第一に、市町村教育長調査（第4章Ⅲ－2－①）で検討したように、市町村教育委員会は、学力向上のために、家庭への指導や生徒指導や教員研修の充実のみならず、「小中連携の強化」「保幼小連携の推進」など、子どもの学力向上とその基盤整備のために多様な取り組みを行っていることが明らかにされた。そこには、学力問題を目先の問題として捉えず、多面的かつ長期的視点から対応しようとする姿勢がうかがえる。すなわち、多くの教育委員会では、政策面から学力問題を狭く解することなく、子どもの成長という視点から学力向上策を捉え、子どもの学力向上とその基盤整備のために多様な施策を講じようとしていた。ただし、約2割の教育委員会においては、学力向上とその基盤整備のための施策を十分に展開できておらず、このような教育委員会は小規模の自治体でみられる傾向があった。

　第二に、第4章（Ⅲ－1－②）・第6章（Ⅲ－（一）－1－③）で検討したように、市町村教育長や教育委員長の意識調査からみるかぎり、市町村教育委員会の一連の学力向上策が学校や保護者や教育委員会に対して肯定的な影響（効果）を及ぼしていることを指摘しておきたい。すなわち、市町村教育委員会の一連の学力向上策によって、「（10）市町村教委と学校の連携・協力の重要性が増してきた」（教育長84.5%、教育委員長82.7%）、「（4）教職員の授業改善への取り組みが積極的になった」（教育長83.7%、教育委員長79.6%）、「（12）家庭や地域社会との連携協力

の重要性が強く意識されるようになった」（教育長80.3%、教育委員長82.0%）、「(14)教職員が教育課題に組織的、計画的に取り組むようになった」（教育長73%、教育委員長74.3%）、「(16) 教育委員会の指導行政の重要性が高まった」（教育長68.6%、教育委員長66.7%）、「(5) 教職員が自分の学校の教育責任を自覚するようになった」（教育長65.0%、教育委員長66.5%）、「(6) 子どもの授業への取り組みがより積極的になった」（教育長64.7%、教育委員長63.5%）、「(18) 都道府県教委と市町村教委が連携・協力して一体的に学力施策を展開することの重要性が認識されるようになった」（教育長64.2%、教育委員長56.4%）など、学校や保護者や教育委員会に対して好影響を与えていると認識されている。一方で「(9) 教職員間の絆やつながりが希薄となった」（教育長1.6%、教育委員長4.1%）、「(1) 一部の教科のみが重視されるようになった」（教育長10.0%、教育委員長9.9%）、「(7) 学力や学習意欲の高い子、低い子の差が大きくなった」（教育長14.9%、教育委員長16.9%）など、社会で一般に懸念されている学力向上策の悪影響については、教育長や教育委員長にとってはそれほど大きく問題視されていないようである。

　このように、全体として市町村教育長・教育委員長は、当該の教育委員会の学力向上策の影響（効果）を肯定的に捉えているように思われる。ちなみに、人口規模の大きい自治体の教育委員会ほど、市町村教育委員会の実施する一連の学力向上策をより肯定的に評価する傾向がある（単相関）。

　第三に、子どもの学力にどんな要因が影響を与えるかについてである。教育長と教育委員長を対象とした2つの調査が行われたが、まず、教育長調査（第5章Ⅲ-2-①）では、子どもの学力を規定する変動をどの程度説明するかを示す疑似決定係数（重回帰分析における決定係数〈R^2〉に相当）は、.146であり、全体としての説明力（規定力）は極めて小さいものの、取り上げた変数の中では「市町村の学力政策の効果性（Q30）」（$\beta = .497$, p<.001）が最も学力を規定しており、次いで「家庭特性要因」（$\beta = .417$, p<.001）や「都道府県教委の学力政策の効果性（Q11）」（$\beta = .388$, p<.01）や「就学援助受給率（Q25）」（$\beta = -.234$, p<.001）であり、「自治体の人口規模（F1）」（$\beta = .116$, p<.05）も影響を与えているのが看取できた。

　一方、教育委員長調査（第6章Ⅲ-（一）-3-①）では、子どもの学力を規定する変動をどの程度説明するかを示す疑似決定係数（重回帰分析における決定係数

〈R²〉に相当）は、.182 であり、全体としての説明力（規定力）は同じく極めて小さいものの、取り上げた変数の中では「市町村教委の学力政策の効果性」（β=.786, p<.001）や「家庭特性要因」（β=.641, p<.001）が最も学力を規定しており、「就学援助受給率」（β=-.278, p<.01）も子どもの学力に影響を与えていることがわかる。2つの調査では、投入された説明変数が多少異なるので、同日に論じることはできないが、いずれの調査でも、子どもの学力の変動をわずかしか説明できないものの、これをみるかぎり、市町村教委の学力政策が首尾よく実施されることが学力向上にとって重要であるとともに、先行研究でも指摘されるとおり[5]、家庭特性要因が子どもの学力に影響を与える重要な要因の一つとなっている。その意味では、多く（約7割近く）の市町村教育委員会が家庭に対する生活・学習習慣促進事業を展開していることは有益であるといえよう（第4章Ⅲ-2-①、図4-1）。また、就学援助受給率も子どもの学力に影響を与えており、子どもの貧困対策の重要性が改めて浮き彫りになっている。すでに「子どもの貧困対策の推進に関する法律」（平成25年6月）が施行されているが、社会政策としても実効性のある子ども貧困対策が求められる。

　なお、教育長調査では、教育委員会事務局の組織特性や学校の組織特性が直接に子どもの学力に影響を与えていることを示していない。また、教育委員長調査でも、教育長のリーダーシップや教育委員会の組織特性が直接に子どもの学力に影響を与えていることを示していない（第6章Ⅲ-（一）-2-①-（2）・（5）を参照）。子どもの学力に影響するのは、教育委員会の組織特性要因や学校の組織特性要因、教育長のリーダーシップ行動よりも、家庭特性要因や子どもの貧困（経済的要因）のほうがより大きいことを示している。

　第四に、市町村教育委員会の学力政策の効果性を規定する要因は何かについてである。これは、教育長調査（第5章）と教育委員長調査（第6章）で検討した。まず、教育長調査（第5章Ⅲ-2-②）では、市町村教委の学力向上策の効果性を規定する変動をどの程度説明するかを示す（調整済み）決定係数（R²）は、.350 であり、全体としての説明力（規定力）は決して高くないが、取り上げた変数の中では「（Q14）学力政策に対する教職員の理解度」（β=.224, p<.001）が最も学力政策の効果性を規定しており、次いで「（Q27）市町村教委の学校支援の効果性」（β=.213, p<.001）が、さらに「（Q13）学力政策に対する首長の

姿勢」（β＝.144, p<.001）や「（Q7）市町村教委の学力向上の施策合計」（β＝.142, p<.001）や「（Q28）市町村教委の指導行政の機能性（効果性）」（β＝.122, p<.01）も影響を与えていることがわかる。

　一方、教育委員長調査（第6章Ⅲ-（一）-3-②）では、市町村教育委員会の学力政策の効果性を規定する変動をどの程度説明するかを示す（調整済み）決定係数（R^2）は、.328であり、全体としての説明力（規定力）はそれほど高くないものの、取り上げた変数の中では「学力政策に対する教職員の理解度」（β＝.348, p<.001）が最も学力を規定しており、次いで「市町村教委の指導行政の効果性」（β＝.174, p<.001）が、さらに「都道府県教委の指導助言の有効性」（β＝.134, p<.01）や「教育委員の役割活動（の活発さ）」（β＝.136, p<.01）も学力政策の効果性に影響を与えている。2つの調査では、投入された説明変数が少し違うので、同日に論じることはできないが、両調査で共通して学力向上策の効果性を規定する要因としてまず挙げられるのは「学力政策に対する教職員の理解度」であり、このことは、教委がその学力向上策について学校の教職員に十分に理解を求めておくことの重要性を示している。また、両調査に共通して挙げられる規定要因として「市町村教委の指導行政の効果性」があり、市町村教委の指導体制の充実の重要性も指摘されよう。なお、教育長調査からは、教育委員会事務局の組織特性（組織健康）が直接に市町村教委の学力向上策の効果性に影響を与えていることは示されず、また、教育委員長調査では、教育長のリーダーシップ行動が市町村教委の学力向上策の効果性に影響を与えていることは示されなかった。教育委員会の学力政策の効果性に影響を与えるのは、これらの調査結果からは、教育委員会の組織特性要因や教育長のリーダーシップ行動よりも、「学力政策に対する教職員の理解度」や「市町村教委の指導行政の効果性」など、他の要因であることが示されている[6]。

　第五に、市町村教育長のリーダーシップ行動がどのような因子で構成され、それが教育委員会の組織特性（組織特性）や組織・運営活動にどのような影響を及ぼすかを検討したところ（第7章Ⅲ-（一））、因子分析の結果、市町村教育長のリーダーシップ行動は、①「地域住民への対応」、②「教育ビジョンの明確化と現実化」、③「事務局職員への配慮」、④「首長（部局）・議会への対応」、⑤「学校・校長への専門的指導助言」、そして⑥「事務局職員等の人材育成」

終 章　市町村教育委員会の制度改革と学力政策

の６つの因子から構成されていること、また、この教育長のリーダーシップ行動は、教育委員会の組織特性（組織健康）や事務局職員のモラールや教育委員会の会議の活性化など、教育委員会の組織・運営活動に影響を与えていることが明らかにされた（第７章Ⅲ-③・④）。第四でも触れたように、教育長のリーダーシップ行動が子どもの学力や学力政策の効果性に影響を与えていることは示されなかったものの、事務局職員のモラールなど、教育委員会の組織・運営活動には影響を及ぼしているようである。なお、この分析で、教育長のリーダーシップ行動とともに、自治体の人口規模や住民特性や家庭特性の影響も指摘されたことは注目される（表7-4）。

　第六に、自治体の人口規模が教育委員会の行政活動（組織・運営活動や政策等）に与える影響について指摘しておきたい。第１章Ⅲ-2や第５章Ⅲ-2-③や第７章Ⅲ-③・④で検討したように、調査結果からは、自治体の人口規模は、教育委員会の組織・運営活動（組織特性や事務局職員のモラール・教育委員会の会議の活性化）及び教育委員会の実施する施策数（施策合計）や教育委員会の変容などに影響を与えていることが示されている[7]。自治体の人口規模が大きいと、それだけ住民の行政への多様な要求圧力が高まり、そのぶん教育委員会には解決すべき行政課題が増える一方、教育委員会は人口のスケールメリットを生かしてこれら多様な行政課題の解決に必要な人的・組織的・財政的能力を備え、活用していくことができると考えられる。自治体の人口減少が進行する中で、今一度、自治体の人口規模に焦点を当てて、教育委員会の効果的な行政活動の確保の観点から教育委員会の適正規模の問題を検討していく必要があると思われる。

　その他、家庭特性や住民特性が子どもの学力や教育委員会の組織・運営活動に影響を与えていることが示された。第５章Ⅲ-2-①や第６章Ⅲ-（一）-3-①で検討したように、子どもの学力に家庭特性や就学援助率など、広い意味での家庭要因が影響を与えているとともに、住民特性も教育委員会の組織・運営活動に影響を与えている。教育委員会が家庭や地域社会と無縁ではないことを改めて示しており、教育委員会と家庭・地域社会が密接不離の関係にあることを前提に、今後は行政支援や両者の関係構造の究明を進めていくことが求められる[8]。

3. 教育委員会制度の今後の研究課題と本研究の限界

　近年、いじめ事件などに対する教育委員会の対応の仕方をめぐって、教育委員会の形骸化・機能不全が指摘され、教育委員会は大きな批判に晒されてきたが、今後も教育委員会が、激変する社会環境のもとで地域の教育課題に迅速に対応し、その役割を十全に果たしていくためには、教育委員会が展開する政策が効果をあげているかどうか（政策学的に）、また教育委員会自体も組織（システム）として十分に機能しているかどうかを（組織論的に）検証していくことが求められよう。このような問題意識から、最後に、今後の研究の在り方（方向性）について簡単に触れて結びとしたい。

　第一に、教育委員会が社会の変化に即応しながら、地域の教育課題の解決に向けて政策を実施し、迅速に対応しているかどうか、あるいは教育委員会が組織として形骸化し、機能不全を起こしているかどうか、かりに教育委員会が形骸化し、本来の役割を十分に果たし得ていないとすれば、なぜそうなのかを分析するため、教育委員会の政策（政治）学的研究と組織論研究を包括的に進めていく必要があると思われる[9]。例えば、これまでの政治学・政策学の分析（理論）枠組に従って、市町村教育委員会の教育政策を立案―実施―評価の政策過程上において捉え、その一連の政策過程において何が阻害・促進要因として働いているかを分析していく方法もある（**図終-1** 参照）。このようにすると、教育政策の策定、実施、評価にあたってそれを妨げている教委事務局の組織問題（教育長のリーダーシップ、事務局職員のモラール、組織特性〈組織健康・組織文化など〉）が分析対象として浮上するかもしれない。首長部局や議会との関係の問題も浮上する（政治学的研究）。教育委員会が環境の変化にどのように対応しているか、環境適合問題も取り上げることができるし、危機管理の問題も分析対象となり得る。さらには、そもそも教育政策自体の有効性の問題（政策分析）も問われなければならないし、大学等で研究・開発された新しい知見（知識）が有効に活用されているかどうかという問題や家庭・地域社会と学校・教育委員会間の連携の問題等も分析の射程に入ってくるかもしれない。

　また、実は、このような視点（分析枠組）で研究を試みることは、新しい実

終 章　市町村教育委員会の制度改革と学力政策

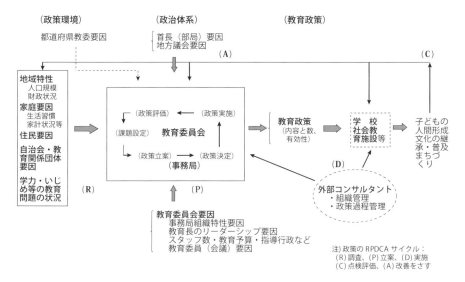

図終-1　教育委員会の教育政策過程

践・アイデア（政策）が、策定、実施、評価の過程を通してどう定着していき、そこにどのような阻害要因があるかを分析することにもなるので、ある意味で、このような分析自体が教育イノベーション研究の一種であるともいえるかもしれない。いずれにしても、このような分析枠組をもつことで、教育委員会で起こる行政事象をより広く捉えることができるとともに、政策実施の阻害要因（促進要因）を多面的に見出す（析出）ことにより、教育委員会の教育政策の効果的遂行と組織運営の改善に資する情報を提供することができると考える。

　第二に、教育委員会の教育政策が効果的に展開するのを促進するために、教育委員会の政策過程と組織・運営活動の両面に介入する人材の養成が求められる。市町村教育委員会を、上述のような広い分析枠組で捉えると、市町村教育委員会の政策がなぜ学校現場に定着しないのか、それを阻害する要因を何かを大局的な立場から俯瞰し、理解し、その政策の実現・改善に向けて、ある場合は内部の人材と協力して組織的、計画的に介入する人材（外部コンサルタント）が求められる。そのような人材は、介入の対象が組織・運営活動であったり、政策そのものであったり、あるいは政策過程であるために、組織論や政策学や

政治学にかかわる知見を備えておく必要がある。

　その他、教育委員会制度の研究にあたっては、今後、自治体の人口規模が教育委員会の行政活動や政策効果にどのような影響を与えるかという観点からの教育委員会の適正規模の研究とともに、教育委員会・学校と家庭・地域社会間の相互関係の研究や、市町村教委と学校ないし都道府県教委間の組織関係の研究も必要になってくる。その一方で、教育という職務（仕事）の性格上、教育の自律性（専門的自律性）や政治的中立性を制度的にどのように保障していくべきかの検討も求められよう。

　本研究の限界と今後の課題について触れておきたい。子どもの学力といっても、小学校国語Ｂの正答率であり、子どもの学力の全体を指しているわけではない。研究の対象が非常に広いため、そのぶん取り上げる変数も多くなり、データの収集を非常に困難にした。データの客観性を保持するためには、ハードデータの収集に積極的に努める必要があるが、現実にはそれが難しくソフトデータ（主観的データ）に代えざるを得ない場合もある。ある変数とある変数を対応させて分析する場合も、どの時点のデータを収集すべきだったか、また誰を対象にデータを収集するのが望ましかったかなど、反省すべき点も多くある。今後は、データ収集の方法に関して、いっそうの工夫、改善を図り、研究を行う必要がある。本研究はこのような限界、制約を有しているものの、あえてその意義と特色を挙げるならば、①行政に責任を負う立場の教育長や教育委員長や首長が、当時の教育委員会制度の実態と制度改革の今後の方向性（在り方）等についてどのように認識していたかに関してデータを収集・提供できたこと、②子どもの学力や学力政策の効果性を規定する要因の分析において組織変数（リーダーシップ、組織特性など）をも取り上げ、分析したこと、そして③不十分ながらも教育長のリーダーシップ行動の特質や教育委員会の組織特性（組織健康）について検討できたこと、であると思う。

注

(1)　大半の首長が現行の教育委員の選任方式や教育長の登用及び教育委員会の合議制を肯定的に評価するとともに、多くの首長が教育委員会は地域住民（市民）から信頼を得ている

と認識している（第1章Ⅲ-2-④）。

(2) 教育長調査（2012年）、首長調査（2013年）、そして教育委員長調査（2015年）で、教育委員会の変容（変革度）を10項目の単純合計値（最小値10、最大値50）でみたところ、教育長調査（Q37：N=389、平均値33.85、中央値34.00、SD4.25）では、教委の変容を実感していない教育委員会が19.8%（30ポイント以下）、首長調査（Q31：N=381、平均値32.17、中央値33.00、SD5.48）では、教委の変容を実感していない教育委員会が33.3%（30ポイント以下）、そして教育委員長調査（Q18：N=437、平均値33.76、中央値34.00、SD5.38）では、教委の変容を実感していない教育委員会が28.6%（30ポイント以下）を占めている。

(3) なお、教育委員長調査（表7-4）では、教育長のリーダーシップ行動の「首長部局との連携・協力」の次元が教育委員会の変容を説明する要因として挙げられていることからすると、教育長・教育委員長調査に共通して教育委員会の変容を規定する要因として「首長部局との連携・協力」も挙げることができるかもしれない。

(4) 小川正人も、教育委員会制度の問題は、教育委員会制度の仕組みや組織それ自体に内在するというより、この制度が置かれてきた教育行財政システムや政治環境に起因するところが大きいことを指摘している（小川正人『市町村の教育改革が学校を変える─教育委員会制度の可能性─』（岩波書店、2006年、33-34頁）。

(5) 例えば、志水宏吉編著『「力のある学校」の探求』（大阪大学出版会、2009年）45-46頁、中室牧子『「学力」の経済学』（ディスカヴァー・トゥエンティワン、2015年）118-120頁などを参照されたい。

(6) なお、第5章Ⅲ-2-③で市町村教委の講じた学力施策数（施策合計）を規定する要因について検討したところ、市町村教育委員会が学力のために講じた施策取り組み（施策合計）の変動をどの程度説明するかを示す（調整済み）決定係数（R^2）は、.238であり、全体としての説明力（規定力）は小さいものの、取り上げた変数の中では「(F1) 自治体の人口規模」（β=.224, p<.001）が最も学力施策数（施策合計）を規定しており、次いで「(Q14) 教職員の学力政策の理解度」（β=.187, p<.001）や「(Q12) 教育委員の役割活動（の活発さ）」（β=.181, p<.001）や「(Q6) 教育委員会事務局の組織特性（組織健康）」（β=.152, p<.001）が、さらに「(Q2) 家庭特性要因」（β=-.121, p<.01）もわずかに負の影響を与えていることがわかる。このように、市町村教育委員会の学力向上のための施策総数は、教育委員会事務局の組織特性（組織健康）の要因によっても規定されていることがわかる。

(7) なお、教育長調査（第5章）では、順序ロジスティック回帰分析の結果、子どもの学力に自治体の人口規模が有意に影響を与えていたが、教育委員長調査（第6章）では、子どもの学力には自治体の人口規模は影響を与えていない。

(8) 子どもの学力に対する影響度は、教育委員会の組織特性要因や学校の組織特性要因や教

育長のリーダーシップ行動よりも、家庭特性要因や子どもの貧困（経済的要因）のほうが
より大きいことを示唆しているが、学校要因や教育委員会要因が決して重要ではないとい
うわけではない。今後さらに詳細な検討を必要とするが、子どもの学力に対しては貧困を
含む家庭要因の影響がより大きいということだろう。その意味で、今後、家庭への支援の
重要性がクローズアップされてくるし、福祉政策その他の社会政策の在り方が問われてく
る。子どもの教育問題は、学校（教育委員会）だけで解決できるものではない。また、教
育委員会は、学校教育や社会教育等を通じて、人的資本、文化資本のみならず、社会関係
資本の蓄積に大きく貢献していることを肝に銘ずるべきであろう。

(9) 筆者は、すでに政策研究が組織論や管理論とも深くかかわりをもつことを指摘している
（拙著『現代アメリカ教育行政学の研究―行動科学的教育行政学の特質と課題―』多賀出
版、1995 年、313 頁）。

あとがき

　社会の変化は、実に激しい。直近の出来事を挙げても、イギリスの EU 離脱決定、ヨーロッパの移民問題とテロの頻発、トランプ新アメリ大統領の誕生など、今後の世界の秩序を揺るがしかねないような状況が生まれている。また、産業界では、IOT（モノのインターネット）、ビッグデータ、そして AI（人工知能）を駆使した第四次産業革命が着実に進行している。これら一連の出来事は、今後の世界とわが国社会の大きな変化を予感させるに十分である。

　ひるがえって子どもの教育、そしてそれを支える制度は、これらの変化に十分に対応していけるのだろうか。とりわけ、地方教育行政機関としての教育委員会は、時代の変化と要請に応え、本来の役割を十分に果たし得るのだろうか。

　教育委員会は、すでに 1986（昭和 61）年の臨時教育審議会第 2 次答申で「制度として形骸化し……、制度本来の機能を十分に果たしているとは言い難い」と厳しい指摘を受けたが、その後、1990 年代後半以降の一連の地方分権・規制緩和による改革の中で、学校運営協議会の設置や教育委員会の活性化など、多様な改革を進めてきた。しかしその後も、教育委員会は、いじめや体罰問題等への不適切な対応をめぐり、社会から厳しい批判を浴び、その存在理由が問われ続けた。

　このような状況に鑑みるとき、近年の一連の教育行財政改革の進展によって、教育委員会は地域の教育課題に応えるために、自らどのように変容（変革）してきたのか、あるいはその変容を妨げてきた要因とは何か、またどこに制度的な問題があったのかを、今一度検討（検証）してみることは、今後の制度の在り方を考えるうえで重要であると思われる。

　本書は、このような問題意識から、① 1990 年代後半以降の一連の教育行財政改革で、市町村教育委員会がどのように変容（変革）してきたのか、その変容の実態とその変容に影響を及ぼす要因等を探るとともに、②市町村教育委員

会の学力政策がどのように展開され、学校等にどのような影響を与え、政策として効果をあげてきたのかを実証的に明らかにしようとした。これらの検討を通して、市町村教育委員会制度が本来の役割をどのように果たそうとしてきたのかを、制度、政策の両面から探った。

この研究は、当初は、質問紙調査のみならず事例研究も行う予定であった。しかし、2015（平成27）年4月より新しい教育委員会制度がスタートし、教育委員会制度を取り巻く環境が大きく変化したため、研究に一区切りをつけることにした。幸いにも、このたび、日本学術振興会の2016（平成28）年度科学研究費補助金（研究成果公開促進費）の交付を受ける機会を得たので、研究の不十分さを顧みず、これまでの質問紙調査に基づく研究の成果を一書にまとめた。つたない研究であるが、御批正を賜れば幸いである。

最後に、本書の出版を快くお引き受けいただいた福村出版の宮下基幸社長と編集の面で貴重なご助言とご配慮をいただいた小山光氏に心より御礼申し上げたい。また、ご多忙の中、質問紙調査にご協力をいただいた全国の市町村教育長、教育委員長および首長の皆様にも衷心より感謝の意を表します。

本書を、今は亡き妻利津子に捧げる。

2017年2月

河 野 和 清

索　　引

あ行

青木栄一　15, 18, 130
一般行政職出身者　71
大畠菜穂子　19
小川正人　16

か行

改正教育基本法　63
学力政策　104, 126, 177, 263
加治佐哲也　14, 236
学校支援地域本部　40
学校組織特性　105, 132
学校評議員制度　40
家庭特性　141, 203, 267
　　——要因　228
苅谷剛彦　104, 130, 131
危機管理　74, 268
規制緩和　9, 28, 60, 83, 86, 92
基礎学力定着事業　108
義務教育費国庫負担制度　11, 29
教育委員　61, 67
　　——の研修　37
　　——の公選制　35, 68
　　——の選任方法　34
　　——の役割活動　115, 149, 164, 169, 184, 229
教育委員会
　　——事務局　77
　　——の機能低下　83, 101
　　——の形骸化　262
　　——の合議制　69, 72, 83
　　——の政策過程　269
　　——の制度的原理　49
　　——の組織特性　144, 231, 237, 243, 249, 253, 260
　　——の適正規模　254, 270
　　——の廃止論　51
　　——の変容　31, 62, 211, 214, 250
教育委員会制度　86
　　——改革　51, 94, 100
教育振興基本計画　33, 52, 63, 64, 83
教育政策学　132
教育政治学　14
教育委員長　8, 212, 214, 226, 229, 230, 236
　　——の職務満足度　195
教育長　61, 67
　　——登用　70, 71
　　——の任命承認制度　28
　　——のリーダーシップ（行動）　20, 47, 105, 183, 188, 192, 194, 217, 236, 237, 240, 246, 252, 253, 266
教育の自律性　39, 79, 101, 270
教育の政治的中立性　39, 49, 50, 53, 77, 95, 96, 99, 100, 261
教育の独立性　49, 54, 99, 101
教育ビジョン　55, 74, 199, 250
教育予算　156, 207, 221, 231
教職出身者　71
行政委員会　54, 262
県費負担教職員制度　11, 28

合議制の執行機関　54
子どもの学力　107, 135, 159, 167, 208, 209, 264
子どもの貧困　167

さ行

財政力指数　156, 166, 207
佐々木幸寿　15, 237
笹森健　13
自己点検評価報告書　33, 52, 65, 83
自治体の人口規模　52, 81, 90, 113, 120, 121, 164, 169, 222, 224, 259, 264, 267
自治体のまちづくり　41, 80, 81, 88
市町村教育委員会　21, 60, 105, 107, 108, 111, 123, 125, 130, 158, 174, 178, 182, 227, 228
　　──の学力政策の効果性　161
　　──の組織特性　197
市町村教育長　8, 137
指定管理者制度　42
指導行政　264
指導主事　155
志水宏吉　130, 131
事務局職員のモラール　196, 250, 254, 267, 268
社会関係資本　42, 44, 52, 259
社会教育主事　155
就学援助受給率　157, 167, 202, 228
住民統制　50, 54, 96, 97, 261
住民特性　142, 205, 207, 259, 267
首長　60, 61, 64, 151, 168
　　──部局　62, 98, 101
小学校の組織特性　136, 138
自律的な学校経営　13
人事権　90, 100
政策決定　227
政策評価　227
政策立案　227

全国学力・学習状況調査　104, 107, 118, 130, 135, 177
総合教育会議　223
総合行政　17
組織健康　136, 137, 139, 168, 169, 171, 231, 237, 243, 246, 253, 260, 266
組織論　132

た行

高田一宏　131
高橋寛人　18
縦割り行政　53, 91, 92, 100, 231
地域住民の絆　53
小さな政府　9, 28
地方教育行政の組織及び運営に関する法律　10, 28, 86
地方分権　9, 83, 92
　　──化　8, 28, 60, 86
地方分権一括法　28
中央教育審議会答申
　　──「新しい時代の義務教育を創造する」　11
　　──「今後の地方教育行政の在り方について」　12, 28, 60, 62
　　──「地方分権時代における教育委員会の在り方について」　28, 86
露口健司　237
徳久恭子　16
都道府県教育委員会　116, 122, 124, 130, 158, 174

な行

中室牧子　131

索　引

は行

PDCA サイクル　104, 130
堀和郎　17, 236
本多正人　14

ま行

マイルズ（M. B. Miles）　171
村上祐介　17
文部大臣の措置要求　28

や行

柳林信彦　17
山崎博敏　104, 130

ら行

リーダーシップ行動　⇒教育長のリーダー
　　シップ（行動）参照
臨時教育審議会　9

資　料

全 国 調 査 用 紙

教育委員会制度に関する全国調査
（2012年）

お 願 い

　近年、とりわけ 1998（平成 10）年 9 月 21 日の中央教育審議会答申「今後の地方教育行政の在り方について」以降、地方分権化と規制緩和を基本原理とする教育行財政改革が推進され、自律的学校経営の構築に向けた改革、学校運営協議会の設置、教育委員会の教育事務の自己点検評価の義務化、義務教育の機関委任事務から自治事務への転換、教育長の任命承認制の廃止、教育推進基本計画策定の努力義務化など、教育委員会制度に係わる諸改革が実施されてきたところです。しかしながら、様々な改革が試みられる一方で、教育委員会制度の見直しや廃止論が依然と話題になり、教育委員会制度の在り方が厳しく問われております。

　この調査は、地方教育行政の衝に当たっておられる**市町村教育長の皆様方**が、1990 年代以降の一連の地方教育行財政改革をどのように捉え、どう評価されておられるのか、そのご意見をお聞きするとともに、近年の教育行政改革がどのように定着しているのかを明らかにして、今後の地方教育行政制度の在り方を探ることを目的としております。

　つきましては、ご多忙のところ誠に恐縮に存じますが、この調査の趣旨をご理解の上、ご回答を賜りますようお願い申し上げます。なお、ご回答は、こちらで責任をもって統計的に処理させていただきます。どなたが、どのような回答をされたかを公表するものではありません。どうか率直なご意見をお寄せ下さい。誠に勝手ながら、アンケート用紙は、同封の返信用封筒に入れ、来る**12 月 3 日（月）**までに、当方にご返送いただきますようお願い申し上げます。

2012 年 11 月 13 日

資　料　全国調査用紙

(1)教育委員の選任について

Q.1　貴殿は、首長が議会の同意を得て任命する、現行の教育委員の選任方式は、教育委員に有能
　　かつ意欲ある人材を登用する上で十分に機能しているとお思われますか。次の中から該当するも
　　のを一つ選び、○印をお付け下さい。
　　1．全くそう思わない　　　2．あまりそう思わない　　3．どちらともいえない
　　4．かなりそう思う　　　　5．全くそう思う

Q.2　貴教育委員会では、教育委員の選任に当たってどのような工夫が行われているでしょうか。
　　次の中から該当するものすべてに○印をお付け下さい。
　　1．年齢や職業や性別の構成に配慮する　　　　2．教育委員の選考過程を住民に公開する
　　3．教育委員候補者の公募制　　　　　　　　　4．住民による教育委員の推薦制
　　5．その他（　　　　　　　　　　　）

Q.3　貴殿は、教育行政に民意を直接反映させるために、教育委員の公選制を復活させることにつ
　　いて、どうお考えですか。次の中から該当するものを一つ選び、○印をお付け下さい。
　　1．全く反対である　　　　　2．かなり反対である　　　3．どちらともいえない
　　4．かなり賛成である　　　　5．全く賛成である

(2)教育委員会の会議の運営方法について

Q.4　貴教育委員会では、会議での議論は活発に行われ、実質的な審議と意思決定が行われている
　　と思われますか。次の中から該当するものを一つ選び、○印をお付け下さい。
　　1．全くそう思わない　　　　2．あまりそう思わない　　　3．どちらともいえない
　　4．かなりそう思う　　　　　5．全くそう思う

Q.5　貴教育委員会では、教育委員会の活性化策として会議の持ち方や運営方法についてどのよう
　　な工夫をされているでしょうか。次の中から該当するものすべてを選び、○印をお付け下さい。
　　1．開催回数をできるだけ増やすなどし、　　　6．住民公聴会を開催する
　　　　委員による議論の機会を最大限確保する　　7．移動教育委員会会議を開催する
　　2．十分な審議が行われるよう案件を事前に　　8．教育委員が学校等の教育機関への訪問を
　　　　教育委員に説明（資料配付）する　　　　　　　定期的にし、意見交換を行う
　　3．地域住民ができるだけ傍聴しやすいように、9．教育関係以外の機関・団体（警察、自治
　　　　夜間開催など開催時間を工夫する　　　　　　　会、経済団体等）と定期的に意見交換する
　　4．住民に会議開催予定を積極的に広報する　　10．その他（　　　　　　　　　　）
　　5．会議の開催後速やかに会議録を作成し、
　　　　住民にインターネットなどにより公開する

Q.6　貴殿は、教育委員会の活動や施策意図が地域住民（市民）に十分に理解されていると思われ
　　ますか。次の中から該当するものを一つ選び、○印をお付け下さい。
　　1．全くそう思わない　　　　2．あまりそう思わない　　3．どちらともいえない
　　4．かなりそう思う　　　　　5．全くそう思う

281

Q.7　貴殿は、教育委員の資質能力を高めるための研修が十分に効果をあげていると思われますか。次の中から該当するものを一つ選び、○印をお付け下さい。
　　　1．全くそう思わない　　　2．あまりそう思わない　　　3．どちらともいえない
　　　4．かなりそう思う　　　　5．全くそう思う

Q.8　「教育委員会の合議制は、無責任体制になりやすく、迅速な意思決定ができない」という批判があります。貴殿は、貴教育委員会の現状からみて、この意見についてどのように思われますか。次の中から該当するものを一つ選び、○印をお付け下さい。
　　　1．全くそう思わない　　　2．あまりそう思わない　　　3．どちらともいえない
　　　4．かなりそう思う　　　　5．全くそう思う

(3)教育長・教育委員会事務局の在り方について

Q.9　国は、教育振興基本計画を策定しておりますが、貴教育委員会でも、国の基本計画を参酌して、自治体独自の教育振興基本計画を策定されておられますか。次の中から該当するものを一つ選び、○印をお付け下さい。
　　　　　　　　1．はい　　→Q.10へ
　　　　　　　　2．いいえ→さらにお尋ねします。今の策定状況はいかがでしょうか。
　　　　　　　　　　　　　　　　1．現在、策定を検討中である
　　　　　　　　　　　　　　　　2．今のところ策定の予定なし　　　→　次項のQ.12へ

Q.10　Q.9で「1．はい」とお答えした方にお尋ねします。貴殿は、教育委員会が教育振興基本計画を策定したことでどのような影響があったとお考えですか。次の各項目について、当てはまる選択肢の番号に○印をお付け下さい。

	全くそう思う	かなりそう思う	どちらとも思わない	あまりそう思わない	全くそう思わない
1．行政事務負担が著しく大きくなった	5	4	3	2	1
2．教育施策が構造化・体系化された。	5	4	3	2	1
3．教育予算の効率的活用を強く意識するようになった	5	4	3	2	1
4．教育行政の目標・ビジョンがより明確になった	5	4	3	2	1
5．地域住民（市民）や議会に対する説明責任がより十分に果たせるようになった	5	4	3	2	1
6．教育委員会として自治体のまちづくりにどう貢献できるかを強く意識するようになった	5	4	3	2	1
7．首長（部局）との連携・協力が進んだ	5	4	3	2	1
8．施策の効果を強く意識するようになった	5	4	3	2	1
9．地域の教育課題にそった独自の施策の展開を強く求められるようになった	5	4	3	2	1
10．その他（　　　　　　　　　　　）	5	4	3	2	1

資 料　全国調査用紙

Q.11　Q.9で「1．はい」とお答えした方にさらにお尋ねします。この教育振興基本計画を策定するに当たっては、首長部局と政策のすり合わせを十分にされましたか。次の中から該当するものを一つ選び、○印をお付け下さい。

　　　　1．全くしない　　　2．ほとんどしない　　　3．ある程度した　　　4．十分にした

Q.12　平成20年度から地教行法第27条により、全ての教育委員会が毎年その権限に属する事務の管理及び執行の状況について自己点検と評価を行い、その結果の報告書を作成することになりました。貴殿は、この自己点検評価報告書の作成によって、どのような影響があったとお考えですか。次の各項目について、当てはまる選択肢の番号を選んで○印をお付け下さい。

	全くそう思う	かなりそう思う	どちらとも思わない	あまりそう思わない	全くそう思わない
1．財政の効率運用を考えるようになった	5	4	3	2	1
2．行政活動や施策の見直しや反省が活発に行われるようになった	5	4	3	2	1
3．事務局職員の意識が変わり、行政事務に積極的に取り組むようになった	5	4	3	2	1
4．教育委員会の政策立案能力が高まった	5	4	3	2	1
5．施策の効果を強く意識するようになった	5	4	3	2	1
6．議会や住民に対する説明責任がより十分に果たせるようになった	5	4	3	2	1
7．行政活動がより活性化してきた	5	4	3	2	1
8．施策の焦点化や構造化が図られるようになった	5	4	3	2	1
9．行政事務の負担が著しく増えた	5	4	3	2	1
10．地域の教育課題に対応した独自の施策を策定、実施することを考えるようになった	5	4	3	2	1
11．首長（部局）との連携・協力が進んだ	5	4	3	2	1
12．その他（　　　　　　　　　　　　）	5	4	3	2	1

Q.13　教育委員会の教育事務の自己点検評価を行うに当たっては、学識経験者の知見の活用が求められております。貴教育委員会では、この学識経験者の知見は、この報告書の作成に当たって十分に役立っていると思われますか。次の中から該当するものを一つ選び、○印をお付け下さい。

　　　　1．全くそう思わない　　　2．あまりそう思わない　　　3．どちらともいえない
　　　　4．かなりそう思う　　　5．全くそう思う

Q.14　「今後、豊かな住民生活の保障の一環として、地域の教育問題を解決していくためには、行政と住民（市民）や民間団体との連携協力が不可欠であり、住民（市民）や民間団体が新たな公共の担い手になるという自覚が求められる」という主張があります。貴殿は、この主張についてどう思われますか。次の中から該当するものを一つ選び、○印をお付け下さい。

　　　　1．全くそう思わない　　　2．あまりそう思わない　　　3．どちらともいえない
　　　　4．ある程度そう思う　　　5．全くそう思う

Q.15 貴教育委員会には指導主事（充て指導主事を含む）と社会教育主事がそれぞれ何人配置され
ていますか。その人数を以下にお書き下さい。

　　　1．指導主事（充て指導主事を含む）＿＿＿＿＿＿＿人
　　　2．社会教育主事　　　　　　　　　＿＿＿＿＿＿＿人

Q.16 貴教育委員会では、事務職員や技術職員が不足して業務遂行に支障が生じていると思われま
すか。次の中から該当するものを一つ選び、○印をお付け下さい。

　　　1．全くそう思わない　　　2．あまりそう思わない　　　3．どちらともいえない
　　　4．かなりそう思う　　　　5．全くそう思う

Q.17 貴教育委員会では、教育行政に精通した人材（幹部候補者）を育成するために、首長部局と
の人事交流を計画的に行われていますか。次の中から該当するものを一つ選び、○印をお付け下
さい。
　　　1.行っている　　　　　2．特に行っていない

(4) 首長と教育委員会の権限の弾力化について

Q.18 貴教育委員会では、現在、幼児教育の所管はどのようになっているでしょうか。次の中から
該当するものを一つ選び、○印をお付け下さい。

　　　1．教育委員会は、公立幼稚園のみを所管している
　　　2．教育委員会は、公立幼稚園と私立幼稚園を所管している
　　　3．教育委員会は、公立・私立幼稚園と私立保育所(園)を所管している
　　　4．教育委員会は、公立・私立幼稚園と公立・私立保育所（園）を所管している
　　　5．その他　（　　　　　　　　　　　　　　　　　　　　）

Q.19 Q.18 でお答えいただいたように、現在の貴自治体における幼児教育機関の所管形態は、地
域の幼児教育の振興を図る上でうまく機能していると思われますか。次の中から該当するものを
一つ選び、○印をお付け下さい。

　　　1．全くそう思わない　　　2．あまりそう思わない　　　3．どちらともいえない・わからない
　　　4．かなりそう思う　　　　5．全くそう思う

Q.20 地方教育行政の組織及び運営に関する法律の改正（第24条の2）により、文化とスポーツ
は首長部局でも所管できるようになりましたが、貴教育委員会では、現在、文化、スポーツに係
わる事務をどこで所管されておりますか。次の中から該当するものを一つ選び、○印をお付け下
さい。
　　　1．従来通り、文化とスポーツは教育委員会で所管
　　　2．文化のみを首長部局に移管
　　　3．スポーツのみを首長部局に移管
　　　4．文化とスポーツの双方を首長部局に移管

資 料　全国調査用紙

Q.21　Q.20 の質問で（2）と（3）と(4)の選択肢に回答された方にさらにお尋ねします。
　　貴殿は、文化、スポーツを首長部局に移管することによって、地域の教育、文化、スポーツの振興を図るうえで良い効果（結果）を生んでいると思われるでしょうか。次の中から該当するものを一つ選び、〇印をお付け下さい。
　　　1．全くそう思わない　　　2．あまりそう思わない　　　3．どちらともいえない
　　　4．かなりそう思う　　　　5．全くそう思う

Q.22　貴教育委員会では、子どもたちに地域の歴史や伝統・文化を伝えていくための事業を、他市町村に比べると、積極的に展開されている方だと思われますか。次の中から該当するものを一つ選び、〇印をお付け下さい。
　　　1．全くそう思わない　　　2．あまりそう思わない　　3．どちらともいえない
　　　4．かなりそう思う　　　　5．全くそう思う

(5)首長と教育委員会との連携

Q.23　「近年、教育問題を教育委員会だけでは対応（解決）しきれないことが多くあり、首長と教育委員会が連携・協力していくことがますます重要となっている」という指摘があります。貴殿は、この指摘についてどう思われますか。次の中から該当するものを一つ選び、〇印をお付け下さい。
　　　1．全くそう思わない　　　2．あまりそう思わない　　3．どちらともいえない
　　　4．かなりそう思う　　　　5．非常にそう思う

Q.24　貴殿は、現在、自治体の長との連携・協力は十分にとれていると思われますか。次の中から適当なものを一つ選び、〇印をお付け下さい。
　　　1．全くそう思わない　　　2．あまりそう思わない　　　3．どちらともいえない
　　　4．かなりそう思う　　　　5．全くそう思う

Q.25　貴教育委員会では教育行政の方針や教育施策をめぐって首長と鋭く対立することがありますか。次の中から該当するものを一つ選び、〇印をお付け下さい。
　　　1．全くない　　　　　　　2．あまりない　　　　　　3．どちらともいえない
　　　4．かなりある　　　　　　5．非常によくある

Q.26　貴教育委員会では、首長と連携・協力を図るためにどのような方策を講じておられますか。次の中から該当するものすべてを選び、〇印をお付け下さい。

　　　1．教育長は、4 役の 1 人として「四役会議」や課長会議等の行政会議に出席し、発言する
　　　2．教育委員と首長との協議会（教育懇談会）を定期的に開催する
　　　3．首長が学校訪問し、学校教職員と直接議論（対話）する
　　　4．首長が校長会研修会等へ参加し、直接議論（対話）する
　　　5．教育振興基本計画と自治体の総合振興計画との摺り合わせを行う
　　　6．教育委員会の自己点検評価報告書の内容について首長と意見交換（議論）をする
　　　7．その他（　　　　　　　　　　　　　　　　　　）

Q.27 貴殿は、最近、首長（部局）と教育委員会の連携協力が求められるようになった理由が何であると思われていますか。次の中からその主な理由を2つまで選び、〇印をお付け下さい。

  1．教育問題が福祉や経済など、他の行政領域の問題と深く係わってきているから
  2．教育問題が選挙の争点になるから
  3．自治体財政が逼迫し、効率的で、均衡ある財政運営が求められているから
  4．現行の教育委員会制度の下では、今日の教育問題の解決は十分に望めず、
    強い政治的リーダーシップが求められるから
  5．その他（   ）

Q.28 貴自治体の首長は、教育の自律性や政治的中立性に配慮しながら、教育委員会に対応されていると思われますか。次の中から該当するものを一つ選び、〇印をお付け下さい。
  1．全くそう思わない   2．あまりそう思わない   3．どちらともいえない
  4．かなりそう思う   5．全くそう思う

（6）学校と教育委員会の関係について

Q.29 貴教育委員会では、学校予算の編成・執行面で、学校裁量の拡大という観点からどのような方策を講じられていますか。次の中から該当するものすべてを選び、〇印をお付け下さい。
  1．校長の専決額を拡大する
  2．学校に配当される予算の流用枠を拡大する（節間の流用など）
  3．校長の裁量で予算執行できる校長裁量予算を設ける
  4．学校配当予算は使途を特定せず総枠を示し、その枠内で校長（学校）がその使途を決める
  5．その他（   ）
  6．1～5に該当するもの特になし

Q.30 貴殿は、学校の内部評価や学校関係者評価が教育委員会の教育施策や行政活動の改善に十分に活用されていると思われますか。次の中から該当するものを一つ選び、〇印をお付け下さい。
  1．全くそう思わない   2．あまりそう思わない   3．どちらともいえない
  4．かなりそう思う   5．全くそう思う

Q.31 貴殿は、貴教育委員会の施策の内容や意図が学校の教職員に十分に理解されていると思われますか。次の中から該当するものを一つ選び、〇印をお付け下さい。
  1．全くそう思わない   2．あまりそう思わない   3．どちらともいえない
  4．かなりそう思う   5．全くそう思う

（7）学校に対する教育委員会の支援

Q.32 貴教育委員会では、学校経営や学校評価及び授業や生徒指導の改善を支援するために、学校への指導主事等の派遣やその他の方法によって行う学校支援が十分に効果をあげていると思われますか。次の中から該当するものを一つ選び、〇印をお付け下さい。
  1．全くそう思わない   2．あまりそう思わない   3．どちらともいえない
  4．かなりそう思う   5．非常にそう思う

Q.33　貴教育委員会では、学校事故や生徒指導の諸問題に迅速に対応するために、弁護士、カウンセラーその他の専門家で構成される危機管理チーム（担当課）などを設けておられますか。
　　　　　1．設けている　　　　　2．特に設けていない

（8）教育委員会と保護者・地域住民との関係

Q.34　貴自治体の住民（市民）や保護者の様子についてお尋ねします。貴自治体では、次のそれぞれの項目について、どの程度当てはまるか、5段階で評価して下さい。

	全くそう思う	かなりそう思う	どちらとも思わない	あまりそう思わない	全くそう思わない
1．住民の子どもへの挨拶・声かけはよくある	5	4	3	2	1
2．学校は、必要な時、住民の協力を直ぐに得られる	5	4	3	2	1
3．住民は、困ったときは、互いに助け合う	5	4	3	2	1
4．住民の地域の伝統行事やスポーツ・文化活動への参加率は高い	5	4	3	2	1
5．住民の市（町村）政への関心は高い	5	4	3	2	1
6．家庭での生活習慣の形成やしつけはしっかりできている	5	4	3	2	1
7．保護者の学校への理解は十分にある	5	4	3	2	1

Q.35　貴教育委員会では、保護者や地域住民が学校活動や運営に参画し、地域ぐるみで学校づくりを行うため、どのような方策を講じておられますか。次の中から該当するものをすべて選び、○印をお付け下さい。

　　　　1．地域社会にある人的資源・文化財の積極的な活用
　　　　2．有志の親の会の結成
　　　　3．学校評議員制度の設置
　　　　4．学校支援地域本部（学校支援ボランティアの組織化）の設置
　　　　5．学校運営協議会（コミュニティ・スクール）の設置
　　　　6．その他（　　　　　　　　　　　　　　　　　　　）

（9）教育委員会制度の評価・原理・今後の在り方

Q.36　「地域が学校を育てると同時に、学校が地域を育てる」という双方向の関係が必要であるといわれます。貴殿は、学校など教育機関が地域社会から支援・協力を受けるばかりでなく、教育委員会として教育（人づくり）の面から、「自治体のまちづくり」に十分に貢献していると思われますか。次の中から該当するものを一つ選び、○印をお付け下さい。

　　　　1．全く貢献していない　　　2．あまり貢献していない　　　3．どちらともいえない
　　　　4．かなり貢献している　　　5．全く貢献している

Q.37 1998（平成10）年9月21日の中央教育審議会答申「今後の地方教育行政の在り方について」以降の一連の教育行財政改革によって、貴教育委員会の教育行政はどのように変化したと思われますか。次のそれぞれの項目について、どの程度当てはまるか、5段階でお答え下さい。

	全くそう思う	かなりそう思う	どちらとも思わない	あまりそう思わない	全くそう思わない
1．地域の教育課題に即した独自の教育施策を策定し、実施できるようになった	5	4	3	2	1
2．教育委員会の政策立案能力が向上した	5	4	3	2	1
3．地域住民との連携・協力が進んだ	5	4	3	2	1
4．自治体のまちづくり、地域づくりに積極的にかかわるようになった	5	4	3	2	1
5．民間団体との連携・協力が進んだ	5	4	3	2	1
6．首長部局との連携・協力が進んだ	5	4	3	2	1
7．教育委員会の会議が活性化し、実質的な審議ができるようになった	5	4	3	2	1
8．住民への情報公開が著しく進んだ	5	4	3	2	1
9．事務局職員の創意工夫ある取組が増えた	5	4	3	2	1
10．学校の自律的経営に向けた改革が進んだ	5	4	3	2	1

Q.38 「1990年代後半以降の一連の教育行政改革後も、文部科学省－都道府県教育委員会－市町村教育委員会という縦割り行政の弊害があるため、地方自治体として独自に教育施策を展開できない」という意見があります。貴殿は、この意見について、どのように思われますか。次の中から最も近い考え方を一つ選び、○印をお付け下さい。
   1．全くそう思わない　　2．あまりそう思わない　　3．どちらともいえない
   4．かなりそう思う　　5．全くそう思う

Q.39 もし、教育委員会制度を廃止して、地方教育事務を首長部局に移した場合、貴殿は、下記の項目についてどのように思われますか。各項目について5段階評価でお答え下さい。

	全くそう思う	かなりそう思う	どちらとも思わない	あまりそう思わない	全くそう思わない
1．教育の継続性・安定性が損なわれるようになる	5	4	3	2	1
2．教育の政治的中立性が確保できなくなる	5	4	3	2	1
3．教育行政で教育の専門性が発揮できなくなる。	5	4	3	2	1
4．住民統制（レイマン・コントロール）の機能が弱まる	5	4	3	2	1

Q.40 「教育（行政）の政治的中立性は守られるべきである」という主張について、貴殿はどのように思われますか。次の中から、最も該当するものを一つ選び、○印をお付け下さい。
   1．全くそう思わない　　2．あまりそう思わない　　3．どちらともいえない
   4．かなりそう思う　　5．全くそう思う

資 料　全国調査用紙

Q.41　貴殿は、今後の教育委員会制度の在り方を考えたとき、どのような方向で改革を進めるべきであると思われますか。次の中から貴殿の考えに最も近いものを一つ選び、〇印をお付け下さい。

1．基本的には、現行の教育委員会制度を維持し、運用上の改善や機能上の充実を図っていく。
2．生涯学習や文化・スポーツに係わる事務は、首長（部局）に移し、教育委員会は学校教育の事務だけに限定する。
3．市町村教育委員会が持っている権限を、できるだけ学校に移し、市町村教育委員会を廃止（もしくは縮小）する。
4．教育委員会制度を廃止し、教育事務の権限をすべて首長（部局）に移す。
5．どちらともいえない・わからない

Q.42　貴殿は、現行の教育委員会制度についてどこに問題があるとお考えでしょうか。次のそれぞれの項目について、どの程度問題となっているかを5段階評価でお答え下さい。

	全くそう思う	かなりそう思う	どちらとも思わない	あまりそう思わない	全くそう思わない
1．住民の教育要求を行政に反映できていない	5	4	3	2	1
2．教委事務局のスタッフ数（指導主事等）の不足	5	4	3	2	1
3．教育委員の自覚・使命感の欠如	5	4	3	2	1
4．事務局職員の志・使命感の欠如	5	4	3	2	1
5．事務局職員の専門性の低さ	5	4	3	2	1
6．教育委員会全体の政策立案能力の低さ	5	4	3	2	1
7．首長部局と教育委員会との連携・協力の不足	5	4	3	2	1
8．自治体のまちづくりへの貢献度の低さ	5	4	3	2	1
9．文科省－都道府県教委－市町村教委－学校という縦割り行政の弊害	5	4	3	2	1
10．教育予算の不足	5	4	3	2	1
11．全市町村教委に人事権がないこと	5	4	3	2	1
12．教育長のリーダーシップ不足	5	4	3	2	1
13．首長の教育に対する理解不足	5	4	3	2	1
14．教育委員会の危機管理能力の欠如	5	4	3	2	1
15．地域社会の人的資源や文化資源の活用不足	5	4	3	2	1
16．地域ぐるみで学校づくりを行う体制ができていないこと	5	4	3	2	1
17．その他（　　　　　　　　）	5	4	3	2	1

Q.43　「各自治体がその実態にそって教育行政を独自に展開していくためには、すべての自治体に人事権（採用、異動等）を移譲すべきであって、教職員が1つの市町村に属することの弊害や、教職員の偏在、財政上の加重負担等の問題は、別の解決策を考えればよい」という意見があります。この意見について、貴殿はどのようにお考えですか。次の中から該当するものを一つ選び、〇印をお付け下さい。

1．全く賛成でない　　　2．あまり賛成でない　　3．どちらともいえない
4．かなり賛成である　　5．全く賛成である

Q.44 貴殿は、市町村教委に「人事権を付与する」場合、どのような人口規模単位の市町村に付与したらよいと思われますか。あなたのお考えに最も近いものを一つ選び○印をお付け下さい。
　　1．人口 50 万人以上の自治体　　2．人口 30 万人以上の自治体　　3．人口 20 万人以上の自治体
　　4．人口 10 万人以上の自治体　　5．人口 5 万人以上の自治体　　6．人口 3 万人以上の自治体
　　7．全自治体

Q.45 地教行法第 47 条 5 において学校運営協議会（コミュニティ・スクール）の設置が認められておりますが、貴殿は、今後のコミュニティ・スクールの発展可能性についてどのように評価されていますか。次の中から該当するものを一つ選び、○印をお付け下さい。
　　1．全く評価していない　　　2．あまり評価していない　　　3．どちらともいえない
　　4．かなり評価している　　　5．非常に評価している

Q.46 貴教育委員会では、民間活力の導入はどのように行われているでしょうか。次の中から該当するものすべてを選び、○印をお付け下さい。
　　1．学校に民間塾経営者等を特別嘱託職員として導入
　　2．学校の部活（例えば運動部）などの強化のために民間指導者の委嘱
　　3．PFI（公共施設の建設、維持管理・運営を民間の資金、経営能力・技術を活用すること）の活用
　　4．指定管理者制度の活用
　　5．その他（　　　　　　　　　　　　　　　　　　　　　　　）

Q.47 現在、教育では学校選択制度や各種の評価制度が導入されているところですが、貴殿は、教育分野にもある程度の競争原理（市場原理）を導入することは必要であると思われますか。次の中から該当するものを一つ選び、○印をお付け下さい。
　　1．全くそう思わない　　　2．あまりそう思わない　　　3．どちらともいえない
　　4．ある程度そう思う　　　5．全くそう思う

Q.48 貴自治体の行政及び教育関係の統計資料（指標）について、お尋ねします。
　　①平成 23 年度自治体の財政力指数（　　　　　　　　　）（例えば、0.88 など）
　　②平成 23 年度自治体予算に占める教育予算の割合（　　　　　％）（例えば、10.5%）
　　③平成 24 年度「全国学力調査・学習状況調査」の「小学校国語 B」の成績は、おおよそどのようでしたでしょうか。もし差し支えなければ、次の中から該当するものを一つ選び、○印をお付け下さい。
　　　　1．全国平均より下位　　　2．全国平均並み　　　3．全国平均より上位

Q.49 近年、とりわけ 1990 年代後半以降、地方分権や規制緩和を基本原理とする各種の教育行財政改革が進められてきましたが、貴殿は、「現在の教育委員会制度の下でも、その気になれば、地方自治体として、地域の実態に即した独自の教育行政や教育施策を十分に展開できる」と思われますか。次の中から該当するものを一つ選び、○印をお付け下さい。
　　1．全くそう思わない　　　2．あまりそう思わない　　3．どちらともいえない
　　4．かなりそう思う　　　5．非常にそう思う

次項（裏面）にも質問項目がございます➡

資　料　全国調査用紙

フェース・シート

最後に、貴教育委員会及び教育長ご自身のことについてお伺い致します。

F1. 貴自治体の現在の人口は、どのくらいでしょうか。次の中から該当するものを一つ選び、〇印を付けて下さい。

1．50万人以上　　　　　2．30万人以上～50万人未満　　　　3．20万人以上～30万人未満
4．10万人以上～20万人未満　　5．5万人以上～10万人未満　　6．3万人以上～5万人未満
7．1万5千人以上～3万人未満　8．8千人以上～1万5千人未満　　9．8千人未満

F2. 貴自治体（市町村）の種類は、次のいずれでしょうか。次の中から該当するものを一つ選び、〇印をお付け下さい。
　　　1．指定都市　　2．特別区　　3．左記（1．2）以外

F3. 貴殿は、教育長になる前の主たる職業は、何であったでしょうか。次の中から該当するものを一つ選び、〇印をお付け下さい。
　　　1．教職（教師、教頭、校長、指導主事など）　　　2．一般公務員（一般行政職）
　　　3．企業経営者・管理者　　　　　　　　　　　　4．その他（　　　　　　　）

F4. 教育長ご自身の年齢は（　　　　　）歳

F5. 教育長ご自身の性別は
　　　　　1．男性　　　　2．女性

F6. 貴殿は、教育長職に就いて約何年（通算）になられますか。次の中から該当するものを一つ選び、〇印をお付け下さい。
　　　1．1年未満　　　　　　　2．1年以上～2年未満　　　3．2年以上～4年未満
　　　4．4年以上～6年未満　　　5．6年以上～8年未満　　　6．8年以上～10年未満
　　　7．10年以上～12年未満　　8．12年以上

大変お忙しいところ、ご協力賜りまして誠にありがとうございました。 今後の自治体の教育行政の在り方について、あるいはこのアンケートの内容について、お気づきの点やご意見等がございましたら、何でも結構ですので、下記にお書き下さい。

教育委員会制度に関する全国調査
（2013年）

お 願 い

　近年、とりわけ 1998（平成 10）年 9 月 21 日の中央教育審議会答申「今後の地方教育行政の在り方について」以降、地方分権化と規制緩和を基本原理とする教育行財政改革が推進され、自律的学校経営の構築に向けた改革、学校運営協議会の設置、教育委員会の教育事務の自己点検評価の義務化、義務教育の機関委任事務から自治事務への転換、教育長の任命承認制の廃止、教育推進基本計画策定の努力義務化など、教育委員会制度に係わる諸改革が実施されてきたところです。しかしながら、様々な改革が試みられる一方で、教育委員会制度の見直しや廃止論が依然と話題になり、教育委員会制度の在り方が厳しく問われております。

　この調査は、地方自治体行政の衝に当たっておられる<u>市町村長の皆様方</u>が、近年、とりわけ 1990 年代以降の一連の地方教育行財政改革をどのように捉え、どう評価されておられるのか、そのご意見をお聞きするとともに、近年の教育行財政改革がどのように定着しているのかを明らかにして、今後の自治体教育行政の在り方を探ることを目的としております。

　つきましては、ご多忙のところ誠に恐縮に存じますが、この調査の趣旨をご理解の上、ご回答を賜りますようお願い申し上げます。なお、ご回答は、こちらで責任をもって統計的に処理させていただきます。どなたが、どのような回答をされたかを公表するものではありません。どうか率直なご意見をお寄せ下さい。誠に勝手ながら、アンケート用紙は、同封の返信用封筒に入れ、来る <u>1 月 31 日（木）</u>までに、当方にご返送いただきますようお願い申し上げます。

2013 年 1 月 10 日

資　料　全国調査用紙

(1)教育委員の選任について

Q.1　貴殿は、首長が議会の同意を得て任命する、現行の教育委員の選任方式は、教育委員に有能かつ意欲ある人材を登用する上で十分に機能していると思われますか。次の中から該当するものを一つ選び、○印をお付け下さい。

　　　1．全くそう思わない　　2．あまりそう思わない　3．どちらともいえない
　　　4．かなりそう思う　　　5．全くそう思う

Q.2　貴殿は、教育行政に民意を直接反映させるために、教育委員の公選制を復活させることについて、どうお考えですか。次の中から該当するものを一つ選び、○印をお付け下さい。

　　　1．全く反対である　　　2．かなり反対である　　3．どちらともいえない
　　　4．かなり賛成である　　5．全く賛成である

(2)教育長について

Q.3　貴殿は、一般的にいって教委事務局の最高責任者である教育長に適任者を登用できていると思われますか。次の中から該当するものを一つ選び、○印をお付け下さい。

　　　1．全然そう思わない　　2．あまりそう思わない　　3．どちらともいえない
　　　4．かなりそう思う　　　5．全くそう思う

Q.4　貴殿は、今後、もし、教育長の任用を行うとした場合、どのようなキャリア経験のある人をお選びになりますか。次の中から該当するものを一つ選び、○印をお付け下さい。もし、できれば、その理由も簡単にお書き下さい。

　　　1．教職出身者　→その理由は　（　　　　　　　　　　　　　　　　　）
　　　2．一般行政職出身者　→その理由は（　　　　　　　　　　　　　　　）
　　　3．企業経営者・管理者　→その理由は（　　　　　　　　　　　　　　）
　　　4．地方議員　→　その理由は（　　　　　　　　　　　　　　　　　　）
　　　5．それ以外のキャリアの持ち主（　　　　　）→その理由は（　　　　　）
　　　6．今予想がつかない

Q.5　貴殿は、日頃、教育長からどのような仕事内容について相談を受けておられますか。次の中から、該当する主なものを7つまで選び、○印をお付け下さい。

　　　1．教員人事　　　　　　　　　　　　12．学校教育（学習指導）の内容
　　　2．生涯学習の施策　　　　　　　　　13．生徒指導（いじめ問題を含む）
　　　3．社会教育の施策　　　　　　　　　14．就学援助
　　　4．教育委員の人事　　　　　　　　　15．地域住民・保護者への対応
　　　5．社会教育施設・生涯学習施設　　　16．学校評価
　　　6．君が代・国歌斉唱問題　　　　　　17．教育委員会の教育ビジョン
　　　7．危機管理（安全管理）　　　　　　18．文化・スポーツの振興
　　　8．教委事務局人事　　　　　　　　　19．教育推進基本計画
　　　9．教育予算　　　　　　　　　　　　20．就学前教育（保育）
　　　10．教育委員会の自己点検・評価　　　21．学校選択制度
　　　11．議会対応　　　　　　　　　　　　22．その他（　　　　　　　　　）

293

(3)教育委員会の会議の運営方法について

Q.6　貴殿は、教育委員会の活動や施策意図が地域住民（市民）に十分に理解されていると思われますか。次の中から該当するものを一つ選び、○印をお付け下さい。
　　　　1．全くそう思わない　　　2．あまりそう思わない　　　3．どちらともいえない
　　　　4．かなりそう思う　　　　5．全くそう思う

Q.7　「教育委員会の合議制は、無責任体制になりやすく、迅速な意思決定ができない」という批判があります。貴殿は、貴自治体での教育委員会の現状からみて、この意見についてどのように思われますか。次の中から該当するものを一つ選び、○印をお付け下さい。
　　　　1．全くそう思わない　　　2．あまりそう思わない　　　3．どちらともいえない
　　　　4．かなりそう思う　　　　5．全くそう思う

(4)教育長・教育委員会事務局の在り方について

Q.8　国は、教育振興基本計画を策定しておりますが、貴教育委員会でも、国の基本計画を参酌して、自治体独自の教育振興基本計画を策定されておられますか。次の中から該当するものを一つ選び、○印をお付け下さい。
　　　　1．はい　→Q.9へ
　　　　2．いいえ→Q.11へ

Q.9　Q.8で「1．はい」とお答えした方にお尋ねします。貴殿は、教育委員会が教育振興基本計画を策定したことで、教育委員会が地域の教育課題にそった独自の施策を展開できるようになったと思われますか。次の中から該当するものを一つ選び、○印をお付け下さい。
　　　　1．全くそう思わない　　　2．あまりそう思わない　　　3．どちらともいえない
　　　　4．かなりそう思う　　　　5．全くそう思う

Q.10　Q.8で「1．はい」とお答えした方にさらにお尋ねします。この教育振興基本計画を策定するに当たっては、首長部局と教育委員会との間で政策のすり合わせが十分にされましたか。次の中から該当するものを一つ選び、○印をお付け下さい。
　　　　1．全くしない　　　2．ほとんどしない　　　3．ある程度した　　　4．十分にした

Q.11　平成20年度から地教行法第27条により、すべての教育委員会が事業の自己点検評価を行うことを義務付けられましたが、貴殿から見て、教育委員会が作成する自己点検評価報告書は教育行政活動や教育施策の改善に十分に活用されていると思われますか。次の中から該当するものを一つ選び、○印をお付け下さい。
　　　　1．全く活用されていない　　　2．あまり活用されていない　　　3．どちらともいえない
　　　　4．かなり活用されている　　　5．全く活用されている

Q.12　貴殿は、教育委員会が作成する自己点検評価報告書の内容を踏まえて、教育長と自治体の教育行政について意見交換（議論）をされていますか。次の中から該当するものを一つ選び、○印をお付け下さい。
　　　　1．全くない　　　2．あまりない　　　3．どちらともいえない
　　　　4．かなりある　　　5．非常にある

資 料　全国調査用紙

Q.13「今後、豊かな住民生活の保障の一環として、地域の教育問題を解決していくためには、行政と住民（市民）や民間団体との連携協力が不可欠であり、住民（市民）や民間団体が新たな公共の担い手になるという自覚が求められる」という主張があります。貴殿は、この主張についてどう思われますか。次の中から該当するものを一つ選び、○印をお付け下さい。
　　1．全くそう思わない　　2．あまりそう思わない　　3．どちらともいえない
　　4．ある程度そう思う　　5．全くそう思う

Q.14　貴殿は、貴自治体の教育委員会が地域住民（市民）から信頼を十分に得ていると思われますか。次の中から該当するものを一つ選び、○印をお付け下さい。
　　1．全くそう思わない　　2．あまりそう思わない　　3．どちらともいえない
　　4．かなりそう思う　　5．全くそう思う

Q.15　貴自治体では、組織機構上、教育委員会事務局をどのように位置づけておられますか。次の中から該当するものを一つ選び、○印をお付け下さい。
　　1．法制通り、教育委員会事務局は、組織機構上、首長部局から相対的に独立した機関として位置づけている。
　　2．法制上は首長部局から相対的に独立した機関として位置づけられるが、実態的には、学校教育課（部）、生涯学習課（部）など、同じ庁舎の中に自治体行政機構の統合された一部分として編制されている。

Q.16　貴殿は、貴自治体の現状からみて、もし、教育事務がすべて首長部局に移管された場合、今まで以上に効果的に教育施策を樹立し、実施することができると思われますか。次の中から該当するものを一つ選び、○印をお付け下さい。
　　1．全くそう思わない　　2．あまりそう思わない　　3．どちらともいえない
　　4．かなりそう思う　　5．非常にそう思う

Q.17　もし、教育事務が首長部局に移管された場合、貴殿は、教育予算や教育担当部局の人事のみならず、教育の中身の問題（教育の目的・内容・方法）についても積極的に発言されますか。次の中から貴殿の考えに最も近いものを一つ選び、○印をお付け下さい。
　　1．権限内なので教育の内容等についても積極的に発言していく
　　2．教育の中身の問題であるから、発言には抑制的でありたい
　　3．わからない・どちらともいえない

Q.18　貴殿は、貴自治体の教育に関するご自分の意見・要望等が教育委員会に十分に伝わっていると思われますか。次の中から該当するものを一つ選び、○印をお付け下さい。
　　1．全く伝わっていない　　2．あまり伝わっていない　　3．どちらともいえない
　　4．かなり伝わっている　　5．非常に伝わっている

Q.19　貴殿は、貴教育委員会の施策の内容や意図が学校の教職員に十分に理解されていると思われますか。次の中から該当するものを一つ選び、○印をお付け下さい。
　　1．全くそう思わない　　2．あまりそう思わない　　3．どちらともいえない
　　4．かなりそう思う　　5．全くそう思う　　6．わからない

295

(5)首長と教育委員会の権限の弾力化について

Q.20 　貴殿は、貴自治体の幼児教育はどこが所管するのが望ましいとお考えでしょうか。次の中から、貴殿の考えに最も近いものを一つ選び、〇印をお付け下さい。

　　　　1．教育委員会が公立幼稚園のみを所管する
　　　　2．教育委員会が公立幼稚園と私立幼稚園を所管する
　　　　3．教育委員会が公立・私立幼稚園と私立保育所（園）を所管する
　　　　4．教育委員会が公立・私立幼稚園と公立・私立保育所（園）のすべてを所管する
　　　　5．首長部局が公立・私立幼稚園と公立・私立保育所（園）のすべてを所管する
　　　　6．その他（　　　　　　　　　　　　　　　　　　　　　　　　）

Q.21 　地方教育行政の組織及び運営に関する法律の改正（第24条の2）により、文化とスポーツは首長部局でも所管できるようになりましたが、貴殿は、これまでの自治体行政の経験上から、文化、スポーツに係わる事務をどこが所管するのが最も望ましいとお考えでしょうか。次の中から貴殿の考えに近いものを一つ選び、〇印をお付け下さい。
　　　　1．従来通り、文化とスポーツは教育委員会で所管する
　　　　2．文化のみを首長部局に移す
　　　　3．スポーツのみを首長部局に移す
　　　　4．文化とスポーツの双方を首長部局に移す

(6)首長と教育委員会との連携

Q.22 　「近年、教育問題を教育委員会だけでは対応（解決）しきれないことが多くあり、首長と教育委員会が連携・協力していくことがますます重要となっている」という指摘があります。貴殿は、この指摘についてどう思われますか。次の中から該当するものを一つ選び、〇印をお付け下さい。
　　　　1．全くそう思わない　　　2．あまりそう思わない　　　3．どちらともいえない
　　　　4．かなりそう思う　　　　5．非常にそう思う

Q.23 　貴殿は、現在、教育長との連携・協力は十分にとれていると思われますか。次の中から適当なものを一つ選び、〇印をお付け下さい。
　　　　1．全くそう思わない　　　2．あまりそう思わない　　　3．どちらともいえない
　　　　4．かなりそう思う　　　　5．全くそう思う

Q.24 　貴殿は、最近、首長（部局）と教育委員会の連携協力が求められるようになった理由が何であると思われていますか。次の中からその主な理由を2つまで選び、〇印をお付け下さい。

　　　　1．教育問題が福祉や経済など、他の行政領域の問題と深く係わってきているから
　　　　2．教育問題が選挙の争点になるから
　　　　3．自治体財政が逼迫し、効率的で、均衡ある財政運営が求められているから
　　　　4．現行の教育委員会制度の下では、今日の教育問題の解決は十分に望めず、
　　　　　　強い政治的リーダーシップが求められるから
　　　　5．その他（　　　　　　　　　　　　　　　　　　　）

Q.25 貴殿は、教育の自律性や政治的中立性に配慮しながら、教育委員会に対応されていると思われますか。次の中から該当するものを一つ選び、〇印をお付け下さい。
1. 全くそう思わない　　2. あまりそう思わない　　3. どちらともいえない
4. かなりそう思う　　5. 全くそう思う

(7)教育委員会制度の評価・原理・今後の在り方

Q.26 一般に「自治体のまちづくり（コミュニティの再生）を推進するためには、教育の振興（人づくり）が必要不可欠である」とか、「人づくりからまちづくりを」と主張されることがあります。貴殿は、この主張についてどう思われますか。次の中から該当するものを一つ選び、〇印をお付け下さい。
1. 全くそう思わない　　2. あまりそう思わない　　3. どちらともいえない
4. かなりそう思う　　5. 非常にそう思う

Q.27 「地域が学校を育てると同時に、学校が地域を育てる」という双方向の関係が必要であるといわれます。貴殿は、学校など教育機関が地域社会から支援・協力を受けるばかりでなく、教育委員会として教育（人づくり）の面から、「自治体のまちづくり」に十分に貢献していると思われますか。次の中から該当するものを一つ選び、〇印をお付け下さい。
1. 全く貢献していない　　2. あまり貢献していない　　3. どちらともいえない
4. かなり貢献している　　5. 全く貢献している

Q.28 貴殿は、現在の貴教育委員会事務局のスタッフ数（職員数）で、教育の面から「自治体のまちづくり（地域づくり）」に十分に貢献できるとお考えですか。次の中から該当するものを一つ選び、〇印をお付け下さい。
1. 全く貢献できない　　2. あまり貢献できない　　3. どちらともいえない
4. かなり貢献できる　　5. 全く貢献できる

Q.29 「1990年代後半以降の一連の教育行政改革後も、文部科学省－都道府県教育委員会－市町村教育委員会という縦割り行政の弊害があるため、地方自治体として独自に教育施策を展開できない」という意見があります。貴殿は、この意見について、どのように思われますか。次の中から最も近い考え方を一つ選び、〇印をお付け下さい。
1. 全くそう思わない　　2. あまりそう思わない　　3. どちらともいえない
4. かなりそう思う　　5. 全くそう思う

Q.30 もし、教育委員会を廃止し、教育事務を首長部局に移管した場合、貴殿は、教育予算を増やすなど、教育行政を積極的に展開するおつもりがありますか。次の中から貴殿の考えに近いものを一つ選び、〇印をお付け下さい。

1. 他の行政需要にも応えなければならないので、教育予算は削減せざるを得ない
2. 財政状況からして、今まで以上に教育予算等を増やすことは困難であろう。
3. 財政上の困難はあるとしても、教育予算を増やして、教育行政の積極的展開を図りたい。
4. その他（　　　　　　　　　　　　　　　　　　　　）

Q.31 近年、とりわけ 1998（平成 10）年 9 月 21 日の中央教育審議会答申「今後の地方教育行政の在り方について」以降の一連の教育行財政改革によって、貴教育委員会の教育行政はどのように変化したと思われますか。次のそれぞれの項目について、どの程度当てはまるか、5 段階でお答え下さい。

	全くそう 思う	かなり そう思う	どちらとも 思わない	あまりそう 思わない	全くそう 思わない
1．地域の教育課題に即した独自の教育 施策を策定し、実施できるようになった	5	4	3	2	1
2．教育委員会の政策立案能力が向上した	5	4	3	2	1
3．地域住民との連携・協力が進んだ	5	4	3	2	1
4．自治体のまちづくり、地域づくりに 積極的にかかわるようになった	5	4	3	2	1
5．民間団体との連携・協力が進んだ	5	4	3	2	1
6．首長部局との連携・協力が進んだ	5	4	3	2	1
7．教育委員会の会議が活性化し、実質的 な審議ができるようになった	5	4	3	2	1
8．住民への情報公開が著しく進んだ	5	4	3	2	1
9．事務局職員の創意工夫ある取組が増えた	5	4	3	2	1
10．学校の自律的経営に向けた改革が進んだ	5	4	3	2	1

Q.32 もし、教育委員会制度を廃止して、地方教育事務を首長部局に移した場合、貴殿は、下記の項目についてどのように思われますか。各項目について 5 段階評価でお答え下さい。

	全くそう 思う	かなり そう思う	どちらとも 思わない	あまりそう 思わない	全くそう 思わない
1．教育の継続性・安定性が損なわれる ようになる	5	4	3	2	1
2．教育の政治的中立性が確保できなくなる	5	4	3	2	1
3．教育行政で教育の専門性が発揮できなく なる。	5	4	3	2	1
4．住民統制（レイマン・コントロール）の 機能が弱まる	5	4	3	2	1

Q.33 もし、教育委員会を廃止し、教育事務を首長部局に移管した場合、貴殿は、教育担当部局のスタッフ数（指導主事等）の増員を図り、自治体教育行政の強化を図るおつもりがありますか。次の中から貴殿の考えに近いものを一つ選び、○印をお付け下さい。

1．他の行政需要にも応えなければならないので、人員の削減をせざるを得ない
2．財政状況からして、今まで以上に教育担当部局の増員を図ることは困難であろう。
3．財政上の困難はあるとしても、優先的に教育担当部局の人員を増やして、自治体教育行政の積極的展開を図りたい。
4．その他（　　　　　　　　　　　　　　　　　　　）

資　料　全国調査用紙

Q.34　「教育（行政）の政治的中立性は守られるべきである」という主張について、貴殿はどのように思われますか。次の中から、最も該当するものを一つ選び、〇印をお付け下さい。
　　　　１．全くそう思わない　　　２．あまりそう思わない　　　３．どちらともいえない
　　　　４．かなりそう思う　　　　５．全くそう思う

Q.35　貴殿は、今後の教育委員会制度の在り方を考えたとき、どのような方向で改革を進めるべきであると思われますか。次の中から貴殿の考えに最も近いものを一つ選び、〇印をお付け下さい。
　　　　１．基本的には、現行の教育委員会制度を維持し、運用上の改善や機能上の充実を図っていく。
　　　　２．生涯学習や文化・スポーツに係わる事務は、首長（部局）に移し、教育委員会は学校教育の事務だけに限定する。
　　　　３．市町村教育委員会が持っている権限を、できるだけ学校に移し、市町村教育委員会を廃止（もしくは縮小）する。
　　　　４．教育委員会制度を廃止し、教育事務の権限をすべて首長（部局）に移す。
　　　　　　→もし、よければその理由を簡単にお書き下さい。
　　　　　　（　　　　　　　　　　　　　　　　　　　　　　　　　　　　　　　　　　　　）
　　　　５．どちらともいえない・わからない

Q.36　貴殿は、現行の教育委員会制度についてどこに問題があるとお考えでしょうか。次のそれぞれの項目について、どの程度問題となっているかを５段階評価でお答え下さい。

	全くそう思う	かなりそう思う	どちらとも思わない	あまりそう思わない	全くそう思わない
１．住民の教育要求を行政に反映できていない	5	4	3	2	1
２．教委事務局のスタッフ数(指導主事等)の不足	5	4	3	2	1
３．教育委員の自覚・使命感の欠如	5	4	3	2	1
４．事務局職員の志・使命感の欠如	5	4	3	2	1
５．事務局職員の専門性の低さ	5	4	3	2	1
６．教育委員会全体の政策立案能力の低さ	5	4	3	2	1
７．首長部局と教育委員会との連携・協力の不足	5	4	3	2	1
８．自治体のまちづくりへの貢献度の低さ	5	4	3	2	1
９．文科省－都道府県教委－市町村教委－学校という縦割り行政の弊害	5	4	3	2	1
10．教育予算の不足	5	4	3	2	1
11．全市町村教委に人事権がないこと	5	4	3	2	1
12．教育長のリーダーシップ不足	5	4	3	2	1
13．首長の教育に対する理解不足	5	4	3	2	1
14．教育委員会の危機管理能力の欠如	5	4	3	2	1
15．地域社会の人的資源や文化資源の活用不足	5	4	3	2	1
16．地域ぐるみで学校づくりを行う体制ができていないこと	5	4	3	2	1
17．その他（　　　　　　　　　　　）	5	4	3	2	1

Q.37 貴殿は、自治体行政の一領域である教育に関してどの程度関心をお持ちでしょうか。次の中から該当するものを一つ選び、○印をお付け下さい。

1．全く関心がない 　　 2．あまり関心がない 　　 3．どちらともいえない
4．かなり関心がある 　 5．非常に関心がある

　Q.37で「4．かなり関心がある」・「5．非常に関心がある」と回答された方にさらにお尋ねします。もし、よければその理由を簡単に下記にお書き下さい。
（　　）

Q.38 「各自治体がその実態にそって教育行政を独自に展開していくためには、すべての自治体に人事権（採用、異動等）を移譲すべきであって、教職員が1つの市町村に属することの弊害や、教職員の偏在、財政上の加重負担等の問題は、別の解決策を考えればよい」という意見があります。この意見について、貴殿はどのようにお考えですか。次の中から該当するものを一つ選び、○印をお付け下さい。

1．全く賛成でない 　　 2．あまり賛成でない 　　 3．どちらともいえない
4．かなり賛成である 　 5．全く賛成である

Q.39 貴殿は、市町村教委に「人事権を付与する」場合、どのような人口規模単位の市町村に付与したらよいと思われますか。あなたのお考えに最も近いものを一つ選び○印をお付け下さい。

1．人口50万人以上の自治体 2．人口30万人以上の自治体 　 3．人口20万人以上の自治体
4．人口10万人以上の自治体 5．人口5万人以上の自治体 　 6．人口3万人以上の自治体
7．全自治体

Q.40 現在、教育では学校選択制度や各種の評価制度が導入されているところですが、貴殿は、教育分野にもある程度の競争原理（市場原理）を導入することは必要であると思われますか。次の中から該当するものを一つ選び、○印をお付け下さい。

1．全くそう思わない 　　 2．あまりそう思わない 　　 3．どちらともいえない
4．ある程度そう思う 　　 5．全くそう思う

Q.41 貴殿は、貴教育委員会が講じている学力保障（向上）施策についてどの程度満足されていますか。次の中から該当するものを一つ選び、○印をお付け下さい。

1．全く満足していない 　　 2．あまり満足していない 　　 3．どちらともいえない
4．かなり満足している 　　 5．非常に満足している

Q.42 貴自治体の次の統計資料（指標）について、お尋ねします。
①平成23年度自治体の財政力指数（　　　　　　　）（例えば、0.88など）
②平成23年度自治体予算に占める教育予算の割合（　　　　　%）（例えば、10.5%）

次頁（裏面）にも質問項目がございます→

資　料　全国調査用紙

Q.43　近年、とりわけ 1990 年代後半以降、地方分権や規制緩和を基本原理とする各種の教育行財政改革が進められてきましたが、貴殿は、「現在の教育委員会制度の下でも、その気になれば、地方自治体として、地域の実態に即した独自の教育行政や教育施策を十分に展開できる」と思われますか。次の中から該当するものを一つ選び、○印をお付け下さい。

　　　１．全くそう思わない　　　２．あまりそう思わない　　　３．どちらともいえない
　　　４．かなりそう思う　　　　５．非常にそう思う

Q.44　地方自治体の長として、教育委員会及びその事務局に対して、最も望むこと、求めたいこと、もしくはメッセージとして伝えたいことは何でしょうか。もし、ございましたら何でもけっこうですので、下記にご記入下さい。

最後に、貴教育委員会及び首長ご自身のことについてお伺い致します。

F1.　貴自治体の現在の人口は、どのくらいでしょうか。次の中から該当するものを一つ選び、○印を付けて下さい。
　　　１．50 万人以上　　　　２．30 万人以上〜50 万人未満　　　３．20 万人以上〜30 万人未満
　　　４．10 万人以上〜20 万人未満　　５．5 万人以上〜10 万人未満　　　６．3 万人以上〜5 万人未満
　　　７．1 万 5 千人以上〜3 万人未満　　８．8 千人以上〜1 万 5 千人未満　　　９．8 千人未満

F2.　貴自治体（市町村）の種類は、次のいずれでしょうか。次の中から該当するものを一つ選び、○印をお付け下さい。
　　　　１．指定都市　　　２．特別区　　　３．左記（１．２）以外

F3.　ご自身の年齢は（　　　　　）歳

F4.　ご性別は　　１．男性　　　　２．女性

F5.　貴殿は、首長に就任されて約何年（通算）になられますか。次の中から該当するものを一つ選び、○印をお付け下さい。
　　　　１．1 年未満　　　　　　　２．1 年以上〜2 年未満　　　　３．2 年以上〜4 年未満
　　　　４．4 年以上〜6 年未満　　　５．6 年以上〜8 年未満　　　　６．8 年以上〜10 年未満
　　　　７．10 年以上〜12 年未満　　　８．12 年以上

大変お忙しいところ、ご協力賜りまして誠にありがとうございました。

301

教育委員会の学力政策に関する全国調査
（2015年）

お　願　い

　現在、学力問題が依然として地方教育行政の大きな政策課題の一つとなっております。都道府県教育委員会を中心とした地方教育行政機関がどのように学力政策を樹立し、実施し、評価し、その政策効果をあげようとしているのか、その実態と課題等を明らかにすることは、今後の学力政策の在り方を探る上で、極めて重要であります。

　今回の調査は、地方教育行政の衝に当たっておられる**市町村教育長の皆様方が**、学力向上の問題についてどのようにお考えになっているかをお尋ねし、学力向上に向けた政策的取り組みの現状と課題や、政策実施の阻害要因や促進要因等を総合的に検討するものです。

　つきましては、ご多忙のところ誠に恐縮に存じますが、この調査の趣旨をご理解の上、ご回答を賜りますようお願い申し上げます。なお、ご回答は、こちらで責任をもって統計的に処理させていただきます。どなたが、どのような回答をされたかを公表するものではありません。どうか率直なご意見をお寄せ下さい。誠に勝手ながら、アンケート用紙は、同封の封筒に入れ、来る**1月30日（金）**までに、当方にご返送いただきますようお願い申し上げます。

　　2015年1月10日

資　料　　全国調査用紙

Q1　貴教育委員会所管の小学校の様子についてお伺いします。貴殿は、全体の印象として、**小学校の組織状**況についてどのように感じておられますか。次の1)～18)の学校の組織状況（項目）について、貴殿がどのように感じておられるか、最も当てはまる選択肢の番号に〇印をお付け下さい。

	全くそう 思わない	あまり そう思わない	どちらとも いえない	かなりそう 思う	全くそう 思う
1) 多くの学校では、学力向上のために、教職員は、チームワークで対応しようとしている。	1	2	3	4	5
2) 多くの学校では、生徒指導をきちんと行っている。	1	2	3	4	5
3) 多くの学校では、学校行事や地域行事への参加を通して保護者や地域住民との交流が盛んである。	1	2	3	4	5
4) 多くの学校では、わかる授業や授業改善のために教師は、校内研修に積極的に取り組んでいる。	1	2	3	4	5
5) 多くの学校では、授業規律が確立している。	1	2	3	4	5
6) 多くの学校では、子どもたちは落ち着いて授業に取り組んでいる。	1	2	3	4	5
7) 多くの学校の教師には、学び合う姿勢が見られる	1	2	3	4	5
8) 多くの学校では、学校目標や校長の経営方針が教職員間に浸透している。	1	2	3	4	5
9) 多くの学校では、問題が起こると速やかに対策が講じられる。	1	2	3	4	5
10) 多くの学校では、いざというとき保護者や地域住民から直ぐに支援や協力が得られる	1	2	3	4	5
11) 多くの学校では、気になる子どもの学習を助けるために、空き時間を利用して、朝学習や補習などの学習支援が実施されている。	1	2	3	4	5
12) 多くの学校では、教師は、教科別<u>自主</u>研修会に参加している。	1	2	3	4	5
13) 多くの学校では、事実とデータに基づいて学校教育の成果を検証している。	1	2	3	4	5
14) 多くの学校では、地域や子どもの実態を十分に踏まえて、特色ある学校づくりを展開している	1	2	3	4	5
15) 多くの学校では、教職員間のコミュニケーションは活発である。	1	2	3	4	5
16) 多くの学校では、教師は学校目標やビジョンの達成を意識して、日々、教育活動を展開している。	1	2	3	4	5
17) 多くの学校では、校長のリーダーシップは十分に発揮されている。	1	2	3	4	5
18) 多くの学校では、教職員は多忙感とやらされ感を感じながら、仕事をしている。	1	2	3	4	5

303

Q2 貴自治体の**小学校のご家庭や保護者の様子（全体的な印象）**についてお尋ねします。次の1)～6)のご家庭・保護者の状況について、貴殿がどのように感じておられるか、最も当てはまる選択肢の番号に〇印をお付け下さい。

	あまりそう思わない	ややそう思わない	どちらともいえない	ややそう思う	かなりそう思う
1) 家庭での子どものしつけはしっかりできている	1	2	3	4	5
2) 家庭での学習習慣の形成はしっかりできている	1	2	3	4	5
3) 保護者の子どもの教育への関心は、非常に高い	1	2	3	4	5
4) 保護者は、「おらが学校」という意識（愛着心）をもっている。	1	2	3	4	5
5) 保護者の学校への信頼は、とても厚い。	1	2	3	4	5
6) 保護者はPTA活動や子ども会活動に積極的に参加している。	1	2	3	4	5

Q3 貴自治体の**住民（市民）の様子**についてお尋ねします。貴自治体では、次の1)～6)の項目について、どの程度当てはまるか、5段階で評価して下さい。

	あまりそう思わない	ややそう思わない	どちらともいえない	ややそう思う	かなりそう思う
1) 住民（市民）は、地域の伝統行事や自治会活動やボランティア活動に積極的に参加している	1	2	3	4	5
2) 住民（市民）は、困ったときは互いに助け合う	1	2	3	4	5
3) 住民（市民）は、子どもたちを温かく見守っている	1	2	3	4	5
4) 住民（市民）の市（町村）政への関心は、高い	1	2	3	4	5
5) 住民（市民）のスポーツ・趣味・娯楽活動は、盛んである	1	2	3	4	5
6) 住民（市民）の近隣づきあいは、盛んである	1	2	3	4	5

Q4. 貴殿は、県教委－市町村教委間で学力政策をめぐる方針や考え方は、一致していると思われますか。次の中から該当するものを一つ選び、〇印をお付け下さい。

　　1．全く一致していない　　2．あまり一致していない　　3．どちらともいえない
　　4．かなり一致している　　5．全く一致している

Q5 貴殿は、学力政策に関して、**貴教育委員会と首長（部局）**との間で方針（考え方）は、一致していると思われますか。次の中から該当するものを一つ選び、〇印をお付け下さい。

　　1．全く一致していない　　2．あまり一致していない　　3．どちらともいえない
　　4．かなり一致している　　5．全く一致している

Q6 貴教育委員会の組織特性についてお尋ねします。 次の項目は、教育委員会の組織状況について説明したものです。次の項目がどの程度、<u>貴教育委員会の組織状況</u>に当てはまるかについて、最も当てはまる選択肢の番号に○印をお付け下さい。

		全くそう 思わない	あまり そう思わない	どちらとも いえない	かなり そう思う	全く そう思う
1)	教育委員会の教育ビジョンや方針や施策大綱は、明確に示されている	1	2	3	4	5
2)	事務局職員は、教育施策の意図と内容を十分に理解して日々の職務を遂行している	1	2	3	4	5
3)	事務局職員の仕事上の情報交換は、活発である	1	2	3	4	5
4)	教育委員会の教育施策の意図と内容は、学校の教職員に十分に理解されている	1	2	3	4	5
5)	教育委員会の教育施策の意図や内容は、保護者や地域住民（市民）に十分に理解されている	1	2	3	4	5
6)	教育施策の展開にあたっては、日頃から首長（部局）と意思疎通を十分に図っている	1	2	3	4	5
7)	職場では、事務局職員の個性や長所が十分に生かされている	1	2	3	4	5
8)	事務局職員は、自分の仕事にやり甲斐を感じている	1	2	3	4	5
9)	事務局職員は、使命感をもって自分の仕事に取り組んでいる	1	2	3	4	5
10)	事務局職員は、お互いの仕事に無関心である	1	2	3	4	5
11)	事務局職員は、仕事上の悩を上司に気軽に相談できる	1	2	3	4	5
12)	事務局職員は、前例や慣習にならって仕事をする傾向が強い（前例踏襲主義）	1	2	3	4	5
13)	職場では、ユニークな発想やアイデアが大事にされる	1	2	3	4	5
14)	教育委員会の施策や活動は、住民（市民）に大いに期待されている	1	2	3	4	5
15)	事務局職員は、国や都道府県教委の政策に振り回されながら仕事をしていると感じている	1	2	3	4	5
16)	教育委員会の自己点検報告書は、次年度の教育施策に十分に生かされている	1	2	3	4	5
17)	事務局職員は、力量形成のために研究会や研修への参加を奨励されている	1	2	3	4	5
18)	事務局職員は、仕事の成果を出すよう求められている	1	2	3	4	5
19)	他の自治体よりも、新しい教育施策を展開することが多い	1	2	3	4	5
20)	地域の教育課題の解決のために、迅速に教育施策を立案、実施している	1	2	3	4	5
21)	教育施策には、地域住民や保護者の意見や要望が十分に反映されている	1	2	3	4	5

Q7 貴教育委員会では、これまで学力向上を図る目的でどのような施策を講じてこられましたか。次に掲げる項目の中から、学力向上のために、これまで実施してきた施策のすべてに○印をお付け下さい。

    1. 学力向上委員会（プロジェクトチーム）の設置
    2. 基礎学力定着事業
    3. 生徒指導の充実
    4. 家庭における生活習慣・学習習慣の形成・促進事業
    5. 生徒の目的意識を明確化するための進路指導の充実
    6. 加配教員の増員
    7. 小中連携の強化
    8. 保幼小連携の推進
    9. 小1プロブレム・中1ギャップ対策
   10. 教育委員会の指導主事による授業支援
   11. 低学力の子どもへの対応策（朝学習、補充学習など）
   12. 指導力のある教員の派遣事業（その教員による授業公開など）
   13. 他県や他校の先進的取組の徹底的分析
   14. 少人数学級の推進
   15. 習熟度別授業の拡充・充実
   16. 国や都道府県の学力調査の徹底分析
   17. 学力調査の分析と検証に基づく授業改善
   18. 学力向上をめざすモデル校（拠点校）づくり
   19. 学力問題・学力向上策に関しての保護者等への説明（情報公開）
   20. PDCAサイクルに基づく学力政策の展開
   21. 都道府県教委と市町村教委による学力向上施策の一体的推進
   22. 授業力向上のための教員研修の強化・充実
   23. その他（　　　　　　　　　　　　　　　）

Q8 貴殿は、都道府県教委の学力政策の内容と方針は、学校の教職員に十分に伝えられていると思われますか。次の中から該当するものを一つ選び、○印をお付け下さい。

    1. 全くそう思わない   2. あまりそう思わない   3. どちらともいえない
    4. かなりそう思う   5. 全くそう思う

Q9 都道府県教委は、学力政策に関して明確な方針や細かい指示を出すというより、どちらかというと貴市町村教委の自主性に任せている方ですか。次の中から該当するものを一つ選び、○印をお付け下さい。

    1. どちらかというと市町村教委の自主性に任せている   2. どちらともいえない
    3. どちらかというと市町村教委に明確な方針や指示を出している

資　料　全国調査用紙

Q10　貴殿は、貴教育委員会の一連の学力向上策が、教育委員会や小学校やその保護者にどのような影響を与えていると思われますか。次のそれぞれの項目について、該当する選択肢の番号に〇印をお付け下さい。

	全くそう思わない	あまりそう思わない	どちらとも思わない	かなりそう思う	全くそう思う
1) 一部の教科のみが重視されるようになった	1	2	3	4	5
2) 学力だけでなく、生徒指導や道徳や健康・体力の重要性も認識されるようになった	1	2	3	4	5
3) 学力向上を契機に、教職員間に学校教育全般を見直そうとする動きが出てきた	1	2	3	4	5
4) 教職員の授業改善への取組が積極的になった	1	2	3	4	5
5) 教職員が自分の学校の教育責任を自覚するようになった	1	2	3	4	5
6) 子どもの授業への取組がより積極的になった	1	2	3	4	5
7) 学力や学習意欲の高い子、低い子の差が大きくなった	1	2	3	4	5
8) 教職員は、どんな子どもに育てたいかを常に意識しながら、教育活動を展開するようになった	1	2	3	4	5
9) 教職員間の絆やつながりが希薄となった	1	2	3	4	5
10) 市町村教委と学校の連携協力の重要性が増してきた	1	2	3	4	5
11) 教育委員会が首長部局と連携して事業を展開する必要性が出てきた	1	2	3	4	5
12) 家庭や地域社会との連携協力の重要性が強く意識されるようになった	1	2	3	4	5
13) 保護者の学校への信頼が高まった	1	2	3	4	5
14) 教職員が教育課題に組織的、計画的に取り組むようになった	1	2	3	4	5
15) 保護者の学力への関心が高まった	1	2	3	4	5
16) 教育委員会の指導行政の重要性がさらに高まった	1	2	3	4	5
17) 教育行政の成果志向が強まった	1	2	3	4	5
18) 都道府県教委と市町村教委が連携協力して一体的に学力施策を展開することの重要性が認識されるようになった	1	2	3	4	5

Q11　貴殿は、現在の都道府県教委の学力政策は、市町村教委から見た場合、子どもの学力向上を図る上で十分に効果を上げていると思われますか。次の中から該当するものを一つ選び、〇印をお付け下さい。

1. 全くそう思わない　　　2. あまりそう思わない　　　3. どちらともいえない
4. かなりそう思う　　　　5. 全くそう思う

　Q11で「1. 全くそう思わない」・「2. あまりそう思わない」と回答された方にさらにお尋ねします。
　　もし差し支えなければ、その理由を簡単にお聞かせ下さい。
　　（　　　　　　　　　　　　　　　　　　　　　　　　　　　　　　　　）

Q12 貴殿は、貴教育委員会において、教育委員（委員長を含む）は、学力向上の施策の展開に係わってどのような役割を果たされていると思われますか。次のそれぞれの項目について、該当する選択肢の番号に〇印をお付け下さい。

	全く そう思わない	あまりそう 思わない	どちらとも 思わない	かなりそう 思う	全くそう 思う
1）教育委員は、学力問題に関して会議で何を検討 すべきか（議題、検討課題）についてよく提案する。	1	2	3	4	5
2）教育委員は、地域住民や保護者の意見や要望を 十分に踏まえて、学力向上策を検討している。	1	2	3	4	5
3）教育委員は、学力向上策を検討する際、新しい 案やアイデアを積極的に提案する	1	2	3	4	5
4）教育委員によって、事務局の提案する学力向上策が 修正されることがある。	1	2	3	4	5
5）学力向上策を議論する際、教育委員の発言や 意見は非常に参考になる	1	2	3	4	5
6）教育委員は、学力問題について実態把握や新しい 情報入取のため、積極的に学校訪問や保護者との 対話を行っている	1	2	3	4	5
7）教育委員は、学力向上の施策実施後の事業評価に 積極的に関わっている	1	2	3	4	5
8）教育委員は、学力問題について意見交換するため、 首長との対話（話し合い）に臨んでいる	1	2	3	4	5
9）教育委員による学力向上策の評価に関する議論は、 次年度の事業計画の策定に十分に生かされている	1	2	3	4	5

Q13 学力向上策に関して、<u>首長の姿勢と行動</u>についてお尋ねします。次のそれぞれの項目について、該当する選択肢の番号に〇印をお付け下さい。

	全くそう 思わない	あまり そう思わない	どちらとも 思わない	かなり そう思う	全く そう思う
1）首長は、学力向上策に強い関心をもっている	1	2	3	4	5
2）学力向上策に関して首長は、教育長とよく意見 交換をする	1	2	3	4	5
3）首長は、教育委員会の学力向上策に関して 十分に理解を示している	1	2	3	4	5
4）学力調査の結果公表をめぐっては、教育委員 会（教育長）と首長との間で意見の相違がある	1	2	3	4	5

資　料　全国調査用紙

Q14　貴殿は、<u>貴教育委員会の学力政策の内容と方針</u>は、教職員によって十分に理解されていると思われますか。次の中から該当するものを一つ選び、○印をお付け下さい。

　　1．全くそう思わない　　　　2．あまりそう思わない　　　3．どちらとも思わない
　　4．かなりそう思う　　　　　5．全くそう思う

Q15　貴殿は、国の実施している「学力調査・学習状況調査」は、貴自治体の子どもの学力向上を図るうえで、有益な情報を提供していると思われますか。次の中から該当するものを一つ選び、○印をお付け下さい。

　　1．全くそう思わない　　　　2．あまりそう思わない　　　3．どちらとも思わない
　　4．かなりそう思う　　　　　5．全くそう思う
　　↓
　Q15で「1．全くそう思わない」・「2．あまりそう思わない」と回答された方にさらにお尋ねします。どんな情報が必要だと思われますか。もし良ければ簡単にお書き下さい。
　　（　　　　　　　　　　　　　　　　　　　　　　　　　　　　　　　）

Q16　貴殿は、<u>都道府県が独自に実施している</u>「学力調査」が、貴自治体の子どもの学力向上を図るうえで、有益な情報を提供していると思われますか。次の中から該当するものを一つ選び、○印をお付け下さい。

　　1．全くそう思わない　　　　2．あまりそう思わない　　　3．どちらとも思わない
　　4．かなりそう思う　　　　　5．全くそう思う　　　　　　6．都道府県独自の調査をしていないので、わからない。

Q17　貴殿は、教育委員会会議で学力向上策を議論する際には、予め教育委員には必要な資料や情報を提供されておられますか。次の中から該当するものを一つ選んで○印をお付け下さい。

　　1．全くそうしていない　　　2．あまりそうしていない　　　3．どちらともいえない
　　4．かなりそうしている　　　5．全くそうしている

Q18　貴殿は、「学力調査・学習状況調査」の結果を学校ごとに公表することに関して、どのように思っておられますか。次の中から該当するものを一つ選び○印をお付け下さい

　　1．全く反対である　　　　　2．かなり反対である　　　3．どちらともいえない
　　4．かなり賛成である　　　　5．全く賛成である

Q19　貴教育委員会では、今後「学力調査・学習状況調査」の結果を学校ごとに公表することにどう対応されようとしていますか。次の中から該当するものを一つ選び○印をお付け下さい

　　1．既に学校ごとに公表している　　　　　　2．学校ごとの公表を予定している
　　3．学校ごとの公表に向けて検討中である　　4．今のところ学校ごとの公表は予定していない

Q20 貴殿は、<u>貴自治体で学力向上のための施策を展開していく上で、今後どのようなことが重要な課題になると思われますか</u>。下記の各項目（課題）について、その重要度を5段階評価でお答え下さい。

	全く 重要でない	あまり 重要でない	どちらとも いえない	かなり 重要である	非常に 重要である
1. 学力向上委員会（プロジェクトチーム）の充実	1	2	3	4	5
2. 基礎学力定着事業の強化	1	2	3	4	5
3. 生徒指導の充実	1	2	3	4	5
4. 家庭における生活及び学習習慣の形成・促進	1	2	3	4	5
5. 生徒の目的意識を明確化するための進路指導	1	2	3	4	5
6. 加配教員の増員	1	2	3	4	5
7. 小中連携の強化	1	2	3	4	5
8. 保幼小連携の推進	1	2	3	4	5
9. 小1プロブレム・中1ギャップ対策	1	2	3	4	5
10. 教育委員会の指導主事による授業支援	1	2	3	4	5
11. 低学力の子どもへの対策（朝学習、補充学習など）	1	2	3	4	5
12. 指導力のある教員の派遣事業（その教員による 授業公開など）	1	2	3	4	5
13. 他県や他校の先進的取組の徹底的分析	1	2	3	4	5
14. 少人数学級の推進	1	2	3	4	5
15. 習熟度別授業の拡充・充実	1	2	3	4	5
16. 国や都道府県の学力調査の徹底分析	1	2	3	4	5
17. 学力調査の分析と検証に基づく授業改善	1	2	3	4	5
18. 学力向上をめざすモデル校（拠点校）づくり	1	2	3	4	5
19. 学力問題・学力向上策に関しての保護者等への 説明（情報公開）	1	2	3	4	5
20. 学力向上のため首長部局との連携事業の推進	1	2	3	4	5
21. PDCAサイクルに基づく学力政策の展開	1	2	3	4	5
22. 都道府県教委と市町村教委による学力向策の 一体的推進	1	2	3	4	5
23. 授業力向上のための教員研修の強化・充実	1	2	3	4	5
24. 学校の教育課程全体の見直し	1	2	3	4	5
25. 学校に対する指導行政の充実	1	2	3	4	5
26. その他（　　　　　　　　　　　　　　　）	1	2	3	4	5

Q21 貴殿は、貴教育委員会の一連の学力向上策について、首長、議会、保護者はどの程度満足されていると思われますか。次のそれぞれの項目について、該当する選択肢の番号に〇印をお付け下さい。

	非常に 不満足	やや 不満足	どちらとも いえない	やや 満足	非常に 満足
1）首長	1	2	3	4	5
2）地方議会	1	2	3	4	5
3）保護者	1	2	3	4	5

資　料　全国調査用紙

Q22　平成26年度の貴教育委員会の「学力調査・学習状況調査」の「小学校国語B」の成績（平均正答率）は、次のどれに該当したでしょうか。もし差し支えなければ、次の中から該当するものを一つ選び〇印をお付け下さい。

　　　　　　1．全国平均より下　　　2．ほぼ全国平均　　　3．全国平均より上

Q23　貴教育委員会の「学力調査・学習状況調査」の「小学校国語B」の成績（平均正答率）は、過去3年間でみると、改善傾向にあるでしょうか。それとも低下傾向でしょうか。もし差し支えなければ、次の中から該当するものを一つ選び〇印をお付け下さい。

　　　　　　1．低下傾向にある　　　2．ほぼ横ばい状態である　　　3．改善傾向にある

Q24　平成25年度（又は最新）の貴自治体の財政力指数は、次のどれに該当するでしょうか。次の中から該当するものを一つ選び〇印をお付け下さい。

　　　①　0.0以上0.2未満　　　②　0.2以上0.4未満　　　③　0.4以上0.6未満
　　　④　0.6以上0.8未満　　　⑤　0.8以上1.0未満　　　⑥　1.0以上

Q25　平成25年度（又は最新）の貴自治体の公立小学校における就学援助受給率は、おおよそ次のどれに該当するでしょうか。

　　　①　5%未満　　　②　5%以上10%未満　　　③　10%以上15%未満　　　④　15%以上20%未満
　　　⑤　20%以上

　　　　　　　　　　　　　　　　＊就学援助受給率＝（要保護児童数＋准要保護児童数）÷全児童数

Q26　平成25年度の貴自治体の予算に占める教育予算の割合は、どのくらいでしょうか。次の括弧内にお書き下さい。

　　　　　　　　　　　　　　　　（　　　　　　　%）（例えば、10.5%）

Q27　貴教育委員会では、学校改善を図るために、学校への指導主事等の派遣やその他の方法によって行う学校支援が十分に効果をあげていると思われますか。次の中から該当するものを一つ選び、〇印をお付け下さい。

　　　1．全く効果をあげていない　　　2．あまり効果をあげていない　　　3．どちらともいえない
　　　4．かなり効果をあげている　　　5．非常に効果をあげている

Q28　貴殿は、管下の学校に対する指導行政は十分に機能していると思われますか。次の中から該当するもの一つ選び、〇印をお付け下さい。

　　　1．あまりそう思わない　　　2．どちらかというとそう思わない　　　3．どちらとも思わない
　　　4．どちらかというとそう思う　　　5．かなりそう思う

311

Q29 貴殿は、貴教育委員会の職務を遂行する上で、下記の事務局の職員数は十分に足りていると思われますか。次の中から該当するものを一つ選び、○印をお付け下さい。

	全く 不足	かなり 不足	どちらとも いえない	ある程度 足りている	全く 足りている
1．一般事務職員	1	2	3	4	5
2．指導主事	1	2	3	4	5
3．社会教育主事	1	2	3	4	5

Q30 貴殿は、貴教育委員会の学力向上策（事業）は、全体として効果を上げていると思われますか。次の中から該当するものを一つ選び○印をお付け下さい。

1．全く効果をあげていない　　2．あまり効果を上げていない　　3．どちらとも思わない
4．かなり効果を上げている　　5．非常に効果を上げている

フェース・シート

最後に、貴教育委員会及び教育長ご自身のことについてお伺い致します。

F1．貴教育委員会の所在する市（特別区を含む）町村の現在の人口は、どのくらいでしょうか。次の中から該当するものを一つ選び、○印を付けて下さい。

1．5千人未満　　　　　　　2．5千人以上〜1万人未満　　　3．1万人以上〜3万人未満
4．3万人以上〜5万人未満　　5．5万人以上〜10万人未満　　6．10万人以上〜20万人未満
7．20万人以上〜30万人未満　8．30万人以上

F2．教育長ご自身の年齢は（　　　　　　）歳

F3．教育長ご自身の性別は　　　　　　1．男性　　　　2．女性

F4．貴殿は、教育長職に就いて約何年(通算)になられますか。次の中から該当するものを一つ選び、○印をお付け下さい。

1．1年未満　　　　　　　2．1年以上〜2年未満　　　3．2年以上〜4年未満
4．4年以上〜6年未満　　　5．6年以上〜8年未満　　　6．8年以上〜10年未満
7．10年以上〜12年未満　　8．12年以上

<u>大変お忙しいところ、ご協力賜りまして誠にありがとうございました。</u>　今後、学力向上のための諸施策を展開する上で、特に留意すべき点あるいは課題となる点等について、もし、ご意見やお気づきの点があれば、何でもけっこうですのでお書き下さい。

資　料　全国調査用紙

教育委員会の学力政策に関する教育委員長の意識調査
（2015年）

お　願　い

　現在、学力問題が依然として地方教育行政の大きな政策課題の一つとなっております。都道府県教育委員会を中心とした地方教育行政機関がどのように学力政策を樹立し、実施し、評価し、その政策効果をあげようとしているのか、その実態と課題等を明らかにすることは、今後の学力政策の在り方を探る上で、極めて重要であります。

　今回の調査は、地方教育行政の衝に当たっておられる**市町村教育委員会の教育委員長の皆様方**が、学力向上の問題についてどのようにお考えになっているかをお尋ねし、学力向上に向けた政策的取り組みの現状と課題や、政策実施の阻害要因や促進要因等を総合的に検討するものです。

　つきましては、ご多忙のところ誠に恐縮に存じますが、この調査の趣旨をご理解の上、ご回答を賜りますようお願い申し上げます。なお、ご回答は、こちらで責任をもって統計的に処理させていただきます。どなたが、どのような回答をされたかを公表するものではありません。無記名でけっこうですので、どうか率直なご意見をお寄せ下さい。誠に勝手ながら、アンケート用紙は、同封の封筒に入れ、来る**3月10日（火）まで**に、当方にご返送いただきますようお願い申し上げます。

　2015 年 2 月 10 日

Q1 貴殿は、貴教育委員会において、教育委員（委員長を含む）は、学力向上の施策の展開に係わってどのような役割を果たされていると思われますか。次のそれぞれの項目について、該当する選択肢の番号に○印をお付け下さい。

	全く そう思わない	あまりそう 思わない	どちらとも 思わない	かなりそう 思う	全くそう 思う
1）教育委員は、学力問題に関して会議で何を検討 すべきか（議案、検討課題）についてよく提案する。	1	2	3	4	5
2）教育委員は、地域住民や保護者の意見や要望を 十分に踏まえて、学力向上策を検討している。	1	2	3	4	5
3）教育委員は、学力向上策を検討する際、新しい 案やアイデアを積極的に提案する	1	2	3	4	5
4）教育委員によって、事務局の提案する学力向上策が 修正されることがある。	1	2	3	4	5
5）学力向上策を議論する際、教育長の助言や 意見は非常に参考になる	1	2	3	4	5
6）教育委員は、学力問題について実態把握や新しい 情報入手のため、積極的に学校訪問や保護者との 接触を行っている	1	2	3	4	5
7）教育委員は、学力向上の施策実施後の事業評価に 積極的に関わっている	1	2	3	4	5
8）教育委員は、学力問題について意見交換するため、 首長との対話（話し合い）に臨んでいる	1	2	3	4	5
9）学力向上施策の評価に関わる教育委員の議論は、 次年度の事業計画の策定に十分に生かされている	1	2	3	4	5

Q2 貴殿は、貴教育委員会の学力政策の内容と方針は、教職員によって十分に理解されていると思われますか。次の中から該当するものを一つ選び、○印をお付け下さい。

　　1．全くそう思わない　　　　2．あまりそう思わない　　　3．どちらとも思わない
　　4．かなりそう思う　　　　　5．全くそう思う

Q3 貴殿は、貴教育委員会の学力向上策（事業）は、全体として効果を上げていると思われますか。次の中から該当するものを一つ選び○印をお付け下さい。

　　　1．全く効果をあげていない　　2．あまり効果を上げていない　　3．どちらとも思わない
　　　4．かなり効果を上げている　　　5．非常に効果を上げている

Q4 貴殿からみて、都道府県教委の貴教育委員会に対する学力向上のための指導助言・支援は有益であると思われますか。次の中から該当するものを一つ選び○印をお付け下さい。

　　1．全く有益ではない　　　　2．あまり有益ではない　　　3．どちらとも思わない
　　4．かなり有益である　　　　5．全く有益である

資　料　全国調査用紙

Q5　貴殿は、貴教育委員会の一連の学力向上策が、教育委員会や学校や保護者にどのような影響を与えていると思われますか。次のそれぞれの項目について、該当する選択肢の番号に〇印をお付け下さい。

	全くそう思わない	あまりそう思わない	どちらとも思わない	かなりそう思う	全くそう思う
1）一部の教科のみが重視されるようになった	1	2	3	4	5
2）学力だけでなく、生徒指導や道徳や健康・体力の重要性も認識されるようになった	1	2	3	4	5
3）学力向上を契機に、教職員間に学校教育全般を見直そうとする動きが出てきた	1	2	3	4	5
4）教職員の授業改善への取組が積極的になった	1	2	3	4	5
5）教職員が自分の学校の教育責任を自覚するようになった	1	2	3	4	5
6）子どもの授業への取組がより積極的になった	1	2	3	4	5
7）学力や学習意欲の高い子、低い子の差が大きくなった	1	2	3	4	5
8）教職員は、どんな子どもに育てたいかを常に意識しながら、教育活動を展開するようになった	1	2	3	4	5
9）教職員間の絆やつながりが希薄となった	1	2	3	4	5
10）市町村教委と学校の連携協力の重要性が増してきた	1	2	3	4	5
11）教育委員会が首長部局と連携して事業を展開する必要性が出てきた	1	2	3	4	5
12）家庭や地域社会との連携協力の重要性が強く意識されるようになった	1	2	3	4	5
13）保護者の学校への信頼感が高まった	1	2	3	4	5
14）教職員が教育課題に組織的、計画的に取り組むようになった	1	2	3	4	5
15）保護者の学力への関心が高まった	1	2	3	4	5
16）教育委員会の指導行政の重要性がさらに高まった	1	2	3	4	5
17）教育行政の成果志向が強まった	1	2	3	4	5
18）都道府県教委と市町村教委が連携協力して一体的に学力施策を展開することの重要性が認識されるようになった	1	2	3	4	5

Q6　貴殿は、教育長が教育委員会事務局の最高責任者として、学力向上のための施策を展開する上で、リーダーシップを十分に発揮されていると思われますか。次の中から該当するものを一つお選び下さい。

1．全く発揮していない　　2．あまり発揮していない　　3．どちらかといえば発揮していない
4．どちらともいえない　　5．どちらかといえば発揮している　　6．かなり発揮している
7．全く発揮している

315

Q7 **貴教育委員会事務局の教育長の日常の職務行動**についてお尋ねします。貴殿は、次に掲げる項目が、貴教育委員会の<u>教育長の</u>職務行動をどの程度、的確に説明をしているかを、5段階評価でお答え下さい。

	全くそう 思わない	あまりそう 思わない	どちらとも いえない	かなり そう思う	全くそう 思う
1) 事務局職員の意見や提案によく耳を傾ける	1	2	3	4	5
2) 教育委員会会議で教育委員に適切な助言や情報の 提供を行う	1	2	3	4	5
3) 物事を決めるとき、客観的なデータや根拠を求める	1	2	3	4	5
4) 地域の教育の実態を正確に把握するよう努める	1	2	3	4	5
5) 教育施策を地域住民に積極的にPRし、理解を求める	1	2	3	4	5
6) 教職員組合とは平素から意思疎通を図っている	1	2	3	4	5
7) 人事を行う場合は、個人の能力を重視する	1	2	3	4	5
8) 地域の教育について明確な教育ビジョンを示す	1	2	3	4	5
9) 事務局職員に明確な仕事の目標を示す	1	2	3	4	5
10) 事務局職員の仕事ぶりを信頼している	1	2	3	4	5
11) 教育・文化・スポーツの振興のために、住民 （市民）を積極的に啓発する	1	2	3	4	5
12) 教育予算を思い通りに獲得している	1	2	3	4	5
13) 適材適所の教員人事を行っている	1	2	3	4	5
14) 事務局職員に的確な仕事上の指示を与える	1	2	3	4	5
15) 地域の社会教育や生涯学習について明確な ビジョンを持っている	1	2	3	4	5
16) 事務局職員のやる気を育てる	1	2	3	4	5
17) 適材適所の事務局職員人事を行っている	1	2	3	4	5
18) 自治体の教育ビジョンを教育施策に明確に反映させる よう努める	1	2	3	4	5
19) 仕事がうまくいかないとき、部下に責任を転嫁しない	1	2	3	4	5
20) 住民（市民）の意見や要望によく耳を傾ける	1	2	3	4	5
21) 都道府県教委ないし教育事務所とは緊密な連絡をとる	1	2	3	4	5
22) 事務局職員の人材育成を積極的に進める	1	2	3	4	5
23) 教員の研修を積極的に推進している	1	2	3	4	5
24) 社会教育や生涯学習を振興するための施策を積極的に 打ち出している	1	2	3	4	5
25) 事務局職員を公平に扱っている	1	2	3	4	5
26) 社会教育関係団体や自治会組織との関係強化を図る	1	2	3	4	5
27) 決断は素早く、対応も迅速である	1	2	3	4	5
28) 教員研修会等に出席し、適切な指導助言を行う	1	2	3	4	5
29) 将来を見据え、教育行政の幹部候補職員を育てる	1	2	3	4	5
30) 地域の教育課題解決のため、教育施策を着実に 実施する	1	2	3	4	5
31) 教育委員会内外から、素早く必要な情報を収集する	1	2	3	4	5

| | 全くそう思わない | あまりそう思わない | どちらともいえない | かなりそう思う | 全くそう思う |

32) 議会や首長（部局）に対する調整能力は優れている　1 ……… 2 ……… 3 ……… 4 ……… 5
33) 社会の変化を先取りし、新しい教育施策を展開する　1 ……… 2 ……… 3 ……… 4 ……… 5
34) 教職員組合への対応は適切である　1 ……… 2 ……… 3 ……… 4 ……… 5
35) 法令を適切に解釈して、事務処理を行う　1 ……… 2 ……… 3 ……… 4 ……… 5
36) 教育施策を適切に策定する　1 ……… 2 ……… 3 ……… 4 ……… 5
37) 事務局の職員に気軽に話しかける　1 ……… 2 ……… 3 ……… 4 ……… 5
38) 学校や校長に対して教育上の専門的指導や助言を適切に行う　1 ……… 2 ……… 3 ……… 4 ……… 5
39) 学校や校長に対する行政管理上の指示は的確である　1 ……… 2 ……… 3 ……… 4 ……… 5
40) 教育長は自らの研修（自己研鑽）に積極的である　1 ……… 2 ……… 3 ……… 4 ……… 5
41) 教育施策実施後の評価を、データや資料に基づいて客観的に行う　1 ……… 2 ……… 3 ……… 4 ……… 5
42) 首長に教育施策を十分に理解してもらうよう努める　1 ……… 2 ……… 3 ……… 4 ……… 5
43) 校長（会）との意思疎通を十分に図っている　1 ……… 2 ……… 3 ……… 4 ……… 5
44) 教育施策の方針や内容は、常に学校に徹底させている　1 ……… 2 ……… 3 ……… 4 ……… 5
45) 保護者やPTAとの対話を重視している　1 ……… 2 ……… 3 ……… 4 ……… 5
46) 学校や公民館など、所管の教育機関に対して、安全管理・危機管理の徹底を求める　1 ……… 2 ……… 3 ……… 4 ……… 5
47) 同和・人権団体への対応を適切に行う　1 ……… 2 ……… 3 ……… 4 ……… 5
48) 学校や公民館など、教育現場への訪問をよく行う　1 ……… 2 ……… 3 ……… 4 ……… 5
49) 地域の各種行事に出席し、的確な挨拶を行う　1 ……… 2 ……… 3 ……… 4 ……… 5
50) 学校や公民館や図書館など、管下の教育機関に対して教育行政の重点目標の達成を強く求める　1 ……… 2 ……… 3 ……… 4 ……… 5
51) 自ら新しい考えやアイデアを積極的に提案する　1 ……… 2 ……… 3 ……… 4 ……… 5
52) 地域住民やその代表者とよく懇談をする　1 ……… 2 ……… 3 ……… 4 ……… 5
53) 教育施策実施後の評価は、次年度の教育施策に必ず生かすよう努める　1 ……… 2 ……… 3 ……… 4 ……… 5
54) 首長（市町村長）との信頼関係は、極めて良好である　1 ……… 2 ……… 3 ……… 4 ……… 5
55) 事務局をうまく統括している　1 ……… 2 ……… 3 ……… 4 ……… 5
56) 教育予算をめぐる首長（部局）との対応（交渉）は適切である　1 ……… 2 ……… 3 ……… 4 ……… 5
57) 地方議会での答弁は手堅い　1 ……… 2 ……… 3 ……… 4 ……… 5
58) 教育委員長との意思疎通は十分に図られている　1 ……… 2 ……… 3 ……… 4 ……… 5
59) 子どもの意見や要望には十分に耳を傾ける　1 ……… 2 ……… 3 ……… 4 ……… 5
60) 教育行政に新しいアイデアや実践を積極的に取り入れる　1 ……… 2 ……… 3 ……… 4 ……… 5
61) 人づくりを通して地域づくりに積極的に貢献しようと努めている　1 ……… 2 ……… 3 ……… 4 ……… 5
62) 事務局職員に使命感と誇りをもって働くようさとす　1 ……… 2 ……… 3 ……… 4 ……… 5
63) 文化財の保護と振興にとても熱心である　1 ……… 2 ……… 3 ……… 4 ……… 5
64) 地方議会の議長とは、日頃から緊密な連絡をとる　1 ……… 2 ……… 3 ……… 4 ……… 5

Q8 貴教育委員会の教育長さんは、教育長になる前の主たる職業（前職）は、何であったでしょうか。次の中から該当するものを一つお選び下さい。

　　1. 教職（教員、教頭、校長、指導主事など）　　2. 一般公務員（一般行政職）
　　3. 企業経営者・管理者　　　　　　　　　　　4. その他（　　　　　　　　）

Q9 貴自治体の小学校のご家庭や保護者の様子（全体的な印象）についてお尋ねします。次の 1)～6)のご家庭・保護者の状況について、貴殿がどのように感じておられるか、最も当てはまる選択肢の番号に○印をお付け下さい。

	あまりそう思わない	ややそう思わない	どちらとも思わない	ややそう思う	かなりそう思う
1) 家庭での子どものしつけや生活習慣の形成はしっかりできている。	1	2	3	4	5
2) 家庭での学習習慣の形成はしっかりできている	1	2	3	4	5
3) 保護者の子どもの教育への関心は、高い	1	2	3	4	5
4) 保護者は、「おらが学校」という意識（愛着心）をもっている。	1	2	3	4	5
5) 保護者の学校に対する信頼は厚い	1	2	3	4	5
6) 保護者はPTA活動や子ども会活動に積極的に参加している。	1	2	3	4	5

Q10 貴自治体の住民（市民）の様子についてお尋ねします。貴自治体では、次の 1)～6)の項目について、住民（市民）の様子がどの程度当てはまるか、該当する選択肢の番号に○印をお付け下さい。

	あまりそう思わない	ややそう思わない	どちらとも思わない	ややそう思う	かなりそう思う
1) 住民（市民）は、地域の伝統行事や自治会活動やボランティア活動に積極的に参加している	1	2	3	4	5
2) 住民（市民）は、困ったときは互いに助け合う	1	2	3	4	5
3) 住民（市民）は、子どもたちを温かく見守っている	1	2	3	4	5
4) 住民（市民）の市（町村）政への関心は高い	1	2	3	4	5
5) 住民（市民）のスポーツ・趣味・娯楽活動は活発である	1	2	3	4	5
6) 住民（市民）の近隣づきあいは活発である	1	2	3	4	5

Q11 貴殿は、現在の教育委員長の仕事にどの程度満足されていますか。次の中から該当するものを一つお選び下さい。

　　1. 全く不満足である　　　2. かなり不満足である　　3. やや不満足である
　　4. どちらともいえない　　5. やや満足である　　　　6. かなり満足である
　　7. 全く満足である

資　料　全国調査用紙

Q12　教育委員会の組織特性についてお尋ねします。 次の項目は、教育委員会の組織状況について説明したもの
です。次の項目がどの程度、貴教育委員会事務局の組織状況に当てはまるでしょうか。最も当てはまる選択肢の
番号に○印をお付け下さい。

	全くそう 思わない	あまり そう思わない	どちらとも 思わない	かなり そう思う	全く そう思う

1）教育委員会の教育ビジョンや方針は、明確に示されている　1……2……3……4……5

2）事務局の職員は、教育施策の意図と内容を十分に理解して日々の職務を遂行している　1……2……3……4……5

3）事務局の職員の専門性は、高い　1……2……3……4……5

4）教育委員会の教育施策の意図と内容は、学校の教職員に十分に理解されている　1……2……3……4……5

5）教育委員会の活動内容は保護者や地域住民（市民）に十分に理解されている　1……2……3……4……5

6）教育施策の展開にあたっては、日頃から首長（部局）と意思疎通を十分に図っている　1……2……3……4……5

7）職場では、事務局の職員の個性や長所が十分に生かされている　1……2……3……4……5

8）事務局の職員は、自分の仕事にやり甲斐を感じている　1……2……3……4……5

9）事務局の職員は、使命感をもって自分の仕事に取り組んでいる　1……2……3……4……5

10）事務局の職員は、お互いの仕事に無関心である　1……2……3……4……5

11）事務局の職員は仕事上の悩みを上司に気軽に相談できる　1……2……3……4……5

12）事務局の職員は、前例にならって仕事をする傾向が強い　1……2……3……4……5

13）職場では、ユニークな発想やアイデアが大事にされる　1……2……3……4……5

14）教育委員会の活動は、住民（市民）から非常に期待されている　1……2……3……4……5

15）事務局の職員は、国や都道府県教委の政策に振り回されながら仕事をしていると感じている　1……2……3……4……5

16）教育委員会の自己点検報告書は、次年度の教育施策に十分に生かされている　1……2……3……4……5

17）事務局の職員は、研修への参加を強く奨励されている　1……2……3……4……5

18）事務局の職員は仕事の成果を出すよう求められている　1……2……3……4……5

19）近隣の自治体よりも、新しい教育施策を展開することが多い　1……2……3……4……5

20）地域の教育課題の解決のために、迅速に対応している　1……2……3……4……5

21）教育施策には、地域住民や保護者の意見や要望が十分に反映されている　1……2……3……4……5

22）事務局の職員は、仕事の企画力に優れている　1……2……3……4……5

23）事務局の職員は、長期的な展望に立って、教育施策を展開している　1……2……3……4……5

Q13 貴殿は、教育長が次のような職務事項について、教育長としてどの程度リーダーシップを発揮されていると思われますか。次の中から該当するものを一つお選び下さい。

	全く発揮されていない	あまり発揮されていない	どちらとも思わない	かなり発揮されている	全く発揮されている
1) 教員人事	1	2	3	4	5
2) 事務局の職員人事	1	2	3	4	5
3) 教職員研修	1	2	3	4	5
4) 学校・社会教育施設等の建設や施設設備の整備	1	2	3	4	5
5) 社会教育の推進	1	2	3	4	5
6) 生涯学習の推進	1	2	3	4	5
7) 学校教育の推進	1	2	3	4	5
8) 教育予算の獲得	1	2	3	4	5
9) 文化財の保護と推進	1	2	3	4	5
10) 教育委員会会議での情報の提供や助言	1	2	3	4	5
11) 地域の教育ビジョンの設定	1	2	3	4	5
12) 教員評価	1	2	3	4	5
13) 教育事務の自己点検評価の原案の策定	1	2	3	4	5

Q14 貴教育委員会では、教育委員会の活性化策として会議の持ち方や運営方法についてどの程度工夫をされているでしょうか。次の中から該当するものすべてを選び、○印をお付け下さい。

	全くそう思わない	あまりそう思わない	どちらとも思わない	かなりそう思う	全くそう思う
1. 開催回数をできるだけ増やすなどし、委員による議論の機会を最大限確保する	1	2	3	4	5
2. 十分な審議が行われるよう案件を事前に教育委員に説明（資料配付）する	1	2	3	4	5
3. 地域住民ができるだけ傍聴しやすいように、夜間開催など開催時間を工夫する	1	2	3	4	5
4. 住民に会議開催予定を積極的に広報する	1	2	3	4	5
5. 会議の開催後速やかに会議録を作成し、住民にインターネットなどにより公開する	1	2	3	4	5
6. 住民公聴会を開催する	1	2	3	4	5
7. 移動教育委員会会議を開催する	1	2	3	4	5
8. 教育委員が学校等の教育機関への訪問を定期的にし、意見交換を行う	1	2	3	4	5
9. 教育関係以外の機関・団体（警察、自治会、経済団体等）と定期的に意見交換する	1	2	3	4	5

Q15 貴殿は、教育委員会事務局の職員のモラール（勤労意欲）はどの程度高いと思われますか。次の中から該当するものを一つお選び下さい。

    1．全く高くない   2．かなり高くない   3．やや高くない 4．どちらともいえない
    5．やや高い   6．かなり高い   7．全く高い

Q16 貴殿は、貴教育委員会の学校に対する指導行政は十分に効果を上げていると思われますか。次の中から該当するもの一つ選び、○印をお付け下さい。

    1．あまり効果をあげていない   2．やや効果をあげていない   3．どちらとも思わない
    4．やや効果をあげている   5．かなり効果をあげている

Q17 貴殿は、現行の教育委員会制度についてどこに問題があるとお考えでしょうか。次のそれぞれの項目について、どの程度問題となっているかを5段階評価でお答え下さい。

	全く問題である	かなり問題である	どちらとも思わない	あまり問題でない	全く問題でない
1．住民の教育要求を行政に反映できていない	5	4	3	2	1
2．教委事務局の指導主事の不足	5	4	3	2	1
3．地域の教育課題に迅速に対応できないこと	5	4	3	2	1
4．教育委員会の前例踏襲主義の弊害	5	4	3	2	1
5．事務局職員の専門性の低さ	5	4	3	2	1
6．教育委員会の政策立案能力の低さ	5	4	3	2	1
7．首長部局と教育委員会との連携・協力の不足	5	4	3	2	1
8．自治体のまちづくりへの貢献度の低さ	5	4	3	2	1
9．文科省−都道府県教委−市町村教委−学校という縦割り行政の弊害	5	4	3	2	1
10．教育予算の不足	5	4	3	2	1
11．市町村教委に人事権がないこと	5	4	3	2	1
12．教育長のリーダーシップ不足	5	4	3	2	1
13．首長の教育に対する理解不足	5	4	3	2	1
14．教育委員会の危機管理能力の欠如	5	4	3	2	1
15．地域社会の人的資源や文化資源の活用不足	5	4	3	2	1
16．地域ぐるみで学校づくりを行う体制ができていないこと	5	4	3	2	1
17．特色ある教育行政が展開できていないこと	5	4	3	2	1
18．PDCAサイクルに基づいて教育施策が展開できていないこと	5	4	3	2	1

Q18　1998（平成10）年9月21日の中央教育審議会答申「今後の地方教育行政の在り方について」
以降の一連の教育行財政改革によって、貴教育委員会の教育行政はどのように変化したと思われま
すか。次のそれぞれの項目について、どの程度当てはまるか、5段階評価でお答え下さい。

	全くそう 思わない	あまり そう思わない	どちらとも 思わない	かなり そう思う	全くそう 思う
1．自治体の特性を生かして、特色ある 　教育施策を展開できるようになった	1	2	3	4	5
2．教育委員会の政策立案能力が向上した	1	2	3	4	5
3．地域住民との連携・協力が進んだ	1	2	3	4	5
4．自治体のまちづくり、地域づくりに 　積極的に関わるようになった	1	2	3	4	5
5．民間団体（企業、NPO等）との連携・ 　協力が進んだ	1	2	3	4	5
6．首長（部局）との連携協力が進んだ	1	2	3	4	5
7．教育委員会の会議は活性化し、実質的 　な審議ができるようになった	1	2	3	4	5
8．住民（市民）への情報公開が進んだ	1	2	3	4	5
9．事務局職員の士気（やる気）が高まった	1	2	3	4	5
10．特色ある学校づくりが進展した	1	2	3	4	5

Q19　平成26年度の貴教育委員会の「学力調査・学習状況調査」の「小学校国語B」の成績（平均正答率）は、
次のどれに該当したでしょうか。もし差し支えなければ、次の中から該当するものを一つ選び○印をお付
け下さい。

　　　　　1．全国平均より下　　　2．ほぼ全国平均　　　3．全国平均より上

Q20　平成25年度（又は最新）の貴自治体の財政力指数は、次のどれに該当するでしょうか。次の中から該
当するものを一つ選び○印をお付け下さい。

　　　① 0.0以上0.2未満　　　② 0.2以上0.4未満　　　③ 0.4以上0.6未満
　　　④ 0.6以上0.8未満　　　⑤ 0.8以上1.0未満　　　⑥ 1.0以上

Q21　平成25年度の貴自治体の予算に占める教育予算の割合は、どのくらいでしょうか。次の括弧内にお書
き下さい。

　　　　　　　　　　　　　　　（　　　　　%）（例えば、10.5%）

Q22　平成25年度（又は最新）の貴自治体の公立小学校における就学援助受給率は、おおよそ次のどれに該
当するでしょうか。　　*就学援助受給率＝（要保護児童数＋準要保護児童数）÷全児童数

　　　①5%未満　　　②5%以上10%未満　　　③10%以上15%未満　　　④15%以上20%未満
　　　⑤20%以上

322

資 料　全国調査用紙

Q23　「教育委員会の会議は、実質的審議は行われず、形骸化している」と批判されることがありますが、貴殿は、貴教育委員会の現状からみて、この批判（主張）にどのようなご意見（賛成、反対）をお持ちでしょうか。次の中から該当するものを一つお選び下さい。

　　　1．全く賛成しない　　　　2．かなり賛成しない　　　3．やや賛成しない
　　　4．どちらともいえない　　5．やや賛成する　　　　　6．かなり賛成する
　　　7．全く賛成である

Q24　今年の4月1日より、総合教育会議や新教育長の設置を骨子とした新しい教育委員会制度がスタートしますが、貴殿は、現行（これまで）の教育委員会制度をどのように評価されているでしょうか。次の中から該当するものを一つ選び○印をお付け下さい。

　　　1．現行の教育委員会制度は、運用上の改善や機能上の充実を図りつつ、維持されるべきである
　　　2．現行教育委員会制度は、問題も多くあり、今回の改革のように抜本的改革が必要である
　　　3．現行教育委員会制度は、制度疲労が著しいため、教育事務を首長部局に移し、廃止されるべきである

フェース・シート

最後に、貴教育委員会及び教育委員長ご自身のことについてお伺い致します。

F1．貴教育委員会の所在する市町村の現在の人口は、どのくらいでしょうか。次の中から該当するものを一つ選び、○印を付けて下さい。

　　　1．5千人未満　　　　　　　　2．5千人以上～1万人未満　　　3．1万人以上～3万人未満
　　　4．3万人以上～5万人未満　　5．5万人以上～10万人未満　　　6．10万人以上～20万人未満
　　　7．20万人以上～30万人未満　8．30万人以上

F2．貴自治体は、おおよそどのような所在地にあるか、下記の中から最も近いものを一つお選び下さい。

　　　1．都市部　　2．都市近郊　　3．山間部　　4．内陸部　　5．沿岸部　　6．島嶼部　　7．その他

F3．教育委員長ご自身の年齢は（　　　　　）歳
F4．教育委員長ご自身の性別は　　　　　　　1．男性　　　　2．女性

F5．貴殿は、教育委員長職に就いて約何年(通算)になられますか。次の中から該当するものを一つ選び、○印をお付け下さい。
　　　1．1年未満　　　　　　　　2．1年以上～2年未満　　　3．2年以上～4年未満
　　　4．4年以上～6年未満　　　5．6年以上～8年未満　　　6．8年以上～10年未満
　　　7．10年以上～12年未満　　8．12年以上

大変お忙しいところ、ご協力賜りまして誠にありがとうございました。

著者略歴

河野 和清（こうの・かずきよ）

広島大学名誉教授（教育行政学専攻）。茨城大学助教授、広島大学附属幼稚園長、広島大学教授を歴任。主著に『現代アメリカ教育行政学の研究—行動科学的教育行政学の特質と課題—』（多賀出版、1995年）、『地方分権下における自律的学校経営の構築に関する総合的研究』（編著、多賀出版、2004年）、『教育行政学』（編著、ミネルヴァ書房、2006年）、『市町村教育長のリーダーシップに関する研究』（多賀出版、2007年）、『現代教育の制度と行政【改訂版】』（編著、福村出版、2017年）など。

市町村教育委員会制度に関する研究
—— 制度改革と学力政策の現状と課題

2017 年 2 月 28 日　初版第 1 刷発行

著　者	河　野　和　清	
発行者	石　井　昭　男	
発行所	福村出版株式会社	

〒 113-0034　東京都文京区湯島 2-14-11
電　話　03 (5812) 9702
Ｆ Ａ Ｘ　03 (5812) 9705
http://www.fukumura.co.jp

印　刷	株式会社文化カラー印刷	
製　本	本 間 製 本 株 式 会 社	

© Kazukiyo Kohno 2017
Printed in Japan
ISBN978-4-571-10178-6 C3037
落丁・乱丁本はお取替えいたします
定価はカバーに表示してあります

福村出版◆好評図書

河野和清 編著
現代教育の制度と行政〔改訂版〕

◎2,300円　　ISBN978-4-571-10179-3　C3037

現代の教育を支える制度と行政を，体系的かつ初学者にもわかりやすく解説した好評入門書の改訂版。

日本教育行政学会研究推進委員会 編
首長主導改革と教育委員会制度
●現代日本における教育と政治

◎3,900円　　ISBN978-4-571-10167-0　C3037

「教育の政治的中立性」を目的とした教育委員会制度を，首長主導の教育行政に改革することを多面的に検討。

日本教育行政学会研究推進委員会 編
教育機会格差と教育行政
●転換期の教育保障を展望する

◎3,600円　　ISBN978-4-571-10165-6　C3037

子どもの貧困と教育機会格差の現状を明確にし，克服のための課題を検討。教育保障に必要なものを探る。

日本教育行政学会研究推進委員会 編
地方政治と教育行財政改革
●転換期の変容をどう見るか

◎3,600円　　ISBN978-4-571-10159-5　C3037

1990年代以降の教育行財政改革の背景，変化内容，改革前後の状況をどう理解すべきか，実証的分析に基づき詳説。

松田武雄 著
コミュニティ・ガバナンスと社会教育の再定義
●社会教育福祉の可能性

◎4,500円　　ISBN978-4-571-41053-6　C3037

国内外の豊富な事例から社会教育概念を実証的に再定義。社会教育再編下における社会教育の可能性を展望する。

末本 誠 著
沖縄のシマ社会への社会教育的アプローチ
●暮らしと学び空間のナラティヴ

◎5,000円　　ISBN978-4-571-41052-9　C3037

沖縄の社会教育を，字公民館，字誌づくり，村踊り等から幅広くアプローチ。固有性からその普遍性をさぐる。

R.F.アーノブ・C.A.トーレス・S.フランツ 編著／大塚 豊 訳
21世紀の比較教育学
●グローバルとローカルの弁証法

◎9,500円　　ISBN978-4-571-10168-7　C3037

グローバル化した世界における学校と社会の関係を，ローカルで多様な局面でとらえる最新の研究第4版。

◎価格は本体価格です。